Disziplin oder Profession: Was ist Schulpädagogik?

Martin Rothland

Disziplin oder Profession: Was ist Schulpädagogik?

Springer VS

Martin Rothland
WWU Münster
Münster, Deutschland

ISBN 978-3-658-35708-5   ISBN 978-3-658-35709-2 (eBook)
https://doi.org/10.1007/978-3-658-35709-2

Die Deutsche Nationalbibliothek verzeichnet diese Publikation in der Deutschen Nationalbibliografie; detaillierte bibliografische Daten sind im Internet über http://dnb.d-nb.deabrufbar.

© Der/die Herausgeber bzw. der/die Autor(en), exklusiv lizenziert durch Springer Fachmedien Wiesbaden GmbH, ein Teil von Springer Nature 2021
Das Werk einschließlich aller seiner Teile ist urheberrechtlich geschützt. Jede Verwertung, die nicht ausdrücklich vom Urheberrechtsgesetz zugelassen ist, bedarf der vorherigen Zustimmung des Verlags. Das gilt insbesondere für Vervielfältigungen, Bearbeitungen, Übersetzungen, Mikroverfilmungen und die Einspeicherung und Verarbeitung in elektronischen Systemen.
Die Wiedergabe von allgemein beschreibenden Bezeichnungen, Marken, Unternehmensnamen etc. in diesem Werk bedeutet nicht, dass diese frei durch jedermann benutzt werden dürfen. Die Berechtigung zur Benutzung unterliegt, auch ohne gesonderten Hinweis hierzu, den Regeln des Markenrechts. Die Rechte des jeweiligen Zeicheninhabers sind zu beachten.
Der Verlag, die Autoren und die Herausgeber gehen davon aus, dass die Angaben und Informationen in diesem Werk zum Zeitpunkt der Veröffentlichung vollständig und korrekt sind. Weder der Verlag noch die Autoren oder die Herausgeber übernehmen, ausdrücklich oder implizit, Gewähr für den Inhalt des Werkes, etwaige Fehler oder Äußerungen. Der Verlag bleibt im Hinblick auf geografische Zuordnungen und Gebietsbezeichnungen in veröffentlichten Karten und Institutionsadressen neutral.

Springer VS ist ein Imprint der eingetragenen Gesellschaft Springer Fachmedien Wiesbaden GmbH und ist ein Teil von Springer Nature.
Die Anschrift der Gesellschaft ist: Abraham-Lincoln-Str. 46, 65189 Wiesbaden, Germany

Wenn man Wissenschaft treibt, dann kommt man nicht auf sicheres Gelände, sondern auf unsicheres Gelände.

Niklas Luhmann

Inhaltsverzeichnis

1 Was ist Schulpädagogik? 1
  1.1 Prolog: Vorbemerkungen zu einer schwierigen Ausgangsfrage 1
  1.2 Ausgangspunkt: Eine streitbare Antwort als Fallbeispiel 10
  1.3 Hintergrund: Die Entwicklung der Schulpädagogik
       als wissenschaftliche Erfolgsgeschichte 18
  Literatur 26

2 Schulpädagogik: Zwischen Disziplin und Profession 33
  2.1 Schulpädagogik: Bestimmungsversuche
       im erziehungswissenschaftlichen Diskurs 33
    2.1.1 Schulpädagogik als wissenschaftliche
           (Sub-, Teil-, Bereichs-)Disziplin 33
    2.1.2 Schulpädagogik als Integrations-
           und Vermittlungswissenschaft 44
    2.1.3 Schulpädagogik als Berufswissenschaft. 45
  2.2 Schulpädagogik als Wissenschaft von der Praxis für die Praxis.... 49
    2.2.1 Schulpädagogik als Wissenschaft von der Praxis......... 49
    2.2.2 Schulpädagogik als Wissenschaft für die Praxis 50
    2.2.3 Anmerkungen zum Verhältnis von Wissenschaft
           und (Berufs-)Praxis 51
  2.3 Zwischenfazit: Praxis- und Professionsbezug als
       identitätsstiftendes Merkmal der Schulpädagogik
       im Wissenschaftssystem? 62

2.4 Schulpädagogik als Profession? 64
2.5 Schulpädagogik als Teildisziplin der Erziehungswissenschaft.... 70
Literatur 73

3 Personal und Themen der Schulpädagogik 85
   3.1 Was ist eine Schulpädagogin oder ein Schulpädagoge? 85
   3.2 Hintergrund: Das „Schulpraxiserfordernis" 92
   3.3 Persönliche Betroffenheit als Garant einer
       „Theorie-Praxis-Verzahnung"? 98
   3.4 Aus der Praxis in die Wissenschaft – im Dienste der Praxis?
       Konsequenzen und Kritik 101
   3.5 Womit soll sich die Schulpädagogik befassen? 103
   3.6 Allzuständigkeit als Spezifikum der Schulpädagogik? 109
   Literatur 115

4 Allgemeine Didaktik *und* empirische Unterrichtsforschung:
   eine schulpädagogische Forschungsperspektive.................... 119
   4.1 Verortungen.. 121
       4.1.1 Allgemeine Didaktik und Schulpädagogik............. 121
       4.1.2 Unterrichtsforschung und Schulpädagogik 126
   4.2 Verhältnisbestimmungen................................ 129
       4.2.1 Allgemeine Didaktik vs. empirische
           Unterrichtsforschung 129
       4.2.2 Allgemeine Didaktik als empirische
           Unterrichtsforschung 132
       4.2.3 Empirische Unterrichtsforschung als
           Allgemeine Didaktik 134
   4.3 Eine schulpädagogische Forschungsperspektive 137
       4.3.1 Allgemeine Didaktik als Reflexionsinstanz 137
       4.3.2 Allgemeine Didaktik und empirische
           Unterrichtsforschung als Teilgebiete der
           Schulpädagogik 140
       4.3.3 Schulpädagogische Forschung konkret 145
   Literatur 149

Was ist Schulpädagogik? 1

> **Zusammenfassung**
>
> In diesem einführenden Kapitel wird weniger eine Antwort auf die Ausgangsfrage der Überschrift gegeben als vielmehr behandelt, warum diese Frage eigentlich (immer noch) gestellt wird – und warum ihre Beantwortung trotz einer Vielzahl an Veröffentlichungen zum Thema nach wie vor schwierig erscheint. Zudem wird die Zielstellung des Buches begründet, leitende Fragestellungen für die folgenden Kapitel abgeleitet und eine erste Bestimmung von Schulpädagogik als Fallbeispiel diskutiert. Schließlich wird die Entwicklung der Schulpädagogik als wissenschaftliche Erfolgsgeschichte skizziert, die eng mit der Akademisierung der Lehrerinnen- und Lehrerbildung für das sog. niedere Schulwesen verbunden ist.

1.1 Prolog: Vorbemerkungen zu einer schwierigen Ausgangsfrage

Die Frage, was Schulpädagogik ist oder zumindest programmatisch sein soll, wurde in den letzten Jahren und Jahrzehnten wiederholt explizit gestellt (Benner 1977; Apel 1993; zuletzt Rothland 2019). Sie wurde noch um ein vielfaches häufiger in Einführungen, Lehr- und Studienbüchern zumindest implizit beantwortet und die daraus hervorgehenden Bestimmungen über die Jahre tradiert (s. u. a. Einsiedler 1974; Apel 1990; Meyer 1997a, 1997b; Kemper 2001; Kiper 2001; Arnold und Pätzold 2002; Wiechmann 2006; Zurbriggen 2009; Gonschorek und Schneider 2010; Esslinger-Hinz und Sliwka 2011; Kiper et al. 2011; Köck 2012; Haag et al. 2013; Bohl et al. 2015).

Antworten auf die Frage, was Schulpädagogik ist, stellen auch ebenso vielzählige Lexikon- und Handbuchartikel (s. u. a. Twellmann 1981; Riedel 1989; Eickhorst 2001; Keck 2004; Kemper 2004; Ofenbach 2011; Wittenbruch 2011; Reh und Drope 2012) sowie Zeitschriften- und Buchbeiträge allgemein (s. u. Drewek 1994; Apel und Grunder 1995; Einsiedler 1995; Keck 1999; Hellekamps 2001; Hilgenheger 2002; Terhart 2003; Bosse 2010) und schließlich mit dem wohl umfassendsten Anspruch das im Jahr 2019 in erster Auflage erschienene *Handbuch Schulpädagogik* in Aussicht (Harring et al. 2019a).

Ohne die den Lesefluss be- bzw. verhindernden, lediglich beispielgebenden Verweise auf die entsprechenden Publikationen könnte auch schlichter zusammengefasst werden, dass sich offenbar über Jahrzehnte hinweg zahlreiche Autorinnen und Autoren – vornehmlich Wissenschaftlerinnen und Wissenschaftler, aber auch weitere, in der Regel an der Lehrerinnen- und Lehrerbildung beteiligte Personen – nicht nur um eine Klärung der Ausgangsfrage bemüht haben, was Schulpädagogik sein *kann* oder *soll*, sondern auch in der Mehrzahl der Fälle mit zuweilen bemerkenswerter Gewissheit bestimmt und für Generationen von Studierenden in mehreren Auflagen festgeschrieben haben, was Schulpädagogik *ist*.

Statt „Was ist Schulpädagogik?" (das müsste doch im Grunde hinreichend geklärt worden sein, s. o.) stellt sich somit eher die Frage, mit welcher Begründung, mit welcher Absicht eine weitere Monographie über die Schulpädagogik vorgelegt wird – und warum die Ausgangsfrage im Buchtitel und in der Kapitelüberschrift überhaupt als schwierig ausgewiesen wird. So herausfordernd und kompliziert kann die Beantwortung doch gar nicht sein, wenn sie bereits derart häufig, in der Regel mit wissenschaftlichem Anspruch, und äußerst beredt erfolgte.

Das Publikationsaufkommen insgesamt und darin die Bestimmungsversuche dessen, was Schulpädagogik ist, wie sie definiert werden kann, womit sie sich beschäftigt, wer sie betreibt, wo sie zu verorten ist und was sie in besonderer Weise etwa in Abgrenzung zu anderen pädagogischen Feldern oder wissenschaftlichen Zugängen charakterisiert, sollten nun allerdings nicht darüber hinwegtäuschen, dass in den Veröffentlichungen über die Zeit durchaus recht unterschiedliche Zugänge gewählt werden und Bestimmungen erfolgen. Alles andere wäre auch sehr unwahrscheinlich und vor allem untypisch für einen wissenschaftlichen Diskurs – es wäre zumindest verdächtig.

Zwar ist auszumachen, dass ausgewählte Verständnisse von Schulpädagogik in vergangenen Zeitabschnitten und auch in der Gegenwart dominieren, ja sogar, dass vordergründig eine gewissen Einigkeit, ein mehrfach geteiltes Verständnis von Schulpädagogik zu bestehen scheint. Allerdings ist dies nicht darauf zurückzuführen, dass die oberflächlich Konsens stiftenden Beschreibungen in besonderer Weise wissenschaftlich überzeugend und elaboriert, theoretisch fundiert oder

1.1 Prolog: Vorbemerkungen zu einer schwierigen Ausgangsfrage

empirisch besonders gut begründet sind. Stattdessen kann ihre Popularität auf die nicht selten unkritische und unreflektiert erscheinende, stete Wiederholung zurückgeführt werden.

Genau hier setzt die folgende Darstellung an.

Sie geht von der Annahme aus, dass die vor 45 Jahren von Dietrich Benner gestellte Diagnose „Darüber, was unter Schulpädagogik zu verstehen ist, besteht heute ebensowenig wie in früheren Zeiten ein Konsens" (Benner 1977, S. 88) bis heute Gültigkeit beanspruchen kann. Und sie wird von der These geleitet, dass die vor allem in der Erziehungswissenschaft kontinuierlich geführte Diskussion *über* die Schulpädagogik im Sinne einer wiederkehrenden (Selbst-)Vergewisserung über ihre Entwicklung und Gestalt, ihre Aufgaben, Ansprüche und Leistungen, mehr kritische Fragen provoziert als tragfähige Antworten bietet. Vor diesem Hintergrund versteht sich der vorgelegte Band nicht im traditionellen Sinne bisheriger Buchpublikationen etwa als Einführung, in der die üblicherweise als schulpädagogische Teilgebiete ausgewiesenen Themen wie Allgemeine Didaktik und Unterrichts- bzw. Lehr-Lernmethoden, Unterrichtsplanung, Curriculum- und Lehrplantheorie, Schulentwicklung, Theorie der Schule oder Lehrerprofession vorgestellt werden, geschweige denn als eine Anleitung für die schulische Handlungspraxis von Lehrerinnen und Lehrern, für das pädagogisches Handeln in der Institution Schule (vgl. Koch 2019). Stattdessen ist die vorgelegte Monographie als *Reflexion* über die Schulpädagogik als Teildisziplin der Erziehungswissenschaft sowie als kritische Einführung in den (erziehungs-)wissenschaftlichen Diskurs *über* Schulpädagogik konzipiert. Nicht die Schulpädagogik, ihre Lehrinhalte und Forschungsthemen sind Gegenstand der Auseinandersetzung in diesem Band, sondern *Beschreibungen* von Schulpädagogik (etwa als Berufswissenschaft oder Professionsdisziplin) und die kritische *Reflexion* der *Voraussetzungen*, die diesen Beschreibungen notwendigerweise zu Grunde liegen.

Damit schließt die Darstellung an die Programmatik einer „Grundlagenforschung der Erziehungswissenschaft" an, in der nicht „Erziehung, Bildung, Sozialisation oder Unterricht, sondern Beschreibungen von Erziehung, Bildung, Sozialisation oder Unterricht" und die Reflexion ihrer Voraussetzungen zum Gegenstand der Forschung gemacht werden (Rucker 2020, S. 84; Abschn. 4.3.1). Sie tritt hinter die Konkretisierungen schulpädagogischer Inhalte in Seminaren und Vorlesungen zurück, wie sie Studierenden eines Lehramtsstudiengangs in erziehungswissenschaftlichen Modulen in Lehrveranstaltungen der ersten Phase der Lehrerinnen- und Lehrerbildung an Universitäten und Pädagogischen Hochschulen (in den sog. Bildungswissenschaften; vgl. Terhart 2012) oder Studierenden in erziehungswissenschaftlichen Fachstudiengängen mit schulpädagogischer Profilierung (Bachelor oder Master of Arts) üblicherweise begegnen (vgl. DGfE 2010; Lohmann et al.

2011; Hohenstein et al. 2014). Geboten wird anhand der Schulpädagogik vielmehr die Auseinandersetzung mit und die kritisch reflektierende Diskussion einer erziehungswissenschaftlichen Teildisziplin im Wissenschaftssystem, die in ihrer Geschichte und Entwicklung, in den Selbstvergewisserungen und -bestimmungen, ihren Bezugs- und Standpunkt stets zwischen Wissenschaft und (schulischer) Praxis sucht. Prototypisch treten dabei u. a. auch zentrale Problemlagen der Erziehungswissenschaft als Gesamtdisziplin und ihr proklamiertes Selbstverständnis etwa als Handlungswissenschaft (Krüger 2019, S. 14) zwischen Disziplin und Profession ebenso zu Tage wie die in der Diskussion akademischer Lehrerinnen- und Lehrerbildung omnipräsenten Versuche der Einheitsstiftung zwischen „Theorie" und „Praxis" (vgl. Bresges et al. 2019; Rothland 2020; Scheid und Wenzl 2020).

Die Auseinandersetzung mit dem wissenschaftlichen Diskurs *über* Schulpädagogik kann somit als Angebot der Reflexion auf einer Metaebene gelesen werden, die (a) über den Konkretisierungen schulpädagogischer Teilgebiete samt ihrer Forschungsansätze und -befunde sowie (b) über der Vermittlung schulpädagogischer Inhalte zur Grundlegung etwa eines akademischen, (schul-)pädagogischen Wissens im Studium (König 2014) oder auch (c) über den dominierenden Inhalten in den vielzählig vorliegenden Lehr- und Studienbüchern liegt bzw. Letztere ergänzt.

Der hier gewählte Zugang zur Frage „Was ist Schulpädagogik?" erscheint womöglich weniger leicht, ja vielleicht für an der Schulpädagogik interessierte Studierende als Zumutung – so wie es auch entsprechend der Überschrift nach wie vor alles andere als einfach (zumindest im Sinne von eindeutig) erscheint, die Konturen der Schulpädagogik im Chor wissenschaftlicher Disziplin zu bestimmen (Wischer und Trautmann 2018, S. 202). Dabei lässt die Schulpädagogik im Gegensatz zu anderen (vermeintlichen) Zumutungen eines akademischen Studiums doch eigentlich vor allem Lehramtsstudierende hoffen, dass es mit Themen wie Unterrichtsplanung, Methoden oder Medien des Unterrichts nun (endlich, nachdem womöglich in erziehungswissenschaftlichen Einführungen als praxisfern kritisierte Bildungs- und Erziehungstheorien auf dem Programm standen) handfest und praktisch zugehen möge, sodass auch einfach einmal nachgelesen werden kann, wie richtig und gut Unterricht geplant und strukturiert wird, wie Schülerinnen und Schüler aktiviert werden, wie Schulen entwickelt, Leistungen beurteilt, Elterngespräche geführt werden, etc. Gerade die Schulpädagogik steht traditionell *nicht* im Verdacht bzw. ist selbst allzu häufig peinlich darauf bedacht, sich *nicht* dem Vorwurf aussetzen zu müssen, im Elfenbeinturm der Wissenschaft trockene Theorieorgien zu feiern. Sie soll, um hier einen populären Bestimmungsversuch vorweg zu nehmen, „Theorie und Praxis in einem" sein (Meyer 1997a, S. 209): Das edle Motiv der Schulpädagogik sei, „die Schulen voran[zu]bringen und den Lehrerinnen und Schülerinnen dabei [zu] helfen, den alltäglichen Schulbetrieb er-

1.1 Prolog: Vorbemerkungen zu einer schwierigen Ausgangsfrage

träglich und vielleicht sogar attraktiv zu machen" (ebd., S. 210). Sie wolle, „stärker *praxisorientiert* bzw. pragmatisch [...] handlungsorientierende Anleitungen zur Gestaltung des Schul- und Unterrichtsbetriebs geben [Herv. im Orig.]" (ebd., S. 211). Eine praxisorientierte „Theorie", die das Berufsleben leichter macht und handlungsleitende Orientierung bietet – es klingt zu schön, um wahr zu sein.

Der hier gewählte Zugang erscheint gerade in *Abgrenzung* zu einem Andienen der Schulpädagogik an die schulische Praxis sowie die (angehenden) Praktikerinnen und Praktiker als unmittelbare Handlungsanleitung und omnipotentem Problemlöser erforderlich. Er erscheint zum einen geboten, um solchen vor allem in der Lehrerinnen- und Lehrerbildung verbreiteten Vorstellungen von der Schulpädagogik als einer von der Praxis ausgehenden und im Dienste dieser Praxis stehenden „Wissenschaft" sowie den im schulpädagogischen Diskurs selbst erzeugten, in der Sache aber unerfüllbaren Hoffnungen auf Seiten von Studierenden wie auf Seiten der schulpraktischen Akteure entgegen zu treten – und Perspektiven auf Schulpädagogik zu eröffnen, die vor vorhersehbaren Enttäuschungen angesichts solcher Erwartungen bewahren.

Zum anderen erscheint die hier gewählte Perspektive als *Ergänzung* zu bisherigen Einführungen, Lehr- und Studienbüchern, aber auch zu schulpädagogischen Nachschlagewerken sinnvoll, da diese zuweilen die als schwierig markierte Ausgangsfrage, was Schulpädagogik ist, erst gar nicht thematisieren und sich einer disziplinären schulpädagogischen Selbstvergewisserung im Wissenschaftssystem enthalten. So ist es auffällig, dass das *Studienbuch Schulpädagogik* in der fünften, vollständig überarbeiteten Auflage und unter erweiterter Herausgeberschaft ohne ein einführendes Kapitel und darin einer Klärung dessen, was Schulpädagogik ist, auskommt (im Gegensatz zur vorhergehenden vierten Auflage: Apel und Sacher 2009). In der Einleitung der beiden neu hinzugekommen, federführenden Herausgeber steht stattdessen als erster Satz geschrieben: „Der Lehrerberuf ist eine anspruchsvolle Profession" (Haag und Rahm 2013, S. 7). Das ist durch den expliziten Bezug auf die Profession, den Lehrerinnen- und Lehrerberuf (Abschn. 2.4), durchaus programmatisch zu verstehen: hier soll dem Anschein nach nicht mittels *Studien*buch in die Schulpädagogik als Teil des Wissenschaftssystems, als Teil der Erziehungswissenschaft mit ihren Forschungsansätzen und -befunden eingeführt werden, wie das im Rahmen eines akademischen Studiums zu erwarten wäre, sondern in einen Beruf.

Was Schulpädagogik ist, bleibt auch im *Handwörterbuch der Schulpädagogik* (Nicklis 1975), im *Handlexikon der Schulpädagogik* (Aschersleben und Hohmann 1979) oder im *Neuen schulpädagogischen Wörterbuch* (Rekus und Mikhail 2013) offen: in den drei Nachschlagewerken findet sich tatsächlich kein Beitrag zum Stichwort „Schulpädagogik" selbst. Schließlich bleibt im *Handbuch Schul-*

pädagogik der auf 920 Seiten behandelte Gegenstand im Grunde unbestimmt (Abschn. 3.6): Was Schulpädagogik genau ist, erscheint den Herausgebern in ihrer Einführung mit dem Titel „Bildung im schulischen Kontext" (Harring et al. 2019b) nicht erklärungsbedürftig zu sein – oder nicht bzw. nur schwer erklärbar. Zum Vergleich: Im *Handbuch der Erziehungswissenschaft*, Band 3 (Schule) (Hellekamps et al. 2011) widmen sich fünf (!) Beiträge eigens der Schulpädagogik, im *Handbuch Schulpädagogik* kein einziger (auch nicht die berufsbiographisch inspirierte Reflexion von Fend (2019) oder der Beitrag „Schule aus erziehungswissenschaftlicher Perspektive" von Hollstein et al. 2019).

Eine eingehende Beschäftigung mit der Schulpädagogik als Teildisziplin der Erziehungswissenschaft, die immer auch eine Auseinandersetzung mit dem (erziehungs-)wissenschaftlichen Diskurs *über* Schulpädagogik in steter Distanz zu tradierten und zugleich wenig reflektierten, vermeintlich eindeutigen Bestimmungen sein wird, ist zusammengefasst in zweifacher Hinsicht zu begründen:

1. Mit einer notwendigen *Abgrenzung* zu populären, Konsens suggerierenden, aber u. a. uneinlösbare Erwartungshaltungen und damit Enttäuschungen provozierenden Bestimmungsversuchen sowie
2. im Sinne einer *Ergänzung* traditioneller Darstellungen der Schulpädagogik vorzugsweise über ihre Gegenstände, ihre Teilgebiete (Abschn. 3.5).

Die Auseinandersetzung mit der Schulpädagogik erfolgt dabei in den folgenden Kapiteln nicht auf der Basis einer ideen- bzw. problemgeschichtlichen Rekonstruktion des schulpädagogischen Diskurses (vgl. hierzu Kemper 2001, 2004). Das bedeutet, dass nicht das schulpädagogische Denken über das Erziehen, Lehren, Lernen und das Schule Halten in seiner Entwicklung nachvollzogen werden soll. Eine solche Tradition der Schulpädagogik geht in den Darstellungen unterschiedlich weit bis auf Johann Amos Comenius (1592–1679) oder auch mit den Sophisten (Protagoras) und den römischen Rhetorikern (Marcus Fabius Quintillian) bis in die Antike zurück (Ofenbach 2007). Gesprochen wird bezogen auf die ideengeschichtlichen Vorläufer auch von impliziten Schulpädagogiken (Riedel 1989, S. 1343). Im Wissenschaftssystem kann Schulpädagogik jedoch über die ideengeschichtlich (sehr) lange Vergangenheit allein nicht legitimiert werden (vgl. Herzog 1999).

Wird die Schulpädagogik, wie in den folgenden Kapiteln, jenseits ihrer ideengeschichtlich zu rekonstruierenden wissenschaftlichen, aber auch nicht-akademischen (impliziten) Inspirationsquellen mit der dauerhaften Institutionalisierung im Hochschulsystem als einer der Allgemeinen Pädagogik „nebengeordnete Berufswissenschaft" begonnen (Krüger 1998, S. 307), dann ist ihre Historie immer auch eine Geschichte der Identitätsfindung als Wissenschaft – und der fortwährenden Selbst-

1.1 Prolog: Vorbemerkungen zu einer schwierigen Ausgangsfrage

zweifel. In den 1960er-Jahren sollte an Stelle einer vormals *Praktischen Pädagogik* im disziplinär geordneten Wissenschaftssystem der Bundesrepublik Deutschland etwas Neues treten, ohne dass klar zu sein schien, was das ist oder was das sein soll: *Schulpädagogik*. Entsprechend wurde im unmittelbar einsetzenden Selbstvergewisserungsdiskurs konstatiert, dass „nicht nur unterschiedlich, sondern zum Teil auch recht unklar bestimmt" sei, was Schulpädagogik ist (Klink 1966, S. 1).

Akademische Selbstvergewisserungsdiskurse – gemeint ist das Nachdenken über und Diskutieren der Gestalt und Ordnung, der Fragestellungen und Forschungszugänge, der Funktion und Verhältnisbestimmungen zu anderen Wissenschaften innerhalb einer wissenschaftlichen Disziplin – sind insbesondere bei jungen, wenig etablierten Disziplinen, zu denen die Erziehungswissenschaft im deutschen Wissenschaftssystem nach 1945 zählt, nicht ungewöhnlich. Ebenso sind kritische Rückfragen an subdisziplinäre Ausdifferenzierungen aus der Perspektive der bestehenden Gesamtdisziplin zu erwarten, werden sie doch immer auch u. a. von der Sorge begleitet, dass die Teile, in die sich eine wissenschaftliche Disziplin wie die Erziehungswissenschaft in ihrer Entwicklung (zunehmend) untergliedert, immer eigenständiger in Abgrenzung zum bislang dominierenden Ganzen werden, sodass eine Disziplin womöglich zusehends zersplittert und von einem einst einenden Ganzen nicht mehr viel übrig bleibt; oder dass das in den sich ausbildenden Teildisziplinen verankerte „Neue" mit den traditionellen Ausrichtungen und Überzeugungen bricht usw. Aus der disziplinübergreifenden Perspektive der Wissenschaftssoziologie erscheinen dauerhafte diszplininterne Debatten über Grundlagenfragen auch als eher typisch vor allem für die Sozialwissenschaften generell (vgl. Hoyningen-Huene 1989; Stichweh 2013a) und für die Erziehungswissenschaft im Besonderen (Tenorth 1992, 1996, 1998, 2004).

Ohnehin kann es für das Betreiben von Wissenschaft unerlässlich erscheinen, „disziplinäre Selbstvergewisserung zu betreiben und zu einem disziplinären Selbstverständnis zu gelangen" (Cramer 2016, S. 22). Bedenklich erscheint es aber, wenn der Selbstvergewisserungsdiskurs keinen Fortschritt zeitigt und sich stattdessen die Ausgangsfrage dieses Kapitels, die leitende Frage des gesamten Bandes, „Was ist Schulpädagogik?" (Benner 1977), wenn sich also das „Konstitutionsproblem der Schulpädagogik als Wissenschaft" (Riedel 1989, S. 1350) verstetigt, ja chronisch zu sein scheint: In den 1990er-Jahren stellt sich nämlich immer noch die bohrende Frage, was Schulpädagogik ist (Apel 1993), und ihr Selbstverständnis wird als kontinuierlich kontrovers charakterisiert (Drewek 1994). Soll in die Schulpädagogik systematisch eingeführt werden, dann bedeutet dies offenbar, einen Überblick über ihre wissenschaftstheoretischen *Probleme* zu geben (Meyer 1997a, S. 203). Selbst in der jüngeren Vergangenheit wird immer wieder aufs Neue darauf verwiesen, dass es große Schwierigkeiten bereite, die (alte) Frage, was Schulpädagogik ist, zu beantworten (Terhart 2003), es also nicht klar zu bestimmen sei, was Schulpädagogik ist bzw. was die Disziplinangehörigen selbst darunter verstehen (Apel und Sacher 2009). Stattdessen bestehe bis in die Gegenwart kein Einvernehmen darüber, „wie sich die Schulpädagogik als Reflexions- und Forschungsfeld systematisiert" (Reh und Drope 2012, S. 154; vgl. auch Hellekamps 2001; Wittenbruch 2011): sie stehe weiterhin vor dem „bisher ungelöste[n] Problem ihrer wissenschaftlichen Identität" (Kemper 2001, S. 9; vgl. Kemper 2004).

Dabei erscheint unzweifelhaft, dass sich Schulpädagogik zumindest *äußerlich* nicht mehr, wie noch Ende der 1970er-Jahre diagnostiziert wurde, im „vorwissenschaftlichen Feld" bewege (Rauschenberger 1979, S. 79). Vielmehr weist sie im Ergebnis ihrer Entwicklung ausgebildete *Sekundärmerkmale* von Wissenschaft auf, also Professuren, die entsprechend benannt werden, eine weitere Ausdifferenzierung in Teilgebiete, eine subdisziplinäre Kommunikation in Fachzeitschriften, die Verankerung als (mitgliederstarke) Sektion in einer wissenschaftlichen Fachgesellschaft, nämlich der Deutschen Gesellschaft für Erziehungswissenschaft (DGfE) (Abschn. 2.5). Konkret wurden – um nur ein Beispiel zu geben – im Zeitraum von 1990 bis 2018 mit 652 der ausgeschriebenen Professuren für Erziehungswissenschaft der höchste Anteil von 35,3 % im Bereich der Schulpädagogik (inkl. Denominationen in der „Bildungsforschung") ausgeschrieben (Gerecht et al. 2020, S. 138).

Die *Primärmerkmale* einer wissenschaftlichen (Teil-)Disziplin erscheinen dementgegen weniger eindeutig bestimmt (vgl. Herzog 1999, 2005; Lüders 2012) – und hier scheint das eigentliche Problem zu liegen: vor allem eine eigenständige Fragestellung, ein Alleinstellungsmerkmal in der Auseinandersetzung mit einem spezifischen Gegenstandsbereich, der „Schule" im allgemeinen, und die Autonomie der Schulpädagogik im Sinne einer Loslösung von der Schulpraxis sowie der Profession der Lehrerinnen und Lehrer sind zu nennen. Zu den (ungelösten) Konstitutionsproblemen der Schulpädagogik zähle daher bis in die Gegenwart die Herausforderung, die Entstehungsgeschichte der Schulpädagogik als Unterrichtslehre aus der seminaristischen Lehrerinnen- und Lehrerbildung und praktischen Pädagogik der Pädagogischen Hochschulen (Abschn. 1.3) zu überwinden und sich nicht allein als Berufswissenschaft zu behaupten (Abschn. 2.1.3), sondern als „normale" Wissenschaft jenseits der wiederholten Stilisierung als akademischem Sonderfall (Herzog 1999, S. 144).

▶ **Disziplin(en), wissenschaftliche – erste Annäherung** Eine erste Annäherung an den Begriff der wissenschaftlichen Disziplin, wie er in diesem Abschn. 1.1 nun schon mehrfach verwendet wurde, führt zunächst einmal auch zu einer neuerlichen Ernüchterung. Denn auch hier wird festgestellt, dass bis heute keine auf breitem Konsens basierende Definition von Disziplin anzuführen ist (Schützen-

1.1 Prolog: Vorbemerkungen zu einer schwierigen Ausgangsfrage

meister 2008): „Wir sind nicht in der glücklichen Lage, ausgehend von einer sicheren Kenntnis dessen, was wissenschaftliche Disziplinen sind, nach ihrer Entstehung zu fragen" (Guntau und Laitko 1987, S. 19). Der Disziplinbegriff erscheine vielmehr „eigentümlich unterbestimmt" (Keiner 1999, S. 44). Insofern wird hier wie im Folgenden auch nicht die eine, alleingültige Definition präsentiert (werden können). Zumindest werden aber an dieser Stelle erste Vorschläge einer Begriffsbestimmung vorgestellt, die in der *Enzyklopädie Philosophie und Wissenschaftstheorie*, einem Standardwerk, aufzufinden sind.

Wissenschaftliche Disziplin wird demnach definiert als „Teilbereich innerhalb der Wissenschaften, der durch Gegenstand, Methode und Erkenntnisinteresse von anderen Teilbereichen abgrenzbar ist" (Gräfrath 2005, S. 237). Ähnlich lautend wird Disziplinarität – als disziplinäre Ordnung der Wissenschaften – gefasst. Sie „bestimmt sich im Wesentlichen unter Gesichtspunkten des Gegenstandes, der Methode und des Erkenntnisinteresses" (Mittelstraß 2005, S. 238).

Allerdings, dies sei vorweggenommen, sind diese Definitionsversuche noch unzureichend, da sie zu allgemein gehalten und in ihrer Hervorhebung von Gegenstand und Methode nicht trennscharf sind: Gegenstandsbereiche bzw. Themen wie auch Forschungsmethoden allein eignen sich nicht als Differenzierungsmerkmale von wissenschaftlichen Disziplinen (Abschn. 2.1.1; 3.6). Die Hinzunahme des Erkenntnisinteresses in einem allgemeinen Verständnis hilft hier auch nur bedingt weiter. Denn dieses liegt zuallererst idealerweise darin begründet, gesicherten Wissens zu erzeugen (Weingart 2001, S. 751). Zweck wissenschaftlicher Disziplinen sei „die Gewinnung objektiv wahren Wissens über einen bestimmten Gegenstand" (Guntau und Laitko 1987, S. 22), das oberste Erkenntnisziel der Wissenschaft die Findung von „möglichst *wahren* und *gehaltvollen* Aussagen, Gesetzen oder Theorien [ ] über einen bestimmten Gegenstandsbereich" (Schurz 2014, S. 23; Herv. i. Orig.). Hier müsste es dann doch der Gegenstand und nicht das Erkenntnisinteresse sein, der in der disziplinär organisierten Wissenschaftswelt den Unterschied begründet.

Inwieweit die äußerliche Etablierung der Schulpädagogik im Wissenschaftssystem – etwa über entsprechende Professuren – mit der inneren Verfasstheit bzw. dem artikulierten disziplinären Selbstverständnis der Schulpädagogik *als wissenschaftlicher (Teil-)Disziplin* im neueren Selbstvergewisserungsdiskurs korrespondiert, wird in den folgenden Kapiteln in den Blick zu nehmen sein.

Wie und in welcher Weise ist das Identitätsproblem der Schulpädagogik bis in die Gegenwart bearbeitet worden? Sind Fortschritte bei der Identitätsentwicklung und einer Ablösung von der Berufspraxis der Lehrerinnen und Lehrer bzw. der schulischen Praxis generell zu identifizieren? Was ist vor dem Hintergrund der Annahme, dass (Teil-)Disziplinen im Wissenschaftssystem „per definitionem der

Artikulation von Differenz" dienen (Stichweh 2013a, S. 28), sie also Ausdruck einer speziellen und eigenständigen Bearbeitung wissenschaftlicher Fragestellungen und Zugängen bzw. Perspektiven sind, die sie von anderen disziplinären Sicht- und Vorgehensweisen klar unterscheidet (Abschn. 2.1.1), das identitätsstiftende Alleinstellungsmerkmal der Schulpädagogik? Die außerwissenschaftlichen Umweltausschnitte selbst, die von ihr in den Blick genommen werden, können es nicht sein: denn Lehren und Lernen, Schule, Unterricht, Lehrerinnen- und Lehrerberuf sind und waren nicht allein Gegenstand erziehungswissenschaftlicher bzw. schulpädagogischer Forschung. Wie wird also insbesondere in den neueren und neuestens schulpädagogischen Selbstbeschreibungen und -vergewisserungen die *kognitive Spezifität* (Stichweh 2013a, S. 23) der Schulpädagogik als wissenschaftlicher (Teil-)Disziplin sowie ihr Verhältnis zur Schulpraxis, zu den Lehrerinnen und Lehrern bzw. zur Profession artikuliert?[1]

1.2 Ausgangspunkt: Eine streitbare Antwort als Fallbeispiel

Eine erste, streitbare Position zu den im vorherigen Abschnitt aufgeworfenen Fragen danach, was Schulpädagogik ist und wie sie sich eigenständig, klar abgrenzbar und infolgedessen unverwechselbar in ihrer Sicht- und Zugangsweise sowie bezogen auf ihre Zielstellungen und angestrebten Erkenntnisse (Stichwort: kognitive Spezifität) entwirft, soll das folgende Fallbeispiel bieten. Es handelt sich um die Ausführungen zum Lemma *Schulpädagogik* (ohne Autorenangabe) im Beltz Lexikon Pädagogik, das von Heinz-Elmar Tenorth und Rudolf Tippelt im Jahr 2007 herausgegeben wurde. Dieser Beitrag in einem Nachschlagewerk wird einführend gewählt, da sich an diesem Fallbeispiel besonders gut illustrieren lässt, *wie* problematisch die Beantwortung der Frage „Was ist Schulpädagogik?" sein kann und *warum* eine kritische Auseinandersetzung mit den im schulpädagogischen Diskurs anzutreffenden Beschreibungen geboten erscheint. Überdies dienen die Anmerkungen zu diesem ersten Fallbeispiel wie auch die anschließenden Ausführungen zur wissenschaftlichen Erfolgsgeschichte der Schulpädagogik (Abschn. 1.3) als Hintergrund für die tiefer gehenden Einlassungen in den Folgekapiteln.

---

[1] Fokussiert wird im Kap. 2 auf Veröffentlichungen, die im und nach dem Jahr 2000 erschienen sind und sich explizit mit der Schulpädagogik im Wissenschaftssystem befassen. Vergleichend oder um (Nicht-)Entwicklungen darstellen zu können, werden zudem Publikationen, die früher veröffentlicht wurden, berücksichtigt.

1.2 Ausgangspunkt: Eine streitbare Antwort als Fallbeispiel

> **Fallbeispiel 1.1**
>
> **Lemma Schulpädagogik im Beltz Lexikon Pädagogik** (2007, S. 637 f.): „Als Begriff erstmals 1835 zu finden, erwächst S. aus dem Wissen der Schulpraktiker selbst und aus der Reflexion ihrer eigenen Praxiserfahrung. Als Wissensform verselbständigt, wird S. heute sowohl in der Erziehungswissenschaft als auch in der Selbstreflexion von Lehrern als Einheit von Reflexion und Orientierung ausgebildet. Ihr Focus ist nicht primär die distanzierende Beobachtung, sondern die handlungsorientierte Information an den Akteur und die Selbstreflexion der pädagogischen Praxis. Unter Nutzung von Ergebnissen der handlungsbedeutsamen → Schul- und → Unterrichtsforschung sowie der → Didaktik und orientiert an den theoretisch wie praktisch relevanten Themen und Problemen des Schulalltags entwickelt die S. eigene Reflexions-, Mitteilungs- und Forschungsformen (→ Lehrerforschung). S. wird damit zur „Theorie und Praxis der Entwicklung und Reflexion wissenschaftlicher Konzepte zur Gestaltung von Schulleben und Unterricht" (H. Meyer). Auch in der S. finden sich die Themen, die für die → Schulforschung typisch sind, also die Aufmerksamkeit für die lehrenden und lernenden Akteure, für die Schule als Organisation und für ihre Funktionen, Programme/Lehrpläne und Effekte oder für die Umwelt der Schule. Die selegierenden Fragen und die strukturierenden Analysen haben aber andere als nur distanzierend-beobachtende Funktion: In der S. sind die Fragen nach „gutem Unterricht", dem „guten Lehrer" und den Merkmalen einer „guten Schule" leitend (und ihre überlieferten Kriterien werden durch die → Schulforschung in ihrer Geltung aktuell gut bestätigt). Sie fragt nach Gestaltungsmöglichkeiten und wünschbaren Gestaltungsprinzipien, dabei deutlich in der Tradition reformorientierter, kindzentrierter und an Selbsttätigkeit normativ orientierter Pädagogik. Gleichzeitig ist S. nicht nur näher an den Handlungsproblemen der Lehrkräfte und interessiert an der Verbesserung und Erweiterung ihres Methodenrepertoires, sie scheut in ihrer Argumentation auch weder das Rezept noch das Lob und die Verfeinerung der professionellen Routine und auch nicht die Vermittlung von Schemata und Strategien, die das schwierige Geschäft des Unterrichts unter konfligierenden Erwartungen und vielfachen Innen- und Außenreferenzen bei befristeter und irreversibler Zeit dennoch möglich werden lassen. Das Handlungsangebot der schulbezogenen → Reformpädagogik wird dafür intensiv für die eigenen aktuellen Absichten ausgelegt und genutzt, genauso wie die aus empirisch-pädagogischen Untersuchungen nicht selten mutig extrahierten und dort vermeintlich eindeutig begründeten Handlungsstrategien. Die Leitbegriffe der S. können deshalb Karriere machen, auch wenn sie nicht in allen Details oder Versprechen schon in der Forschung bestätigt werden, weil

die Praxis nicht warten kann, bis alle bedeutsamen Fragen des pädagogischen Handelns geklärt sind. Insofern haben z. B. der → Projekt- oder der → fächerübergreifende Unterricht immer Konjunktur, auch wenn ihre Schwierigkeiten in der Realisierung unverkennbar sind. S. nimmt auch begriffliche Unschärfen zugunsten der Orientierungsleistung in Kauf, wie beim handlungsorientierten Unterricht in seinen in großer Vielfalt existierenden Varianten, oder Paradoxien, wie beim offenen Unterricht, der ja nur bei scharfer Begrenzung des Aufgaben- und Handlungsrahmens funktioniert. Stärker als in der distanzierten Forschung werden in der S. auch tradierte Wissensbestände genutzt, z. B. eine Kategorie wie pädagogischer Takt, die Handeln unter Zeitknappheit regulieren soll, oder die des pädagogischen Ethos oder die Orientierung an Gemeinschaft oder an erwünschten Erziehungsstilen. S. hat sich gleichzeitig durch die Verbindung mit Konzepten und Praktiken von Schulreform (→ ÜA „Schulreform") und → Schulentwicklung seit dem frühen 20. Jh. mit der Erwartung belastet, die gegebene und in der allgegenwärtigen → Schulkritik meist als schlecht beurteilte Situation der (Regel-) Schule zum Besseren zu verändern. Schulforschung bestätigt heute die S. darin, dass die konkrete Arbeit in der Einzelschule der wesentliche Reformfaktor ist. Die kontroverse Diskussion in der S. selbst deutet zugleich an, dass auch dann nicht alle Optionen der Veränderung zeitlich und sachlich miteinander vereinbar oder mit verfügbaren Ressourcen realisierbar sind. Der selbst gewählten Verantwortung gegenüber dem Akteur entgeht die S. deswegen nicht." ◄

Was also ist, dem Lemma im Beltz Lexikon Pädagogik folgend, Schulpädagogik? Schulpädagogik ist, so die erste für die Ausgangsfrage relevante Information, eine „Wissensform". Genauer handelt es sich um das „Wissen der Schulpraktiker", gemeint ist das Wissen der Lehrerinnen und Lehrer im staatlichen Schulsystem. Was wissen diese Praktikerinnen und Praktiker, was andere nicht wissen? Das weiß man an dieser Stelle des Lemmas nicht, wohl aber, dass dieses als Schulpädagogik bezeichnete Wissen bzw. zur Schulpädagogik erwachsene Wissen aus den Schulpraktikerinnen und -praktikern selbst heraus kommt und ihnen damit nicht von anderen zur Verinnerlichung eingegeben wurde. Es geht vielmehr auf die Reflexion ihrer eigenen „Praxiserfahrung" bei der Berufsausübung als Lehrkräfte zurück, es erscheint somit als Erfahrungswissen. Und selbst gemachte „praktische" Erfahrungen, ein eigener Erfahrungsschatz, erscheinen landläufig als bessere Grundlage, als nur etwas vom Hörensagen oder aus Büchern zu kennen (Abschn. 3.2).

Schulpädagogik, die auf das Erfahrungswissen von Lehrkräften zurückgeht, „verselbständigt" sich als Wissensform, so die weitere Erläuterung. „Heute" (=

1.2 Ausgangspunkt: Eine streitbare Antwort als Fallbeispiel

2007?) werde Schulpädagogik als Wissensform, die sich von den Personen der Schulpraktikerinnen und -praktiker gelöst hat, in der Erziehungswissenschaft ausgebildet. Dies könnte so gelesen werden, dass Erziehungswissenschaft die Wissensform Schulpädagogik, die nun kein Erfahrungswissen der Praktikerinnen und Praktiker mehr ist, hervorbringt. Es scheint indes nur die halbe Wahrheit zu sein. Die Schulpraktikerinnen und -praktiker mischen weiterhin mit, denn auch sie bilden die Wissensform Schulpädagogik aus, wenn sie „Selbstreflexion" betreiben. Wir haben es also mit zwei Quellen der Wissensform Schulpädagogik zu tun: der Erziehungswissenschaft und der Selbstreflexion der Lehrerinnen und Lehrer. Schulpädagogik als Wissensform wird aber nicht einfach so ausgebildet, sondern als „Einheit von Reflexion und Orientierung". Klingt gut, auch wenn nicht weiter ausgeführt wird, wie diese Einheit gedacht werden soll. Womöglich hilft der nächste Satz des Lemmas Schulpädagogik weiter.

Dort heißt es, dass der Focus der Schulpädagogik nicht in erster Linie „die distanzierende Beobachtung" sei (von was mag sich eine Wissensform distanzieren?), sondern die „handlungsorientierte Information an den Akteur", gemeint ist wiederum die Lehrkraft, „und die Selbstreflexion der pädagogischen Praxis". Die Wissensform Schulpädagogik, „heute" auf Erziehungswissenschaft und Selbstreflexion von Lehrkräften zurückgehend, vermag also den Lehrerinnen und Lehrern dabei zu helfen, Entscheidungen über ihr berufliches Handeln zu treffen, und das, was sie tun, zu reflektieren. Das mutet gewinnbringend an, ist aber auch verwirrend: denn die Argumentation scheint sich in Teilen im Kreise zu drehen, wenn davon ausgegangen wird, dass Schulpädagogik als Wissensform aus der Selbstreflexion der Schulpraktikerinnen und -praktiker hervorgeht, um die Selbstreflexion der Schulpraxis hervorzubringen. Das ist fast schon eine Tautologie. Die Hauptaussage in diesem Abschnitt ist aber klar. Schulpädagogik distanziert sich nicht von der Schulpraxis, im Gegenteil, sie ist den Lehrkräften Stütze und Stab.

Und weiter: „Unter Nutzung von Ergebnissen der handlungsbedeutsamen → Schul- und → Unterrichtsforschung" – Schul- und Unterrichtsforschung ist immer handlungsbedeutsam? – „sowie der → Didaktik und orientiert an den theoretisch wie praktisch relevanten Themen und Problemen des Schulalltags entwickelt die S. eigene Reflexions-, Mitteilungs- und Forschungsformen (→ Lehrerforschung)". Schulpädagogik, bislang immer noch einzig als Wissensform (!) bestimmt, hat auch etwas mit der Schul- und Unterrichtsforschung zu tun, und mit der Didaktik. Aber was? Nun, sie nutzt deren Forschungsbefunde. Wofür? Das wird hier noch nicht gesagt, wohl aber, dass sie nicht nur Forschungsbefunde rezipiert, sondern sich auch am „Schulalltag", also an der Schulpraxis mit ihren „theoretisch wie praktisch relevanten Themen und Problemen" „orientiert". Aus der Nutzung der Forschung und Orientierung an der Praxis werden im Ergebnis „eigene Reflexions-, Mitteilungs- und Forschungsformen", die, so könnte geschlossen werden, in Sachen Forschung nicht mit der zu Rate gezogenen Schul- und Unterrichtsforschung und in Sachen Reflexion nicht mit der Selbstreflexion der Schulpraktikerinnen und Schulpraktiker identisch ist, aus der die schulpädagogische Wissensform doch eigentlich hervorgeht. Was hier markiert werden soll, das wäre ggf. das, was Stichweh als *kognitive Spezifität* bezeichnet (Stichweh 2013a, S. 23), als „Artikulation von Differenz" (ebd., S. 28). Der Verweis auf die „Lehrerforschung" hilft dabei aber nicht, denn die Forschung zum Lehrerinnen- und Lehrerberuf ist keinesfalls die Domäne allein schulpädagogischer Reflexions-, Mitteilungs- und Forschungsformen, sondern ein interdisziplinär bearbeiteter Forschungsgegenstand.

Aus der genannten Nutzung der Schul- und Unterrichtsforschung und der Orientierung an den Problemen der Schulpraxis folgt in der Argumentation des Lemmas, dass Schulpädagogik nun keine Wissensform mehr ist, sondern *viel* mehr: sie wird Hilbert Meyer zitierend zur „Theorie und Praxis der Entwicklung und Reflexion wissenschaftlicher Konzepte zur Gestaltung von Schulleben und Unterricht". Schulpädagogik, so definiert, wird einmal mehr nun explizit von der Schulforschung unterschieden, deren handlungsbedeutsame Ergebnisse sie ja, wie zu lesen war, nutzt. Zwar finden sich in der Schulpädagogik ähnliche Themen wie in der Schulforschung. Während aber der Schulforschung „nur" eine „distanzierend-beobachtende Funktion" attestiert wird, seien in der Schulpädagogik „die Fragen nach „gutem Unterricht", dem „guten Lehrer" und den Merkmalen einer „guten Schule" leitend"- als ob in der empirischen Schul- und Unterrichtsforschung Fragen der Qualität keine Rolle spielen würden (tun sie aber: vgl. einführend Ditton 2000; Ditton und Müller 2015; Gräsel und Göbel 2015; Klieme 2019).

Die in der Schulpädagogik „überlieferten Kriterien" für die Güte von Schule, Unterricht und Lehrkräften „werden durch die → Schulforschung in ihrer Geltung aktuell gut bestätigt", will heißen, die Schulpädagogik hat schon (immer) vor der Hervorbringung von Forschungsbefunden zu den genannten Themen gewusst, was gut ist. Und es bedeutet auch, dass sich im Widerspruch zur vorhergehenden Aussage Schul- und Unterrichtsforschung doch auch für Qualität interessieren, sonst könnten sie die „überlieferten Kriterien" der Schulpädagogik etwa für „guten" Unterricht nicht bestätigen. Spannend erscheint hier, (a) worauf das überlieferte, das tradierte Wissen gründet, wird doch auch an späterer Stelle des Lemmas erneut in Abgrenzung zur Forschung betont, dass in der Schulpädagogik „[s]tärker als in der distanzierten Forschung […] auch tradierte Wissensbestände genutzt werden". Geht dieses Wissen damit nicht auf Forschung zurück, für die Distanz zum Forschungsgegenstand, wie noch zu zeigen sein wird, grundsätzlich konstitutiv ist (Abschn. 2.2.3; 2.5), sondern beispielsweise auf Erfahrungswissen? Damit einher

1.2 Ausgangspunkt: Eine streitbare Antwort als Fallbeispiel

geht (b) die Frage, wie das überlieferte Wissen im Vergleich zu den angeführten Forschungsbefunden u. a. bezogen auf Aussagekraft und Verallgemeinerbarkeit bewertet wird. Hier wird den „tradierten Wissensbeständen" mit unklarer Herkunft offenbar per se eine höhere Dignität zugeschrieben.

Die Argumentation verläuft in der Darstellung weiter entsprechend zugunsten der Schulpädagogik, allerdings nicht bezogen auf die Qualität des von ihr hervorgebrachten Wissens. Schulpädagogik sei vielmehr „nicht nur näher an den Handlungsproblemen der Lehrkräfte und interessiert an der Verbesserung und Erweiterung ihres Methodenrepertoires, sie scheut in ihrer Argumentation auch weder das Rezept noch das Lob [...] auch nicht die Vermittlung von Schemata und Strategien, die das schwierige Geschäft des Unterrichts unter konfligierenden Erwartungen und vielfachen Innen- und Außenreferenzen bei befristeter und irreversibler Zeit dennoch möglich werden lassen". Schulpädagogik ist demnach explizit auf die Praxis der Lehrerinnen und Lehrer ausgerichtet und gibt den Schulpraktikerinnen und -praktikern Rezepte und Strategien an die Hand, um Unterricht zu ermöglichen. Damit wird unterstellt, dass es so etwas wie Rezepte, ein Handwerkszeug oder Techniken für „guten" Unterricht gäbe, die – was ihre universelle Wirksamkeit anbelangt – über jeden Zweifel erhaben sein müssten, wenn sie das Handeln der Lehrkräfte in der dargestellten Form unmittelbar anleiten sollen (Abschn. 2.2.3). Konzentrierter könnte an dieser Stelle die Behauptung festgehalten werden, dass Schulpädagogik Unterricht ermöglicht.

„Leitbegriffe der Schulpädagogik" – verwiesen wird auf „Projekt- oder [] → fächerübergreifende Unterricht" – „können deshalb Karriere machen, auch wenn sie nicht in allen Details oder Versprechen schon in der Forschung bestätigt werden, weil die Praxis nicht warten kann, bis alle bedeutsamen Fragen des pädagogischen Handelns geklärt sind". Schulpädagogik kann also nicht auf die Forschung warten, weil sie sich demselben unmittelbaren Handlungsdruck ausgesetzt sieht, wie die „Praxis". Es entsteht so fast der Eindruck, als würde die Schulpädagogik den wochentags allmorgendlich stattfindenden Unterricht verantworten. Aufgrund dieses Handlungsdrucks gibt Schulpädagogik der Praxis Versprechen, von denen sie nicht sagen kann, ob sie zu halten sind. Sie nimmt bewusst „begriffliche Unschärfen zugunsten der Orientierungsleistung in Kauf". Sie entgeht schließlich in Sachen Schulreform und Schulentwicklung der selbst gewählten Verantwortung gegenüber dem Akteur [...] nicht."

Das Lemma Schulpädagogik im Beltz Lexikon Pädagogik als Fallbeispiel kann bilanzierend so zusammengefasst werden, dass Schulpädagogik vor allem als Wissensform, aber auch als „Theorie und Praxis der Entwicklung und Reflexion wissenschaftlicher Konzepte zur Gestaltung von Schulleben und Unterricht" der

Praxis selbst in Gestalt der Selbstreflexion der Lehrerinnen und Lehrer auf der einen und der Wissenschaft, namentlich der Erziehungswissenschaft auf der anderen Seite zugeordnet wird. Wird vor allem die Verortung im Wissenschaftssystem, wie sie bereits im vorhergehenden Abschn. 1.1 bisher lediglich angedeutet wurde, im Lemma besondere Aufmerksamkeit geschenkt, dann scheint es sich bei der Schulpädagogik samt des von ihr hervorgebrachten Wissens um ein ganz besonders Ei im Nest der Wissenschaft zu handeln.

1. *... aus der Erziehungswissenschaft:* Schulpädagogik als Wissensform, als Theorie und Praxis, wird demnach (neben der Selbstreflexion der Lehrerinnen und Lehrer als Quelle) in der Erziehungswissenschaft „ausgebildet".
2. *... für die Schulpraxis:* Sie hilft Lehrerinnen und Lehrern, Entscheidungen für ihr berufliches Handeln zu treffen, und das, was sie tun, zu reflektieren. Schulpädagogik ist *ausschließlich* auf die schulische Praxis bezogen und ermöglicht mittels Rezepten und Strategien Unterricht.
3. *Überlieferung und Tradierung statt Forschung:* Um dies zu tun, orientiert sich die Schulpädagogik an den Problemen der Schulpraxis und nutzt auch die praxis-distanzierte Schul- und Unterrichtsforschung, von der sie allerdings explizit abgegrenzt wird. Schulpädagogik ist dem Lemma folgend nicht Schul- und Unterrichtsforschung! Und obwohl ihr neben eigenen Reflexions- und Mitteilungs- auch eigene „Forschungsformen" zugeschrieben werden, wird Schulpädagogik nicht über die Forschung zu Schule und Unterricht, Schülerinnen und Schülern oder zum Handeln der Lehrkräfte bestimmt, sondern über die *Überlieferung* von Gütekriterien und die *Tradierung* von Wissensbeständen unklarer Herkunft, denen zugleich eine höhere Wertigkeit attestiert wird, als der „distanzierend-beobachtenden" Forschung zur Qualität von Schule, Unterricht und Lehrkräftehandeln.
4. *... unter dem Handlungsdruck der Schulpraxis stehend:* Schulpädagogik kann sich auch gar nicht in erster Linie auf Forschung beziehen, auf Forschung gründen, da sie sich selbst unter unmittelbarem Handlungsdruck sieht. Zugunsten der Praxisanleitung und Handlungsorientierung der Akteure nimmt sie „begriffliche Unschärfen" in Kauf, gibt Versprechen, die womöglich nicht zu halten sind, da auf eine forschungsbasierte Legitimation schulpädagogischer Aussagen nicht gewartet werden kann.

Was ist das für eine ungewöhnliche, auch als „Theorie" definierte Wissensform, die – den Religionen, dem Brauchtum oder den Mythen und Sagen vergleichbar – über die Überlieferung und Tradierung wissenschaftlich ungeprüften, unsicheren Wissens sowie in betonter Abgrenzung von Forschung bestimmt und *gleichzeitig* im Wissenschaftssytem, namentlich in der Erziehungswissenschaft „ausgebildet" wird? Eine Wissenschaft, die unscharfe Begriffe und die Abgrenzung von Forschung in ihrem Selbstverständnis hervorhebt, ist doch ein Widerspruch in sich, allenfalls ein Kuckucksei im akademischen Nest.

Nun könnte es natürlich sein, dass die hier einführend als Fallbeispiel gewählte und vorab als streitbar markierte Beantwortung der Frage, „Was ist Schulpädagogik?", eine Ausnahme, ein Ausrutscher in der Bestimmung von Schulpädagogik ist, die es gleichwohl in ein Nachschlagewerk mit wissenschaftlichem Anspruch geschafft hat. Vielleicht, so könnte weiter spekuliert werden, handelt es sich mit Einschränkungen sogar um die Variante eines Nihilartikels, also eines fingierten, auch frei erfundenen Lexikonartikels, so wie etwa Loriots „Steinlaus" im medizinischen Wörterbuch *Pschyrembel*. Im Gegensatz zur „Steinlaus" gibt es die Schulpädagogik im Wissenschaftssystem aber wirklich und ihr Bestimmungsversuch im Beltz Lexikon Pädagogik ist zumindest nicht frei erfunden. Tatsächlich ist es vielmehr so, dass zentrale Bestandteile der Beschreibung von Schulpädagogik und hier aufgeführte Argumentationsfiguren, so irritierend sie auch sein mögen, im schulpädagogischen Diskurs wiederholt aufzufinden sind, wie noch zu zeigen sein wird (Abschn. 2.1). In seiner, auch und gerade aus erziehungswissenschaftlicher Perspektive verstörenden, unverhohlen anti-wissenschaftlichen Radikalität ist das gewählte Fallbeispiel indes einzigartig.

Eines sollte anhand der einführenden Auseinandersetzung mit dem Lemma Schulpädagogik im Beltz Lexikon Pädagogik als einem ersten Beispiel deutlich geworden sein:

1. dass eine eingehende, kritische Auseinandersetzung mit den Bestimmungen dessen, was Schulpädagogik ist, sinnvoll erscheint und Schulpädagogik, nicht zuletzt auch angesichts der Widersprüche im Lemma selbst, keinesfalls klar und eindeutig im schulpädagogischen Diskurs gefasst wird;
2. dass Stichwortbeiträgen in Lexika und generell Veröffentlichungen in ihren Ausführungen und Argumentationen auch dann nicht umstandslos zu folgen ist, wenn sie im wissenschaftlichen Gewande daher kommen.

Im Studium und darüber hinaus entbinden ein angesehener wissenschaftlicher Publikationsort ebenso wenig wie die akademischen Titel, Leistungen und Ehren der Autorenschaft von der sorgfältigen und kritischen Prüfung des Geschriebenen. Dies gilt selbstverständlich auch für die im vorliegenden Band bezogenen Positionen, über die sich zweifellos ebenfalls trefflich streiten lässt. Insofern wird mit dem vorgelegten Band auch nicht beansprucht, nun endlich die alleingültige Antwort auf die Frage „Was ist Schulpädagogik?" ein für allemal zu geben. Stattdessen wird eine Beschreibung von Schulpädagogik samt der Offenlegung ihrer Voraussetzungen angeboten, wird eine begründete Position bezogen und zur Diskussion gestellt. Insofern ist dieses Buch selbst ein Beitrag zum schulpädagogischen Diskurs, von dem es handelt.

1.3 Hintergrund: Die Entwicklung der Schulpädagogik als wissenschaftliche Erfolgsgeschichte

Bevor es aber systematisch und differenzierter als in der Auseinandersetzung mit dem ersten Fallbeispiel (Abschn. 1.2) um die unterschiedlichen Spielarten der Bestimmung von Schulpädagogik im Diskurs im Kap. 2 geht, soll in diesem Abschnitt zunächst als dritter Teil des einführenden, ersten Kapitels die Entwicklung der Schulpädagogik als Erfolgsgeschichte im (west-)deutschen Wissenschaftssystem beschrieben werden.

Erfolgsgeschichten wissenschaftlicher Disziplinen, die sich als Ergebnis der internen Differenzierung der Wissenschaft seit Beginn des 19. Jahrhunderts herausbilden, sind vielfach eng verknüpft mit ihrer dauerhaften Etablierung an der Universität als institutionellem Ort „der disziplinären Struktur der Wissenschaft" (Stichweh 2013a, S. 18). Den Einschluss in diese universitäre Ordnung, in die universitäre Welt, verdankt die Schulpädagogik zuletzt der Integration der Pädagogischen Hochschulen in die Universitäten in den 1970er- und 1980er-Jahren (Rothland 2008a, S. 228 ff., Rothland 2008b) und damit dem Abschluss einer vorausgehenden, schrittweisen Akademisierung der Lehrerinnen- und Lehrerbildung für das nicht-gymnasiale, das sog. niedere Lehramt oder anders: der Volksschullehrerinnen- und -lehrerbildung.

> **Exkurs: Schulpädagogik und die Akademisierung der Volksschullehrerinnen- und -lehrerbildung**
> Für das Lehramt an niederen Schulen wurden in Preußen seit 1820 Seminare als Ausbildungsstätten für die Unterweisung angehender Lehrkräfte eingerichtet. Als „Schulpädagogik" firmiert hier der allgemeine, fachübergreifende Teil der Ausbildung. Diese basierte darauf, dass erfahrene „Schulmänner", zumeist Seminardirektoren, in diesem Rahmen ihr Erfahrungswissen in Sachen Erziehung und Unterricht an die zukünftigen Volksschullehrkräfte und darüber hinaus auch ihre pädagogischen Literaturkenntnisse weitergaben. Über diese „Schulmänner-Pädagogik" erfuhr Schulpädagogik so unab-

hängig vom Wissenschaftssystem eine Institutionalisierung im Rahmen der *seminaristischen Lehrerinnen- und Lehrerbildung* (Terhart 2003).

In diesem Kontext entstanden auch Erziehungs- und Unterrichtslehren in Buchform als Monographien im Sinne einer Studien- und Anweisungsliteratur, die von Seminardirektoren veröffentlicht wurden. Als erstes, prominentes Beispiel kann das von dem Schulrat und Breslauer Seminardirektor Carl Barthel unter dem Titel „Schul-Pädagogik. Ein Handbuch zur Orientierung für angehende Lehrer und zur freundlichen Beachtung für junge Theologen, als künftige Schulrevisoren" angeführt werden, in dem Schulpädagogik als „Anleitungswissenschaft" für Lehrerinnen und Lehrer konzeptualisiert wird (Kemper 2004, S. 851; s. Barthel 1839, 2. Aufl. 1845, 3. Aufl. 1856, 4. Aufl. 1869). Dieser „Wegweiser" für die Schul- und Unterrichtspraxis wird im schulpädagogischen Diskurs als erstmalige Quelle des Begriffs „Schulpädagogik" genannt (u. a. Apel 1993, S. 392). Dem entgegen verweist Terhart (2003, FN 2) auf eine noch ältere Quelle, nämlich die „Beyträge zur Schulpädagogik" des Wiener „Schulprofessors" Johann Genersich (1792) (vgl. auch Ugrai 2013). In solchen sog. Schulkunden wurde, unabhängig davon, ob als Beispiele die Veröffentlichungen von Genersich oder Barthel angeführt werden, all das zusammengefasst, was angehende Lehrkräfte für die Ausübung des Berufs benötigen (Terhart 2003, S. 192).

Kemper (2004, S. 851) spricht hier im Übrigen von Schulpädagogik als „praxisbezogener Theoriebildung über den Gesamtzusammenhang von Schule, Erziehung und Unterricht aus der langjährigen Berufs- und Ausbildungstätigkeit" der bewährten Praktiker. Warum es sich bei dieser geordneten und in der seminaristischen Lehrerinnen- und Lehrerbildung institutionalisierten Weitergabe von Erfahrungswissen um Theoriebildung handeln soll, wäre allerdings zu hinterfragen. Im 19. Jahrhundert wird Schulpädagogik jedenfalls zusammengefasst „vor allem als praktische Pädagogik, Schulkunde oder Unterrichtslehre konzipiert" (Reh und Drope 2012, S. 155). Sie stellt sich als „eklektizistische und explizit rein lehrorientiert verfasste Sammlung unterschiedlicher erziehungskundlicher Wissensfragmente dar" (Drewek 1994, S. 301) – im Dienste und zur Anleitung der Schul- und Unterrichtspraxis angehender Lehrerinnen und Lehrer.

Als weiterer Schritt auf dem Weg zur Akademisierung der Volksschullehrerinnen- und -lehrerbildung lösen seit 1926 *Pädagogische Akademien* die seminaristische Lehrerinnen- und Lehrerbildung ab (Krüger 1998). Diese, mit der Reform der Lehrerinnen- und Lehrerbildung in den 1920er-Jahren eingerichteten Pädagogischen Akademien für die angehenden Volksschullehrerinnen- und -lehrer führten zu einem weiteren, institutionellen Ausbau „Praktischer Pädagogik", wobei die entsprechenden Akademie-Professuren weiterhin mit verdienten Lehrkräften besetzt wurden (Apel und Grunder 1995). Schulpädagogik blieb an den zu Akademien – und schließlich auch an den zu Pädagogischen Hochschulen – veredelten Ausbildungsstätten unter der Programmatik einer Praktischen Pädagogik vergleichbar der seminaristischen Lehrerinnen- und Lehrerbildung, aus der sie stammte, Unterrichtslehre, d. h. eine „erfahrungsgesättigte und (lange Zeit) konfessionell normierte Handlungslehre für Lehrkräfte mit starker Konzentration auf didaktisch-methodische Fragen" (Terhart 2003, S. 198). Empirische Forschung zu Schule und Unterricht zählte auch an diesem neu geschaffenen Ort nicht dazu.

Parallel zur Institutionalisierung einer Praktischen Pädagogik an den Pädagogischen Akademien in der ersten Hälfte des 20. Jahrhunderts taucht Schulpädagogik als Begriff auch an der Universität vereinzelt auf (wenngleich mit Johann Friedrich Herbart (1776–1841) und den Herbartianern frühe Spielarten einer universitären Beschäftigung mit Schule und Unterricht bereits im 19. Jahrhundert auf den Plan treten; Abschn. 3.1). In der Rekonstruktion schulpädagogischer Entwicklung gilt die im Wintersemester 1915/1916 an der Universität Straßburg gehaltene Vorlesung des Soziologen Georg Simmel als Ausgangspunkt (vgl. u. a. Wiechmann 2006; Apel und Sacher 2009), die sich in der Sache von der Ausrichtung Praktischer Pädagogik an Pädagogischen Akademien *nicht* unterscheidet: Simmel betonte zur Einführung in seine Vorlesung, dass (Schul-)Pädagogik nicht als Wissenschaft betrieben werde „wie es sonst der Stolz der Wissenschaft ist, um des Wissens willen, wie die Aegyptologie oder Paläontologie getrieben wird, sondern als Grundlage und im Dienst einer Praxis" (Simmel 1922/2004, S. 318): „Allein die rein theoretische Analyse der praktisch-pädagogischen Tätigkeit ist nicht die Absicht dieser Stunden, sie wollen vielmehr dem wirklichen Tun, der pädagogischen Praxis selbst dienen, nicht Gelehrte der Pädagogik sollen aus ihnen hervorgehen, wie aus einem historischen Kolleg Gelehrte der Geschichte, sondern Pädagogen" (Simmel 1922/2004, S. 317).

Der Durchbruch einer Schulpädagogik als „neuer" Teildisziplin im Wissenschaftssystem erfolgte erst nach 1945 in den aus den Pädagogischen Akademien und weiteren Lehrerinnen- und Lehrerbildungsanstalten zwischen 1950 und 1970 hervorgehenden *Pädagogischen Hochschulen* (vgl. Eickhorst

2001; Kiper 2001; Kemper 2004) und schließlich infolge ihrer Integration in die Universitäten. An den Pädagogischen Hochschulen etablierte sich vor allem in den 1960er-Jahren neben der Allgemeinen Pädagogik die Schulpädagogik (Krüger 1998) und die Weiterentwicklung der Pädagogischen Akademien zu Pädagogischen Hochschulen, im Zeitverlauf auch ausgestattet mit akademischen Rechten wie dem Promotionsrecht, wird als weiterer Schritt zur Verwissenschaftlichung der Lehrerinnen- und Lehrerbildung für die niederen Lehrämter charakterisiert (Apel und Grunder 1995).

Die Akademisierung der Volksschullehrerinnen- und lehrerbildung und die Angleichung von höherem und niederen Lehramt findet in der Integration der Pädagogischen Hochschulen in die Universitäten, die in der Mehrzahl der deutschen Bundesländer in den 1970er- und 1980er-Jahren stattfand, ihren Höhepunkt und zugleich (fast – wird von den unterschiedlichen Regelstudiendauern und nicht zuletzt von der unterschiedlichen Besoldung abgesehen) ihren Abschluss. Lediglich in Hessen war die Zusammenführung bereits 1966 vorgenommen worden. Es folgten Bayern 1970, Niedersachsen 1978, Nordrhein-Westfalen 1980. In den 1990er-Jahren wurden dann die Pädagogischen Hochschulen in Rheinland-Pfalz und Schleswig-Holstein in die Universitäten integriert. Allein in Baden-Württemberg blieben die Pädagogischen Hochschulen als selbständige Institutionen bis heute bestehen (Blömeke 2002). Lehrerinnen- und Lehrerbildung für alle Lehrämter, und damit auch die Praktische Pädagogik, die Schulpädagogik der Pädagogischen Hochschulen, waren damit samt des weiterhin in der PH-Tradition sehenden Personals (Baumert und Roeder 1990; Rothland 2006) universitär geworden.

Nicht kognitive Innovationen im Sinne etwa einer revolutionären wissenschaftlichen Entdeckung oder die „interesselose[] Neugierde an einem akademischen Forschungsobjekt" (Herzog 2005, S. 5) waren also der Motor der subdisziplinären Differenzierung der Erziehungswissenschaft im Wissenschaftssystem bzw. der Etablierung der Schulpädagogik innerhalb der Erziehungswissenschaft an der Universität, sondern – für die Genese wissenschaftlicher Disziplinen keinesfalls außergewöhnlich (vgl. Schützenmeister 2008) – außerwissenschaftliche Faktoren und Institutionalisierungschancen. Die Verwissenschaftlichung der Schulpädagogik geht nicht auf systeminterne wissenschaftliche Leistungen zurück, sondern auf die Akademisierung einer Ausbildung – insbesondere der Lehrerinnen- und Lehrerbildung für das sog. niedere Schulwesen (vgl. Herzog 1999; Brezinka 2015). Diese Entwicklung ist auch ein schrittweise verlaufender, durchaus mühevoller

Angleichungsprozess des Ausbildungsniveaus, ein Prozess der Vereinheitlichung der Lehrerinnen- und -lehrerbildung und damit des Abbaus der traditionellen Unterschiede zwischen dem höheren und niederen Lehramt. Für das sog. höhere Lehramt, ein eigenständiges Gymnasiallehramt, qualifizierte ja bereits seit Beginn des 19. Jahrhunderts ein Fachstudium an der Universität mit abschließender staatlicher Prüfung (vgl. Terhart 2004, 2016).

In diesem langen Prozess der Angleichung der Lehrerinnen- und Lehrerbildung für alle Lehrämter auf akademischem Niveau gelangte auch das Personal der Lehrerinnen- und Lehrerbildung für das einst niedere Lehramt u. a. als Schulpädagoginnen und -pädagogen in beträchtlicher Zahl an die Universitäten. Diese Entwicklung verdankt sich jedoch nicht den drängenden praktischen Problemen der Berufspraxis der Lehrkräfte im sog. niederen Schulwesen, die sich – im Gegensatz zum höheren Schulwesen – bis zum Zeitpunkt der fortschreitenden Akademisierung noch mit nicht-wissenschaftlichen Mitteln bearbeiten ließen, für deren Lösung aber zunehmend wissenschaftliches Wissen und wissenschaftliche Forschungszugänge notwendig wurden. Es handelt sich stattdessen in erster Linie um einen Prozess der *Status- und Niveauangleichung* der Lehrerinnen- und Lehrerbildung für das höhere und niedere Lehramt. Diese Angleichung wurde zudem durch gesellschaftliche Herausforderungen und Problemdiagnosen befördert: gemeint sind etwa der Sputnik-Schock (1957) im Wettstreit der westlichen Welt mit der Sowjetunion in der Hochzeit des Kalten Krieges oder die Diagnose einer deutschen Bildungskatastrophe (1964).

▶ **Sekundäre Disziplinbildung** Die Schulpädagogik (und darüber hinaus auch die Erziehungswissenschaft insgesamt; vgl. Krüger 2019, S. 29) wird vor dem skizzierten historischen Hintergrund einer Abhängigkeit ihrer Etablierung im Wissenschaftssystem von wissenschaftsexternen, pragmatischen Ausbildungszusammenhängen als Ergebnis eines Prozesses *sekundärer Disziplinbildung* charakterisiert.

Rudolf Stichweh führt die Begriffe sekundäre Disziplinbildung ebenso wie sekundäre Professionalisierung für „Strategien der Korrektur struktureller Disparitäten" ein, „die sich als Folge der Differenzierung von Disziplinen und Professionen einstellen". Für viele wissenschaftliche Disziplinen ergebe sich nämlich infolge dieser Trennung das Problem, dass – so Stichwehs Annahme – sie in akademischen Institutionen wie den Universitäten „nur wachsen können, wenn sie dort für einen Beruf ausbilden, dessen Praktiker auch außerhalb akademischer Institutionen gesucht werden" (Stichweh 2013b, S. 282), wenn also Wissenschaften nicht ausschließlich immer nur neue Wissenschaftlerinnen und Wissenschaftler hervorbringen, sondern auch akademische Berufe, die außerhalb des Wissenschaftssystems wirken (wie Ärzte, Ingenieure, Juristen, Informatiker oder Lehrkräfte). Eine sekun-

1.3 Entwicklung der Schulpädagogik als Erfolgsgeschichte

däre Disziplinbildung erfolge „etwa durch Kombination wissenschaftlicher Forschungsmethodik mit der Bearbeitung der fortdauernden Probleme der Profession" (ebd., S. 284) und „das auffälligste und etablierteste Beispiel" einer sekundären Disziplinbildung sei in Deutschland, so Stichweh, im Bereich der Erziehungswissenschaft/Pädagogik zu finden (ebd.).

Handelt es sich bei der Schulpädagogik im disziplinär organisierten Wissenschaftssystem somit um das Ergebnis einer sekundären Disziplinbildung?

Wird den Ausführungen Stichwehs gefolgt, so müsste die Antwort lauten: eigentlich *nicht*, wenn sekundäre Disziplinbildung als Strategie „der Korrektur struktureller Disparitäten, die sich als Folge der Differenzierung von Disziplinen und Professionen einstellen", verstanden wird. Gemünzt auf die Schulpädagogik müsste die sekundäre Disziplinbildung dann nämlich die *Folge* aus der bereits erfolgten Differenzierung von Schulpädagogik (= (Teil-)Disziplin im Wissenschaftssystem) und Profession (= Lehrerinnen- und Lehrerberuf) sein. Eine im Wissenschaftssystem etablierte und von der Profession der Lehrkräfte klar abgegrenzte Schulpädagogik ginge, den Ausführungen Stichwehs folgend, der sekundären Disziplinbildung also *voraus*. Dies stimmt jedoch nicht mit der skizzierten Entwicklung und Etablierung der Schulpädagogik im Wissenschaftssystem überein. Insofern wird im vorliegenden Band auch nicht von der Schulpädagogik als einem Produkt sekundärer Disziplinbildung gesprochen.

Im erziehungswissenschaftlichen und darin im schulpädagogischen Diskurs wird sekundäre Disziplinbildung jedoch bei gleichzeitiger Berufung auf Stichweh anders verstanden. Sekundäre Disziplinbildung bedeute demnach, dass sich „eine Disziplin durch den Bezug auf ein bereits bestehendes professionelles und/oder soziales Feld konstituiert und entwickelt" hat (Hofstetter und Schneuwly 2010, S. 682), dass sich die Gestalt der Erziehungswissenschaft der Entwicklung und Gestalt pädagogischer Arbeit und Berufe und der Organisation von gesellschaftlichen Bildungsaufgaben verdanke (Tenorth 1994, S. 20).

Grundlegend für diese Interpretation von sekundärer Disziplinbildung – und anders als bei Stichweh – ist also die konstitutive Reihenfolge: erst existiert bereits der Beruf bzw. das Tätigkeitsfeld (der Heiler, der Schamane, die Ärztin), dann folgt die wissenschaftliche Disziplin (die Humanmedizin). Entsprechend liege, so Einsiedler bezogen auf die Schulpädagogik, sekundäre Disziplinbildung dann vor, wenn die Entwicklung der Disziplin der Profession nachgeordnet ist (Einsiedler 2015, S. 42). Das hier explizierte Verständnis sekundärer Disziplinbildung im Sinne von bestehende „Berufe erfordern eine Berufswissenschaft" (ebd.) erscheint insofern problematisch, als dass Berufe, die auch als „professionelles [...] Feld", als Professionen beschrieben werden (Hofstetter und Schneuwly 2010, S. 682), und die per definitionem u. a. nur dann als „Professionen" bezeichnet werden, wenn sie auf wissenschaftliches Wissen angewiesen und in der Universität, im Wissenschaftssystem ausgebildet werden, wenn diese Berufe als Professionen zugleich den Disziplinen im Wissenschaftssystem voran gehen sollen. Wird eine Profession definitionsgemäß nicht erst dadurch zur Profession, wenn sie aus disziplinär organisierter wissenschaftlicher Ausbildung hervorgeht? Geht also der Profession nicht die Disziplin voraus? (zum Verhältnis von Disziplin und Profession Abschn. 2.1, 2.4 und 2.5).

Vor dem Hintergrund dieses wissenschaftsexternen Ursprungs in einem pragmatischen Ausbildungskontext wird im schulpädagogischen (Selbstvergewisserungs-) Diskurs immer wieder als Teil einer so erzählten Erfolgsgeschichte betont, dass sich die Schulpädagogik – trotz alledem! – erfolgreich im wissenschaftlichen, also in einem systematischen Kontext etabliert habe. Bereits seit den 1960er-Jahren sollte „der wissenschaftliche Charakter der Schulpädagogik als einer erziehungswissenschaftlichen Bereichsdisziplin, die sich deutlich von der traditionellen Unterrichtslehre abhebt, unstrittig" (Apel und Sacher 2009, S. 7; vgl. Apel 1993, S. 393) und ihr Status als einer „unmittelbar handlungsleitenden Praktischen Pädagogik, den sie im Rahmen der Lehrerseminarausbildung innehatte, mit ihrer Etablierung im Kanon der Hochschuldisziplinen überwunden" sein (Hellekamps 2001, S. 12; vgl. Wittenbruch 2011). Insbesondere die „realistische Wendung" der Erziehungswissenschaft, mit der eine Hinwendung zur empirischen Erforschung der „Erziehungswirklichkeit" in Abgrenzung zur bundesdeutschen, geisteswissenschaftlich philosophischen pädagogischen Tradition proklamiert wurde (vgl. Lehberger 2009), wird auch für die Schulpädagogik als bedeutsam für ihre fortschreitende Verwissenschaftlichung, als Ausgangspunkt ihrer „Neujustierung" reklamiert – und mit ihr die Hinwendung zur empirischen Forschung und die Emanzipation von der Praxis, von der Profession, von den Lehrerinnen und Lehrern (vgl. Herzog 2002; Tillmann 2005; Esslinger-Hinz und Sliwka 2011; Bohl et al. 2015). Der Status der Schulpädagogik „als Wissenschaft" sei durch einen „Empirieschub" gesteigert worden (Esslinger-Hinz und Sliwka 2011, S. 11), sodass sie nach der Öffnung für empirische Forschungsmethoden in den 1970er-Jahren im Zuge der realistischen Wendung heute als „empirisch orientierte Wissenschaft angesehen werden" könne (Hanke und Seel 2015, S. 870).

Auch im Zuge der sog. zweiten empirischen Wende im Anschluss an die erste PISA Studie 2000 (Bos et al. 2010) hätten die internationalen Leistungsvergleichsstudien insgesamt inhaltliche, disziplinäre und forschungsmethodische Anstöße für die Schulpädagogik gegeben, sodass die Theorie-Praxis-Verzahnung in geisteswissenschaftlicher Tradition durch eine weitergehende Forschungsausrichtung der

1.3 Entwicklung der Schulpädagogik als Erfolgsgeschichte

Schulpädagogik und damit einhergehend durch eine zunehmende empirische Praxiskritik, durch eine „distanzierte Haltung zur Praxis" abgelöst wurde (Bohl et al. 2015, S. 63). Im Kontext des Siegeszuges empirischer Bildungsforschung sei ein Wandel der Schulpädagogik insbesondere zu einer „*auch* quantitativ forschenden Disziplin" beschleunigt worden (Tillmann 2005, S. 418; Herv. i. Orig.). Eine Klassifizierung der Schulpädagogik als *Handlungswissenschaft* könne infolge ihrer zunehmenden Forschungsorientierung „heute nicht mehr aufrecht zu erhalten sein" (Bohl et al. 2015, S. 70). Schließlich habe sich die Schulpädagogik, die „ursprünglich" (!) als Berufswissenschaft für Lehrerinnen und Lehrer an allgemeinbildenden Schulen zu fassen gewesen sei (Keck 2004, S. 425), im 20. Jahrhundert nicht allein von der Theologie und Philosophie endgültig emanzipiert, sondern auch von der Lehrprofession (Kiper 2002, S. 26).

> **Exkurs: Gegenstimmen zur Erfolgsgeschichte**
> Die Entwicklung der Schulpädagogik als wissenschaftliche Erfolgsgeschichte wird nun nicht so einhellig gefeiert, wie es in den oben zitierten Aussagen den Anschein haben könnte. Noch in dem einführenden Kapitel zur vierten Auflage des *Studienbuchs Schulpädagogik* beklagen Apel und Sacher (2009, S. 12), dass die Entwicklung der Schulpädagogik hin zu einer „Bereichsdisziplin" der Erziehungswissenschaft und damit ihre Etablierung im Wissenschaftssystem, dass eine „erziehungswissenschaftliche Konzeption" von Schulpädagogik dazu geführt habe, dass der für die Berufsvorbereitung in der Lehrerinnen- und Lehrerbildung wichtige Bereich der praktischen Pädagogik diskreditiert wurde. Schulpädagogik sei zudem in zunehmendem Maße mit der Forschung verwoben worden (psychologische und soziologische Forschung werden genannt). „Sie verlor deshalb ihren auf Erfahrung begründeten Bezug zu praktischen Problemen und wurde zu einer erziehungswissenschaftlichen Theorie" (ebd.), was sich „vor allem an den veröffentlichten Texten, die an Abstraktionsniveau und Praxisferne zunahmen", zeige (ebd.; Koch 2019).
> Dass der neuesten, fünften Auflage des *Studienbuchs Schulpädagogik* kein einführendes Kapitel zur „Schulpädagogik als Wissenschaft", die sich in Abgrenzung zur Erziehungswissenschaft u. a. auf subjektiver, individueller Erfahrung gründen soll, voran geht, ist angesichts dieser als unwissenschaftlich zu kritisierenden Bestimmung in der vierten Auflage vielleicht gar nicht zu beklagenswert (Abschn. 1.1).

Vor dem Hintergrund der hier notwendigerweise nur kurz skizzierten Historiographie der Schulpädagogik, in der

1. die Überwindung ihres Ursprungs in der nicht akademischen, seminaristischen Lehrerinnen- und Lehrerbildung,
2. die damit einhergehende Abwendung von einem Selbstentwurf als Unterrichtslehre, als unmittelbar handlungsleitender Praktischer Pädagogik
3. und schließlich die Überwindung eines Selbstverständnisses als Handlungs- bzw. Berufswissenschaft sowie
4. die kontinuierlich zunehmende empirische Forschungsorientierung und
5. die Emanzipation von der Profession sowie die Distanzierung von der Schulpraxis

als Indikatoren ihrer Verwissenschaftlichung angeführt werden, wird in dem folgenden Kap. 2 danach gefragt, ob die so erzählte Erfolgsgeschichte mit den neueren und neuesten Darstellungen zum schulpädagogischen Selbstverständnis korrespondiert. Besteht heute also im Sinne der fünf oben genannten Fortschritts- und Erfolgsindikatoren Einvernehmen darüber, was Schulpädagogik ist, nämlich eine forschungsorientierte „normale" (Teil-)Disziplin der Erziehungswissenschaft, deren Referenz das Wissenschaftssystem und *nicht* die wissenschaftsexterne Umwelt schulischer Praxis, der Lehrerinnen- und Lehrerberuf oder die Ausbildung für einen Beruf ist?

Literatur

Apel, H.J. (1990). *Schulpädagogik. Eine Grundlegung.* Köln, Wien: Böhlau.
Apel, H.J. (1993). Was ist Schulpädagogik? Vorüberlegungen zum Selbstverständnis einer pädagogischen Bereichsdisziplin. *Pädagogische Rundschau, 47,* 389-411.
Apel, H.J. & Grunder, H.-U. (1995). Die Schulpädagogik – Selbstverständnis, Entstehung, Schwerpunkte schulpädagogischen Denkens. In H.J. Apel & H.-U. Grunder (Hrsg.), *Texte zur Schulpädagogik. Selbstverständnis, Entstehung und Schwerpunkte schulpädagogischen Denkens* (S. 7-34). Weinheim, München: Juventa.
Apel, H.J. & Sacher, W. (2009). Schulpädagogik als Wissenschaft. In H.J. Apel & W. Sacher (Hrsg.), *Studienbuch Schulpädagogik* (4., durchg. Aufl., S. 7-25). Bad Heilbrunn: Klinkhardt/UTB.
Arnold, R. & Pätzold, H. (2002). *Schulpädagogik kompakt. Prüfungswissen auf den Punkt gebracht.* Berlin: Cornelsen Scriptor.
Aschersleben, K. & Hohmann, M. (1979). *Handlexikon der Schulpädagogik.* Stuttgart u.a.: Kohlhammer.

Literatur

Baumert, J. & Roeder, P.M. (1990). Expansion und Wandel der Pädagogik. Zur Institutionalisierung einer Referenzdisziplin. In L.-M. Alisch, J. Baumert & K. Beck (Hrsg.), *Professionswissen und Professionalisierung* (S. 79-128). Braunschweig: Braunschweiger Studien zur Erziehungs- und Sozialwissenschaft.

Barthel, C. (1839). *Schul-Pädagogik. Ein Handbuch zur Orientierung für angehende Lehrer und zur freundlichen Beachtung für junge Theologen, als künftige Schulrevisoren.* Lissa/Leipzig: Günther.

Beltz Lexikon Pädagogik (2007). Schulpädagogik. In H.-E. Tenorth & R. Tippelt (Hrsg.), *BELTZ Lexikon Pädagogik* (S. 637-638). Weinheim, Basel: Beltz.

Benner, D. (1977). Was ist Schulpädagogik? In J. Derbolav (Hrsg.), *Grundlagen und Probleme der Bildungspolitik* (S. 88-111). München: Piper.

Blömeke, S. (2002). *Universität und Lehrerbildung.* Bad Heilbrunn: Klinkhardt.

Bohl, T., Harant, M. & Wacker, A. (2015). *Schulpädagogik und Schultheorie.* Bad Heilbrunn: Klinkhardt/UTB.

Bos, W., Klieme, E. & Köller, O. (2010). Vorwort. In W. Bos, E. Klieme & O. Köller (Hrsg.), *Schulische Lerngelegenheiten und Kompetenzentwicklung. Festschrift für Jürgen Baumert* (S. 7-9). Münster u.a.: Waxmann.

Bosse, D. (2010). Von Schulkritik bis Unterrichtsforschung – Schulpädagogik als Teildisziplin der Bildungswissenschaften. *Pädagogische Rundschau, 64,* 661-672.

Bresges, A., Harring, M., Kauertz, A., Nordmeier, V. & Parchmann, I. (Hrsg.). (2019). *Verzahnung von Theorie und Praxis im Lehramtsstudium. Erkenntnisse aus Projekten der Qualitätsoffensive Lehrerbildung.* Bielefeld/Frankfurt: wbv Media/Verlagshaus Zarbock.

Brezinka, W. (2015). Die „Verwissenschaftlichung" der Pädagogik und ihre Folgen. *Zeitschrift für Pädagogik, 61,* 282-294.

Cramer, C. (2016). *Forschung zum Lehrerinnen- und Lehrerberuf. Systematisierung und disziplinäre Verortung eines weiten Forschungsfeldes.* Bad Heilbrunn: Klinkhardt.

DGfE = Deutsche Gesellschaft für Erziehungswissenschaft (2010). *Kerncurriculum Erziehungswissenschaft. Empfehlungen der Deutschen Gesellschaft für Erziehungswissenschaft (DGfE)* (2., erw. Aufl.). Opladen: Barbara Budrich.

Ditton, H. (2000). Qualität, Qualitätskontrolle und Qualitätssicherung in Schule und Unterricht. In A. Helmke, W. Hornstein & E. Terhart (Hrsg.), *Qualität und Qualitätssicherung im Bildungsbereich* (41. Beiheft der Zeitschrift für Pädagogik, S. 73-92). Weinheim: Beltz.

Ditton, H. & Müller, A. (2015). Schulqualität. In H. Reinders, H. Ditton, C. Gräsel & B. Gniewosz (Hrsg.), *Empirische Bildungsforschung* (Bd. 2, 2. Aufl., S. 121-134). Wiesbaden: Springer VS.

Drewek, P. (1994). Schulpädagogik und Schulentwicklung. Zur Divergenz und Dynamik von Reflexions- und Organisationsformen der modernen Schule. In D.K. Müller (Hrsg.), *Pädagogik, Erziehungswissenschaft, Bildung. Eine Einführung in das Studium* (S. 297-326). Köln: Böhlau.

Eickhorst, A. (2001). Schulpädagogik – Strukturlinien und Problemlagen. In L. Roth (Hrsg.), *Pädagogik. Handbuch für Studium und Praxis* (2., überarb. u. erw. Aufl., S. 724–742). München: Oldenbourg.

Einsiedler, W. (1974). *Schulpädagogischer Grundkurs.* Donauwörth: Auer.

Einsiedler, W. (1995). Schulpädagogik als empirisch begründete, historisch und systematisch orientierte pädagogische Bereichsdisziplin. In H.J. Apel & H.-U. Grunder (Hrsg.),

Texte zur Schulpädagogik. Selbstverständnis, Entstehung und Schwerpunkte schulpädagogischen Denkens (S. 209-220). Weinheim, München: Juventa.

Einsiedler, W. (2015). *Geschichte der Grundschulpädagogik. Entwicklungen in Westdeutschland und in der DDR*. Bad Heilbrunn: Klinkhardt.

Esslinger-Hinz, I. & Sliwka, A. (2011). *Schulpädagogik*. Weinheim, Basel: Beltz.

Fend, H. (2019). Die Schulpädagogik auf dem Weg zur Wissenschaft – Rückblick und Zukunftsperspektiven. In M. Harring, C. Rohlfs & M. Gläser-Zikuda (Hrsg.), *Handbuch Schulpädagogik* (S. 923–939). Münster: Waxmann/UTB.

Genersich, J. (1792). *Beyträge zur Schulpädagogik*. Wien: o.V.

Gerecht, M., Krüger, H.-H., Sauerwein, M. & Schultheiß, J. (2020). Personal. In H.-J. Abs, H. Kuper & R. Martini (Hrsg.), *Datenreport Erziehungswissenschaft 2020* (S. 115-145). Opladen: Barbara Budrich.

Gonschorek, G. & Schneider, S. (2010). *Einführung in die Schulpädagogik und die Unterrichtsplanung* (7., überarb. u. akt. Aufl.). Donauwörth: Auer.

Gräfrath, B. (2005). Disziplin, wissenschaftliche. In J. Mittelstraß (Hrsg.), *Enzyklopädie Philosophie und Wissenschaftstheorie* (2., neubearb. und wesentlich erg. Aufl., Bd. 2: C-F, S. 237-238). Stuttgart u.a.: Metzler.

Gräsel, C. & Göbel, K. (2015). Unterrichtsqualität. In H. Reinders, H. Ditton, C. Gräsel & B. Gniewosz (Hrsg.), *Empirische Bildungsforschung* (2. Aufl., Bd. 2, S. 107-119). Wiesbaden: Springer VS.

Guntau, M. & Laitko, H. (1987). Entstehen und Wesen wissenschaftlicher Disziplinen. In M. Guntau & H. Laitko (Hrsg.), *Der Ursprung der modernen Wissenschaften. Studien zur Entstehung wissenschaftlicher Disziplinen* (S. 17-89). Berlin: Akademie.

Haag, L. & Rahm, S. (2013). Einleitung. In L. Haag, S. Rahm, H.J Apel & W. Sacher (Hrsg.), *Studienbuch Schulpädagogik* (5., vollst. überarb. Aufl., S. 7-10). Bad Heilbrunn: Klinkhardt/UTB.

Haag, L., Rahm, S., Apel, H.J. & Sacher, W. (Hrsg.). (2013). *Studienbuch Schulpädagogik* (5., vollst. überarb. Aufl.). Bad Heilbrunn: Klinkhardt/UTB.

Hanke, U. & Seel, N.M. (2015). Einzeldisziplinen der Erziehungswissenschaft. In N.M. Seel & U. Hanke, *Erziehungswissenschaft. Lehrbuch für Bachelor-, Master- und Lehramtsstudierende* (S. 853-904). Wiesbaden: Springer VS.

Harring, M., Rohlfs, C. & Gläser-Zikuda, M. (Hrsg.). (2019a). *Handbuch Schulpädagogik*. Münster: Waxmann/UTB.

Harring, M., Rohlfs, C. & Gläser-Zikuda, M. (2019b). Bildung im schulischen Kontext – eine Einführung in die Thematik. In M. Harring, C. Rohlfs & M. Gläser-Zikuda (Hrsg.), *Handbuch Schulpädagogik* (S. 11-17). Münster: Waxmann/UTB.

Hellekamps, S. (2001). Schulpädagogik als erziehungswissenschaftliche Disziplin. In M. Brenke (Hrsg.), *Schule erleben. Festschrift für Wilhelm Wittenbruch* (S. 11-22). Frankfurt a. M.: Lang.

Hellekamps, S., Plöger, W. Wittenbruch, W. (Hrsg.) (2011). *Schule* (Handbuch der Erziehungswissenschaft, Bd. 3, Studienausgabe). Paderborn u.a.: F. Schöningh

Herzog, W. (1999). Die vorschnelle Disziplin: Schulpädagogik zwischen Praxisanleitung und Wissenschaft. In H. Badertscher, H.-U. Grunder & A. Hollenstein (Hrsg.), *Brennpunkt Schulpädagogik. Die Zukunft der Schulpädagogik in der Schweiz. Schule – Lehrerbildung – Forschung* (S. 119-148). Bern: Haupt.

Herzog, W. (2002). Die Pädagogik als Wissenschaft und als Profession: Von der Identität zur Partnerschaft. In R. Hofstetter & B. Schneuwly (Hrsg.), *Sciences(s) de l'education 19-20 siecles. Entre champs professionels et champs disciplinaires. Erziehungswissenschaft(en) 19.-20. Jahrhundert. Zwischen Profession und Disziplin* (S. 267-281). Bern u.a.: Lang.

Herzog, W. (2005). *Disziplin und Profession im Dilemma – die Perspektive der Wissenschaftsforschung.* Vortrag gehalten im Rahmen der Frühjahrstagung der Kommission Professionsforschung und Lehrerbildung in der DGfE, 26.-27.05.2005 [Manuskript].

Hilgenheger, N. (2002). Schulpädagogik und Historische Pädagogik. In U. Kurth (Hrsg.), *Schulpädagogik – eine erziehungswissenschaftliche Disziplin. Positionen und Perspektiven* (S. 27-30). Bielefeld: Medien-Verlag.

Hofstetter, R. & Schneuwly, B. (2010). Erziehungswissenschaft als Gegenstand der Historiographie. Eine Disziplin im Spannungsgebiet disziplinärer, professioneller und lokaler/(inter)nationaler Felder. *Zeitschrift für Pädagogik, 56*, 678-702.

Hohenstein, F., Zimmermann, F., Kleickmann, T., Köller, O. & Möller, J. (2014). Sind die bildungswissenschaftlichen Standards für die Lehramtsausbildung in den Curricula der Hochschulen angekommen? *Zeitschrift für Erziehungswissenschaft, 17*, 497-507.

Hollstein, O., Leonhard, T. & Schlickum, C. (2019). Schule aus erziehungswissenschaftlicher Perspektive. In M. Harring, C. Rohlfs & M. Gläser-Zikuda (Hrsg.), *Handbuch Schulpädagogik* (S. 54-63). Münster: Waxmann/UTB.

Hoyningen-Huene, P. (1989). *Die Wissenschaftsphilosophie Thomas S. Kuhns. Rekonstruktion und Grundlagenprobleme.* Braunschweig/Wiesbaden: Friedr. Vieweg & Sohn.

Keck, R.W. (1999). Entwicklung der Disziplin Schulpädagogik in der Bundesrepublik Deutschland: Ausgestaltung ihrer Eigenständigkeit und ihrer Perspektiven. In H. Badertscher, H.-U. Grunder & A. Hollenstein (Hrsg.), *Brennpunkt Schulpädagogik. Die Zukunft der Schulpädagogik in der Schweiz. Schule – Lehrerbildung – Forschung* (S. 39-61). Bern: Haupt.

Keck, R.W. (2004). Schulpädagogik. In R.W. Keck, U. Sandfuchs & B. Feige (Hrsg.), *Wörterbuch Schulpädagogik* (2., völlig überarb. Aufl., S. 425-426). Bad Heilbrunn: Klinkhardt.

Keiner, E. (1999). *Erziehungswissenschaft 1974-1990. Eine empirische und vergleichende Untersuchung zur kommunikativen Praxis einer Disziplin.* Weinheim: Deutscher Studien Verlag.

Kemper, H. (2001). *Schulpädagogik. Eine problemgeschichtliche Einführung.* Weinheim: Juventa.

Kemper, H. (2004). Schule/Schulpädagogik. In D. Benner & J. Oelkers (Hrsg.), *Historisches Wörterbuch der Pädagogik* (S. 834-865). Weinheim, Basel: Beltz.

Kiper, H. (2001). *Einführung in die Schulpädagogik.* Weinheim, Basel: Beltz.

Kiper, H. (2002). Pädagogisches Wissen – orientiert an der Disziplin oder an der Profession? Zur Neuordnung des pädagogischen Wissens in der Lehreraus-bildung. In G. Breidenstein, W. Helsper & C. Kötters-König (Hrsg.), *Die Lehrerbildung der Zukunft – eine Streitschrift* (S. 25-41). Opladen: Leske + Budrich.

Kiper, H., Meyer, H. & Topsch, W. (2011). *Einführung in die Schulpädagogik* (6. Aufl.). Berlin: Cornelsen Scriptor.

Klieme, E. (2019). Unterrichtsqualität. In M. Harring, C. Rohlfs & M. Gläser-Zikuda (Hrsg.), *Handbuch Schulpädagogik* (S. 393-408). Münster: Waxmann/UTB.

Klink, J.-G. (1966). Ort und Inhalt der Schulpädagogik. *Lebendige Schule, 21*(5), 1-8.
Koch, G. (2019). *Erziehungswissenschaft für Lehramtsstudierende*. Paderborn: Schöningh/UTB.
Köck, P. (2012). *Handbuch der Schulpädagogik für Studium – Praxis – Prüfung* (3., überarb. Aufl.). Donauwörth: Auer.
König, J. (2014). Forschung zum Erwerb von pädagogischem Wissen angehender Lehrkräfte in der Lehrerausbildung. In E. Terhart, H. Bennewitz & M. Rothland (Hrsg.), *Handbuch der Forschung zum Lehrerberuf* (2., überarb. und erw. Aufl., S. 615-641). Münster: Waxmann.
Krüger, H.-H. (1998). Erziehungswissenschaft und ihre Teildisziplinen. In H.-H. Krüger & W. Helsper (Hrsg.), *Einführung in Grundbegriffe und Grundfragen der Erziehungswissenschaft* (S. 303-318). Opladen: Leske + Budrich.
Krüger, H.-H. (2019). *Erziehungs- und Bildungswissenschaft als Wissenschaftsdisziplin*. Opladen: Barbara Budrich/UTB.
Lehberger, C. (2009). *Die „realistische Wendung" im Werk von Heinrich Roth. Studien zu einem erziehungswissenschaftlichen Forschungsprogramm*. Münster u.a.: Waxmann.
Lohmann, V., Seidel, V. & Terhart, E. (2011). Bildungswissenschaften in der universitären Lehrerbildung: Curriculare Strukturen und Verbindlichkeiten. Eine Analyse aktueller Studienordnungen an nordrhein-westfälischen Universitäten. *Lehrerbildung auf dem Prüfstand, 4,* 271-302.
Lüders, M. (2012). Der Unterrichtsbegriff in pädagogischen Nachschlagewerken. Ein empirischer Beitrag zur disziplinären Entwicklung der Schulpädagogik. *Zeitschrift für Pädagogik, 58,* 109-129.
Meyer, H. (1997a). *Schulpädagogik. Band 1: Für Anfänger*. Berlin: Cornelsen Scriptor.
Meyer, H. (1997b). *Schulpädagogik. Band 2: Für Fortgeschrittene*. Berlin: Cornelsen Scriptor.
Mittelstraß, J. (2005). Disziplinarität. In J. Mittelstraß (Hrsg.), *Enzyklopädie Philosophie und Wissenschaftstheorie* (2., neubearb. und wesentlich erg. Aufl., Bd. 2: C-F, S. 238). Stuttgart u.a.: Metzler.
Nicklis, W.S. (Hrsg.). (1975). *Handwörterbuch der Schulpädagogik* (2., durchges. Aufl.). Bad Heilbrunn: Klinkhardt.
Ofenbach, B. (2007). Schulpädagogik – Geschichte – Theoretische Dimensionen – Perspektiven. *Pädagogische Rundschau, 61,* 489-505.
Ofenbach, B. (2011). Schulpädagogik – eine Theorie schulischer Phänomene für die Praxis. In S. Hellekamps, W. Plöger & W. Wittenbruch (Hrsg.), *Schule* (Handbuch der Erziehungswissenschaft, Bd. 3, Studienausgabe, S. 643-654). Paderborn u.a.: F. Schöningh.
Rauschenberger, H. (1979). Schulpädagogik. In H.-H. Groothof (Hrsg.), *Die Handlungs- und Forschungsfelder der Pädagogik. Differentielle Pädagogik* (Teil 1, S. 71-122). Königstein/Ts.: Athenäum.
Reh, S. & Drope, T. (2012). Schulpädagogik. In K.P. Horn, H. Kemnitz, W. Marotzki & U. Sandfuchs (Hrsg.), *Klinkhardt Lexikon Erziehungswissenschaft* (Bd. 3, S. 154-156). Bad Heilbrunn: Klinkhardt/UTB.
Rekus, J. & Mikhail, T. (Hrsg.). (2013). *Neues schulpädagogisches Wörterbuch*. Weinheim, München: Juventa.
Riedel, K. (1989). Schulpädagogik. In D. Lenzen (Hrsg.), *Pädagogische Grundbegriffe* (Bd. 2, S. 1342-1356). Reinbeck: Rowohlt.

Rothland, M. (2006). Dualismus der Tradition – Einheit in der Praxis? Universitäre Erziehungswissenschaft und die Folgen der PH-Integration in Forschung und Lehre. *Erziehungswissenschaft, 17*(33), 49-68.
Rothland, M. (2008a). *Disziplingeschichte im Kontext. Erziehungswissenschaft an der Universität Münster nach 1945* (Beiträge zur Theorie und Geschichte der Erziehungswissenschaft, Bd. 29). Bad Heilbrunn: Klinkhardt.
Rothland, M. (2008b). Wider die „Gleichschaltung von Fachdidaktikern und Fachwissenschaftlern". Der universitäre Widerstand gegen die Integration der Pädagogischen Hochschulen und die Realisierung der Zusammenführung am Beispiel der Universität Münster. *Jahrbuch für Universitätsgeschichte*, Bd. 11, 135-154.
Rothland, M. (2019). Was ist Schulpädagogik? Oder: Neue Antworten auf eine alte Frage? *Erziehungswissenschaft, 30*(58), 81-94.
Rothland, M. (2020). Legenden der Lehrerbildung. Zur Diskussion einheitsstiftender Vermittlung von „Theorie" und „Praxis" im Studium. *Zeitschrift für Pädagogik, 66,* 270-287.
Rucker, T. (2020). Reflexion, theoretischer Fortschritt und Allgemeine Didaktik. In S. Austermann, G. Cleppien & K. Vogel (Hrsg.), *Strukturen der Erziehungswissenschaft – erziehungswissenschaftliche Strukturen* (S. 83-86). Bad Heilbrunn: Klinkhardt.
Scheid, C. & Wenzl, T. (Hrsg.). (2020). *Wieviel Wissenschaft braucht die Lehrerbildung? Zum Stellenwert der Wissenschaftlichkeit im Lehramtsstudium.* Wiesbaden: Springer VS.
Schützenmeister, F. (2008). *Zwischen Problemorientierung und Disziplin. Ein koevolutionäres Modell der Wissenschaftsentwicklung.* Bielefeld: transcript.
Schurz, G. (2014). *Einführung in die Wissenschaftstheorie* (4., überarb. Aufl.). Darmstadt: Wissenschaftliche Buchgesellschaft.
Simmel, G. (1922/2004). Schulpädagogik. In G. Simmel. *Postume Veröffentlichungen. Schulpädagogik.* Hrsg. v. T. Karlsruhen & O. Rammstedt (Bd. 20 der Georg Simmel Gesamtausgabe, S. 311-479). Frankfurt a.M.: Suhrkamp.
Stichweh, R. (2013a). Differenzierung der Wissenschaft. In R. Stichweh (Hrsg.), *Wissenschaft, Universität, Professionen. Soziologische Analysen* (Neuaufl., S. 15-45). Bielefeld: transcript.
Stichweh, R. (2013b). Professionen und Disziplinen. Formen der Differenzierung zweier Systeme beruflichen Handelns in modernen Gesellschaften. In R. Stichweh (Hrsg.), *Wissenschaft, Universität, Professionen. Soziologische Analysen* (Neuaufl., S. 245-293). Bielefeld: transcript.
Tenorth, H.-E. (1992). „Laute Klage, stiller Sieg!". Über die Unaufhaltsamkeit der Pädagogik in der Moderne. In D. Benner, D. Lenzen & H.-U. Otto (Hrsg.), *Erziehungswissenschaft zwischen Modernisierung und Modernitätskrise* (29. Beiheft der Zeitschrift für Pädagogik, S. 129-139). Weinheim: Beltz.
Tenorth, H.-E. (1994). Profession und Disziplin. Zur Formierung der Erziehungswissenschaft. In H.-H. Krüger & T. Rauschenbach (Hrsg.), *Erziehungswissenschaft. Die Disziplin am Beginn einer neuen Epoche* (S. 17-28). Weinheim/München: Juventa.
Tenorth, H.-E. (1996). Normalisierung und Sonderweg – Deutsche Erziehungswissenschaft in historischer Perspektive. In M. Borelli & J. Ruhloff (Hrsg.), *Deutsche Gegenwartspädagogik* (Bd. 2, S. 170-182). Baltmannsweiler: Schneider Verlag Hohengehren.
Tenorth, H.-E. (1998). Geschichte der Erziehungswissenschaft. Konstruktion einer Chimäre oder Historie einer erstaunlichen Karriere? *History of educational studies = Geschichte*

der Erziehungswissenschaft (Bd. 1, Reihe Paedagogica historica. Supplementary series 3). Gent: C.S.H.P., S. 3-20.

Tenorth, H.-E. (2004). Erziehungswissenschaft. In D. Benner & J. Oelkers (Hrsg.), *Historisches Wörterbuch der Pädagogik* (S. 341-382). Weinheim: Beltz.

Terhart, E. (2003). Schulpädagogik. Wandlungsprozesse einer Teildisziplin. In M. Fromm & P. Menck (Hrsg.), *Schulpädagogische Denkformen* (S. 191-211). Weinheim, Basel: Beltz.

Terhart, E. (2004). Lehrer. In D. Benner & J. Oelkers (Hrsg.), *Historisches Wörterbuch der Pädagogik* (S. 548-564). Weinheim: Beltz.

Terhart, E. (2012). „Bildungswissenschaften": Verlegenheitslösung, Sammelkategorie, Kampfbegriff? *Zeitschrift für Pädagogik, 58*, 22-39.

Terhart, E. (2016). Geschichte des Lehrerberufs. In M. Rothland (Hrsg.), *Beruf Lehrer/Lehrerin. Ein Studienbuch* (S. 17-32). Münster: Waxmann/UTB.

Tillmann, K.-J. (2005). Schulpädagogik und Bildungsforschung. Aktuelle Trends und langfristige Entwicklungen. *Die Deutsche Schule, 97,* 408-420.

Twellmann, W. (1981). Die Schulpädagogik als Wissenschaft von Schule und Unterricht. In W. Twellmann (Hrsg.), *Handbuch Schule und Unterricht* (Bd. 1, S. 3-23). Düsseldorf: Schwann.

Ugrai, J. (2013). Im Zeichen des Philantropismus – Johann Genersichs pädagogisches Konzept. In I. Fazekas, K.W. Schwarz & C. Szabó (Hrsg.), *Die Zips – eine kulturgeschichtliche Region im 19. Jahrhundert. Leben und Werk von Johann Genersich (1761-1823)* (S. 55-78). Wien: Institut für Ungarische Geschichtsforschung.

Weingart, P. (2001). Wissenschaft und Forschung. In B. Schäfers & W. Zapf (Hrsg.), *Handwörterbuch der Gesellschaft* (2. Aufl., S. 750-761). Opladen: Leske + Budrich.

Wiechmann, J. (2006). *Schulpädagogik* (2. Aufl.). Baltmannsweiler: Schneider Verlag Hohengehren.

Wischer, B. & Trautmann, M. (2018). Schulpädagogik. In I. Gogolin, V.B. Georgi, M. Krüger-Potratz, D. Lengyele & U. Sandfuchs (Hrsg.), *Handbuch Interkulturelle Pädagogik* (S. 202-207). Bad Heilbrunn: Klinkhardt/UTB.

Wittenbruch, W. (2011). Grundlegung und Konstitutionsprobleme der Schulpädagogik. In S. Hellekamps, W. Plöger & W. Wittenbruch (Hrsg.), *Schule* (Handbuch der Erziehungswissenschaft, Bd. 3, Studienausgabe, S. 611-623). Paderborn u.a.: F. Schöningh.

Zurbriggen, E. (2009). *Prüfungswissen Schulpädagogik – Grundlagen.* Bern u.a.: Haupt/UTB.

Schulpädagogik: Zwischen Disziplin und Profession

2

Zusammenfassung

Ausgehend von der oberflächlich geteilten Charakterisierung der Schulpädagogik als wissenschaftlicher Sub-, Teil- oder Bereichs-Disziplin der Erziehungswissenschaft und vor dem Hintergrund einer daran anschließenden Auseinandersetzung mit dem Begriff der Disziplin im Wissenschaftssystem werden im zweiten Kapitel im neueren Diskurs geläufige Bestimmungen von Schulpädagogik zwischen „Theorie" und „Praxis", Disziplin und Profession aufgegriffen und diskutiert.

2.1 Schulpädagogik: Bestimmungsversuche im erziehungswissenschaftlichen Diskurs

2.1.1 Schulpädagogik als wissenschaftliche (Sub-, Teil-, Bereichs-)Disziplin

In einem Punkt scheinen sich Schulpädagoginnen und -pädagogen bzw. diejenigen, die über Schulpädagogik schreiben, zumindest vordergründig im 21. Jahrhundert einig zu sein: Schulpädagogik gehört zum disziplinär strukturierten System der Wissenschaft. Während sie vereinzelt als *eigenständige* Disziplin in den Blick genommen wird (vgl. Wiechmann 2006, S. 2; Wittenbruch 2011, S. 611), weist die Mehrzahl der Autorinnen und Autoren die Schulpädagogik als erziehungswissenschaftliche Disziplin (u. a. Kemper 2001; Haag und Rahm 2013), als *Bereichs-* (u. a. Ofenbach 2011; Apel und Sacher 2009), *Teil-* (u. a. Esslinger-Hinz und Sliwka 2011; Kiper 2011; Kiper et al. 2011; Hanke und Seel 2015) oder *Sub-*Disziplin der Erziehungswissenschaft aus (u. a. Eickhorst 2001; Leschinsky 2008; Hyry-Beihammer 2018).

Einvernehmen besteht ferner auch oberflächlich betrachtet darin, dass Schulpädagogik ein Sonderfall in der akademischen Welt ist: es handelt sich generell etwa nicht einfach nur um eine Wissenschaft (Haarmann 1997), sondern um eine „zuständige Wissenschaft" (Köck 2012, S. 14), mit einer „besonderen" Aufgabe (Kemper 2004), nämlich „einem besonderen Ausbildungsauftrag für die Lehrerbildung" (Wittenbruch 2011, S. 611). Schulpädagogik als breit angelegte pädagogische Spezialdisziplin (Apel 1993, S. 389) sei eine Handlungswissenschaft für Lehrerinnen und Lehrer (Meyer 1997; Eickhorst 2001), eine praktische Disziplin (Eickhorst 2001; Apel und Sacher 2009) bzw. eine „praxisorientierte Wissenschaft" (Solzbacher 2002, S. 68) oder auch eine „Entwicklungswissenschaft" (Meyer 1997, S. 210). Zudem wird von der Schulpädagogik als „Sicherungsdisziplin für Unterricht in der Institution Schule" (Keck 1999, S. 39) gesprochen.

Die hier aufgeführten Bezeichnungen von Schulpädagogik als praktischer Wissenschaft oder Handlungswissenschaft und darüber hinaus als Integrations- und Vermittlungswissenschaft (Abschn. 2.1.2) sowie als Berufswissenschaft bzw. Professionsdisziplin (Abschn. 2.1.3) weisen Schulpädagogik allesamt als eine Sonderform von Wissenschaft, als Sonderling im Wissenschaftssystem aus. Was aber ist Schulpädagogik bei allen Besonderheiten und Spezialitäten, wenn sie generell eine wissenschaftliche (Sub-)Disziplin sein will bzw. soll **(für eine Kurzfassung dieser Überlegungen s. Rothland** 2019)?

▶ **Disziplin(en), wissenschaftliche – zweite Annäherung** Wissenschaft kann (1.) als Kommunikationssystem verstanden werden (Luhmann 1990) und die Forschung (2.) als ihr „Zentralwert" (Stichweh 1993, S. 240). Wissenschaftliches Handeln, interpretiert als Forschung, führt (3.) zur fortwährenden Produktion immer neuen Wissens (ebd.). Diese drei Dimensionen der Kommunikation, der Forschung und des durch wissenschaftliche Forschung hervorgebrachten Wissens bilden den systematischen Ausgangspunkt des Begriffs der *wissenschaftlichen Disziplin* (Keiner 2011). Disziplinen sind als Ergebnis der internen Ausdifferenzierung des Wissenschaftssystems in Teilsysteme die primäre Einheit der Wissenschaft. Und die Universität ist nach Rudolf Stichweh der – wenngleich nicht einzige – institutionelle Ort „der disziplinären Struktur der Wissenschaft" (Stichweh 2013a, S. 18).

Die drei oben genannten Elemente zur Bestimmung des Disziplinbegriffs finden sich auch in einer Definition von Stichweh wieder, dessen Überlegungen hier weitgehend gefolgt wird: Eine wissenschaftliche Disziplin ist demnach seit dem frühen 19. Jahrhundert „eine Forschungsgemeinschaft und ein Kommunikationszusammenhang von Wissenschaftlern und Gelehrten, der durch gemeinsame Pro-

2.1 Schulpädagogik: Bestimmungsversuche im Diskurs

blemstellungen und Forschungsmethoden und nicht zuletzt durch die Entstehung effektiver Mechanismen disziplinärer Kommunikation zusammengehalten wird" (Stichweh 1993, S. 241).

Insbesondere das Verständnis von Disziplinen als Kommunikationszusammenhängen betont die *soziale Dimension*: Wissenschaftliche Disziplinen können somit auch als „Sozialform moderner Wissenschaft" (Stichweh 2013b, S. 55), als „Sozialsystem spezialisierter wissenschaftlicher Forschung und Kommunikation" (Stichweh 2013c, S. 246) beschrieben werden, wobei der „Spezialisierung", das heißt der disziplinspezifischen Sichtweisen auf bestimmte Gegenstände (Lüders 2018b, S. 138) im Sinne der im Abschn. 1.1 bereits angeführten *kognitiven Spezifität* (Stichweh 2013a, S. 23) besondere Bedeutung zukommt. Die *spezielle*, gemeinsam innerhalb einer Disziplin bearbeitete Problemstellung ist das konstituierende Merkmal von wissenschaftlichen Disziplinen als *Kommunikationsgemeinschaften von Spezialisten* (vgl. auch Merten 1998, S. 202), die sich von den Spezialisten anderer Disziplinen aufgrund der andersartigen Problemstellungen, derer sie sich annehmen, unterscheiden.

> **Exkurs: Kommunikation oder Institution (s. Rothland, 2008, S. 47ff.)?**
> Innerhalb des Wissenschaftssystems und der Universitäten bilden die einzelnen Disziplinen der insbesondere Stichweh folgenden Begriffsbestimmung eigenständige Subsysteme. Sie können als soziale Subsysteme, als „weitgehend eigenständige soziale ‚Orte' der Erkenntnis- und Ausbildungsproduktion" charakterisiert werden (Klüver 1984, S. 50). Die Differenzierung der einzelnen Disziplinen und ihre differenten Bezugssysteme (etwa Gesellschaft vs. Universum, Naturgesetze vs. Exegese religiöser Schriften, Erklären vs. Verstehen) kennzeichnen ihre Heterogenität, wobei sich das moderne System der Wissenschaft durch eine Nebeneinanderordnung der autonomen Disziplinen auszeichnet und somit eine nichthierarchische Basisstruktur aufweist: die wissenschaftlichen Disziplinen stehen formal gleichberechtigt nebeneinander, die Physik ist der Geschichtswissenschaft oder der Germanistik also nicht über-, sondern nebengeordnet.
>
> Das hier zugrunde gelegte Konzept wissenschaftlicher Disziplinen bestimmt theoretisch mit Begriffsmitteln von System- und Selbstorganisationstheorien „den Charakter wissenschaftlicher Disziplinen als sich selbst regulierende sozial-kommunikative Netzwerke der Produktion spezifischen Wissens" (Keiner 1999b, S. 322). Wie auch in der Begriffsbestimmung oben gezeigt, spielt in diesem Zugang die *Kommunikation* eine entscheidende

Rolle. Entsprechend werden Disziplinen vornehmlich als Sozial- und Kommunikationssysteme verstanden, denen Spezialisten angehören, die gemeinsam eine disziplinkonstituierende Problemstellung bearbeiten, „die ein Theorie-Problem miteinander teilen, das sie in eigenen Mustern und Medien der Kommunikation nach eigenen Standards und Gütekriterien bearbeiten und tradieren" (Tenorth und Horn 1992, S. 301). Die einer Disziplin zuzuordnenden Expertinnen und Experten gehören daher in der Regel keiner anderen Disziplin an, ein Physiker ist für gewöhnlich nicht zugleich auch Theologe.

Mit dem skizzierten kommunikationsorientierten Disziplinverständnis geht die *Abgrenzung* von einer Bestimmung wissenschaftlicher Disziplinen einher, die diese zuallererst in einem *institutionellen* Kontext etwa an die Universitäten gebunden sehen. Wird die Entwicklung und die Struktur einer wissenschaftlichen Disziplin bzw. konkret der Erziehungswissenschaft „im Blick auf ihre institutionellen, personellen und infrastrukturellen Bedingungen und ihre wissenschaftliche Produktivität" untersucht, so wird – der kritischen Argumentation folgend – eine inverse Perspektive verfolgt; Disziplin werde in organisatorisch engeführter Form auf Universität oder Hochschule konzeptualisiert. Im Zuge eines solchen, kritisierten Disziplinverständnisses werde das Wissenschaftssystem mit der Universität ineinsgesetzt. Konkret könnte Erziehungswissenschaft als Disziplin dann nur als Erziehungswissenschaft *an den Universitäten* gedacht werden.

In dem weiter gefassten Disziplinverständnis, das wissenschaftliche Disziplinen in erster Linie als Kommunikationszusammenhänge bestimmt, sind diese hingegen nicht zwingend an die Universitäten oder weitere Hochschulen als Organisationen gebunden. Die disziplinäre Kommunikation wird schließlich nicht primär durch Organisationen, sondern vor allem durch *Publikationen* (in Fachzeitschriften, Buchpublikationen, Sammelbandbeiträgen) spezifiziert, die das kommunikative Basiselement darstellen, „durch das sich der selbstregulierte Zusammenhang des disziplinären Prozesses immer erneut erzeugt und reproduziert" (Keiner 1999a, S. 64).

Nun steht außer Frage, dass wissenschaftliche Disziplinen als Kommunikationszusammenhänge bestimmt werden können und sich damit durch mehr auszeichnen als durch ihre Institutionalisierung an den Hochschulen, die unter Abschn. 1.3 mit Bezug auf die Schulpädagogik so betont wurde. Fraglich scheint dagegen, ob mit einer Abgrenzung von den organisationsspezifischen Institutionalisierungsformen wissenschaftlicher Disziplinen, denen im Zuge der Konzentration auf die disziplinäre Kommunikation und die disziplinären Kommunikationsorte lediglich eine nachrangige Bedeutung beigemessen wird, nicht wiederum eine unzulässige inhaltliche Reduktion einhergeht. Sind die disziplinären Kommunikationszusammenhänge bzw. die wissenschaftlichen Disziplinen generell nicht in spezifischer Weise an die Universitäten und Hochschulen gebunden?

Eine Erweiterung des auf die disziplinäre Kommunikation konzentrierten Verständnisses wissenschaftlicher Disziplinen deutet sich in einem Bestimmungsversuch von Peckhaus und Thiel (1999, S. 11) an. Demnach könne man wissenschaftliche Disziplinen als „gegenstandsorientierte Systeme wissenschaftlicher Tätigkeiten" definieren, die „sich durch Kommunikationsgemeinschaften, die Tendenz zur Institutionalisierung und zur Selbstreproduktion im Rahmen der akademischen Lehrtätigkeit auszeichnen". Disziplinen als Kommunikationsgemeinschaften wird hier die Tendenz zur Institutionalisierung zugeschrieben – und es taucht noch ein weiterer Begriff auf, der bislang sträflich vernachlässigt wurde: die *Lehre*. Wissenschaftliche Kommunikation findet nicht in einer nicht näher zu bestimmenden wissenschaftlichen Stratosphäre und ebenso wenig allein in den disziplinären Publikationsorganen wie Fachzeitschriften statt, sondern vor allem auch (mündlich wie schriftlich) in den Institutionen, in denen die Disziplinangehörigen sich begegnen, forschen und lehren. Darüber hinaus reproduziert sich eine wissenschaftliche Disziplin nicht in ihren kommunikativen Basiselementen, sondern im institutionellen Kontext der akademischen Lehre.

Rudolf Stichweh ergänzt entsprechend die Bestimmung in seinen weiteren Überlegungen um einen entscheidenden Aspekt, der in dem auf die Kommunikation konzentrierten Disziplinverständnis nicht in ausreichendem Maße zum Vorschein kommt: Disziplinäre Gemeinschaften sind auf wissenschaftliche Institutionen angewiesen, *„die als organisatorische Infrastruktur der disziplinär restrukturierten Wissenschaft fungieren können* [Herv. im Orig.]" (Stichweh 1984, S. 62). Wissenschaft ist nicht allein als kommunikativer Zusammenhang, der den Austausch von Ideen und Informationen unter den Personen ermöglicht, die an wissenschaftlichen Fragen interessiert sind, zu verstehen. Vielmehr bilden stabile sozialstrukturelle Arrangements eine notwendige Basis, die der Wissenschaft ihre institutionelle Gestalt verleihen. Die enge Verflechtung von kognitiven *und* sozio-institutionellen Einflussfaktoren ist daher bei der Bestimmung wissenschaftlicher Disziplinen von Bedeutung (vgl. Hofstetter und Schneuwly 2002).

Wissenschaftliche Institutionen bieten die organisatorische Infrastruktur, auf die Disziplinen angewiesen sind, und die den in sie eingebundenen Disziplinvertreterinnen und -vertretern eine identifizierbare Position im Sozialsystem sichern. Zudem ermöglichen die Institutionen die Kontinuität wissenschaftlicher Arbeit personenunabhängig über Generationen hinaus. Wissenschaftliche Disziplinen sind daher konzeptionell erweitert als „institutionell verfasstes soziales System" zu begreifen (vom Bruch 2000, S. 45).

Wird nun nach den primären Institutionalisierungsorten wissenschaftlicher Disziplinen gefragt, so ist zu berücksichtigen, dass den disziplinären Subsystemen der Wissenschaft „gleichzeitig die Rolle der basalen strukturellen Einheit des Systems der Hochschulerziehung" zukommt. Stichweh spricht auch von der disziplinären Form als Einheit der „Binnendifferenzierung im Wissenschaftssystem und zugleich im System der Hochschulerziehung" (Stichweh 1993, S. 241). Wissenschaftliche Disziplinen sind in spezifischer Weise mit den wissenschaftlichen Hochschulen und Universitäten als ihren Institutionalisierungsorten verbunden: Die moderne Wissenschaft ist den Weg zu einer Disziplindifferenzierung nicht über eine Differenzierung an verschiedenen Institutionen gegangen, sondern sie hat sich stattdessen in standardisierten institutionellen Formen entwickelt. An erster Stelle der zu nennenden charakteristischen Institutionalisierungsorte steht die Universität.

Universitäten spielen eine herausragende Rolle, da sie als Orte der Ausbildung und Rekrutierung des Nachwuchses sowie der institutionellen Platzierung von wissenschaftlichen Karrieren für ihren Fortbestand sorgen. Die fortdauernde Existenz einer wissenschaftlichen Disziplin kann vor allem an dem Bestand entsprechender institutioneller Existenzformen festgemacht werden (dies können auch Forschungsinstitute, Zeitschriften etc. sein, aber – vor allem – Universitäten), da Fortbestand unter anderem entscheidend an die Reproduktion ihres Personals gebunden ist. Für eine Wissenschaft, die nicht mit den Organisationen des Erziehungssystems (Hochschulerziehung) verbunden ist, ist der wissenschaftliche Nachwuchs gewissermaßen Zufall. Durch die Institutionalisierung der Wissenschaft bzw. der wissenschaftlichen Disziplinen an der Universität erweitert sich die Rekrutierungsbasis erheblich (Stichweh 1984). Die Hochschule als Institution ist zu einem beträchtlichen Teil also auch ‚Ausbildungsinstitution', und dies nicht allein in einem allgemeinen Sinne mit Blick auf die Studierenden, die einen Hochschulabschluss anstreben und nach Beendigung des Studiums die Universitäten verlassen, sondern auch unter Berücksichtigung derjenigen, die eine akademische Karriere anstreben und innerhalb des Hochschulsystems ihre Ausbildung und fachspezifische Sozialisation erfahren (vgl. Klüver 1984).

Schulpädagogik als wissenschaftliche (Sub-, Teil-, Bereichs-)Disziplin wäre also, um die hier favorisierte Begriffsbestimmung zu wiederholen, „eine Forschungsgemeinschaft und ein Kommunikationszusammenhang von Wissenschaftlern und Gelehrten, der durch gemeinsame Problemstellungen und Forschungsmethoden und nicht zuletzt durch die Entstehung effektiver Mechanismen disziplinärer Kommunikation zusammengehalten wird" (Stichweh 1993, S. 241), wobei die gemeinsamen, spezifischen *Problemstellungen* das einende Element sind und nicht bestimmte Gegenstandsbereiche der das Wissenschaftssystem umgebenden Umwelt – wie *die* Schule oder *die* Gesellschaft.

Im Verlauf der Ausdifferenzierung erfolgt die strukturelle Verzweigung des Wissenschaftssystems allerdings nicht mehr auf der disziplinären, sondern auf der *subdisziplinären* Ebene. Der Bezugsrahmen für die Identifikation von Forschungsproblemen verlagert sich damit auf diese Stufe der Ausdifferenzierung, auf der auch die Schulpädagogik im Diskurs, wie eingangs illustriert, als *Bereichs-, Teil- oder Subdiszplin der Erziehungswissenschaft* verortet wird. Dies hat u. a. zur Folge, dass Subdisziplinen untereinander zuweilen keine oder nur geringe kommunikative Verbindungen aufweisen, wie bspw. die Schulpädagogik und die Erwachsenenbildung innerhalb der Erziehungswissenschaft, und es stattdessen intensivere kommunikative Verbindungen unter den Subdisziplinen *verschiedener* disziplinärer Herkunft existieren (etwa Pädagogische Psychologie und Schulpädagogik).

Aufgrund der fortschreitenden subdisziplinären Ausdifferenzierung lassen sich wissenschaftliche Disziplinen wie die Mathematik, Physik, Soziologie oder die Erziehungswissenschaft und ihre Strukturen auch nicht mit der – gegenüber dem Disziplinbegriff eigentlich geläufigeren – Bezeichnung der *scientific community* (vgl. Schützenmeister 2008) beschreiben, weil die Gemeinschaftsbegrifflichkeit bereits selbst auf der Ebene der Subdisziplinen häufig versagt, da sich auch hier eher unterschiedliche *communities* finden (Grundschulpädagogik vs. Professionsforschung innerhalb der Schulpädagogik; s. u. „Schulpädagogik in der Deutschen Gesellschaft für Erziehungswissenschaft"). Wissenschaftliche (Gesamt-)Disziplinen werden daher gegenwärtig auch weniger als Realsysteme wissenschaftlicher Kommunikation wahrgenommen (Krohn und Küppers 1989); diese findet auf der Ebene von Subdisziplinen und sich weiter ausdifferenzierender Spezialgebiete statt (und in den spezialisierten bzw. thematisch fokussierten Publikationsorganen; bspw. *Zeitschrift für Grundschulforschung*). Wissenschaftliche Disziplinen kommt heute eher die Funktion einer *sekundären organisatorischen Struktur* vor allem für die Universitäten zu, die auch die Beobachtbarkeit des Wissenschaftssystems in der Gesellschaft ermöglicht.

▶ **Schulpädagogik in der Deutschen Gesellschaft für Erziehungswissenschaft (DGfE)** Universitäten sind nicht die einzigen Einrichtungen, die einer Disziplin institutionelle und infrastrukturelle Voraussetzungen für ihre Entwicklung und disziplininterne Kommunikation, die Forschung und gesellschaftliche

Verbindungen bieten. Neben außeruniversitären Forschungseinrichtungen (wie etwa das Leibniz-Institut für Bildungsforschung und Bildungsinformation DIPF) spielen unter anderem auch die Fachgesellschaften wissenschaftlicher Disziplinen eine bedeutende Rolle als prinzipiell alle Disziplinangehörige über ihre jeweiligen institutionellen Kontexte hinaus verbindende und nach außen vertretende Organisationen. Die deutsche Erziehungswissenschaft verfügt als „Disziplin der Nachkriegszeit" im Gegensatz zur Soziologie (Deutsche Gesellschaft für Soziologie 1909) oder zur Philosophie (Deutsche Philosophische Gesellschaft 1917) erst spät über eine eigene Fachgesellschaft. Nach der Befreiung vom Nationalsozialismus 1945 waren ihre wenigen akademischen Vertreter regional voneinander isoliert; überregionale Kontakte wurden in der Regel lediglich im Rahmen älterer persönlicher Bekanntschaften gepflegt. Dieser Zustand setzte sich in den drei westlichen Besatzungszonen und in den Ländern der Bundesrepublik fort, in denen es über Jahre keine gemeinsamen Gremien und zonen- sowie länderübergreifende Kooperationen gab. Erst eine vom *Cultural Officer* beim amerikanischen Hochkommissar in Frankfurt am Main initiierte Tagung brachte die Vertreterinnen und Vertreter der Erziehungswissenschaft an den westdeutschen Universitäten und Berlin Ende Mai 1952 gezielt zusammen und schuf die Ausgangsbasis für weitere Kontakte, Kooperationen und Abstimmungen (vgl. Scheuerl 1994). Ein organisatorischer Zusammenhang der erziehungswissenschaftlichen Gesamtdisziplin konnte jedoch auch über die dann in den folgenden Jahren stattfindenden Konferenzen der Westdeutschen *Universitäts*pädagogen – die Pädagogischen Hochschulen verfügten über einen eigenen Arbeitskreis – aufgrund der institutionellen Begrenzung nicht hergestellt werden. Erst 1964 wurde mit der Gründung der *Deutschen Gesellschaft für Erziehungswissenschaft* (DGfE) eine von den Institutionalisierungsorten der Disziplin unabhängige Fachgesellschaft geschaffen (Berg et al. 2004; Rothland 2005).

Die DGfE mit ca. 3600 Mitgliedern untergliedert sich heute (Stand: 2021) in 14 Sektionen, die sich ihrerseits zum Teil in insgesamt 18 Kommissionen unterteilen können. Auch anhand der unten aufgeführten Struktur der erziehungswissenschaftlichen Fachgesellschaft erscheint die Schulpädagogik als Teil, als (im Übrigen quantitativ, was die Mitgliederzahl anbelangt, größte) Subdisziplin der Erziehungswissenschaft (Lüders 2018b, S. 140). Sie untergliedert sich in die Kommissionen (a) Schulforschung und Didaktik, (b) Professionsforschung und Lehrerbildung sowie (c) Grundschulforschung und Pädagogik der Primarstufe.

- Sektion 1: Historische Bildungsforschung
- Sektion 2: Allgemeine Erziehungswissenschaft
- Sektion 3: Interkulturelle und International Vergleichende Erziehungswissenschaft

2.1 Schulpädagogik: Bestimmungsversuche im Diskurs

- Sektion 4: Empirische Bildungsforschung
- **Sektion 5: Schulpädagogik**
  - **Kommission Schulforschung und Didaktik**
  - **Kommission Professionsforschung und Lehrerbildung**
  - **Kommission Grundschulforschung und Pädagogik der Primarstufe**
- Sektion 6: Sonderpädagogik
- Sektion 7: Berufs- und Wirtschaftspädagogik
- Sektion 8 Sozialpädagogik und Pädagogik der frühen Kindheit
- Sektion 9 Erwachsenenbildung
- Sektion 10: Pädagogische Freizeitforschung und Sportpädagogik
- Sektion 11: Frauen- und Geschlechterforschung in der Erziehungswissenschaft
- Sektion 12: Medienpädagogik
- Sektion 13: Differentielle Erziehungs- und Bildungsforschung
- Sektion 14: Organisationspädagogik

> **Exkurs: Schulpädagogik als Gegenstand empirischer Wissenschaftsforschung**
>
> In seinen Beiträgen zur Schulpädagogik als Gegenstand empirischer Wissenschaftsforschung geht Manfred Lüders von der Annahme aus, dass sich wissenschaftliche Disziplinen nicht in erster Linie dadurch auszeichnen, dass sie äußerliche strukturelle Merkmale wie die Verankerung an Universitäten durch Professoren- und Qualifikationsstellen, die Forschungs- und Lehrfreiheit oder eigene Publikationsorgane aufweisen und in Fachgesellschaften organisiert sind, sondern in erster Linie dadurch, dass sie eine selbstreferentielle, auf die Klärung von Wahrheitsfragen bezogene Kommunikation pflegen, die – im Widerspruch zur im Lemma Schulpädagogik (Abschn. 1.2) favorisierten ‚begrifflichen Unschärfe' – ihrerseits eine Sprache voraussetzt, „die bezüglich der Verwendung von Begriffen und Aussagen hochgradig normiert ist und sich eben dadurch in besonderer Weise für die Feststellung und Überprüfung von Sachverhalten und Tatsachen eignet" (Lüders 2020, S. 854): „Um Wissenschaft handelt es sich erst, wenn Begriffsbildung eingesetzt wird, um feststellen zu können, ob bestimmte Aussagen wahr (und nicht unwahr) sind" (Luhmann 1990, S. 124). Vor diesem Hintergrund ist für Lüders die Frage leitend, ob es der Schulpädagogik entsprechend ihrer als „Erfolgsgeschichte" überlieferten Entwicklung (Abschn. 1.3) gelungen ist, „sich von der Sprache der Praktischen Pädagogik abzusetzen und eine wissenschaftliche Terminologie zu begründen" (Lüders 2018b, S. 137). Führte

also der Wechsel vom Erziehungssystem (vorakademische Lehrerinnen- und Lehrerbildung in Seminaren, Pädagogischen Akademien und Hochschulen, Abschn. 1.3) in das Wissenschaftssystem auch dazu, dass sich in der Schulpädagogik eine für wissenschaftliche Disziplinen typische Kommunikationsform durchsetzte?

Konkret fragt Lüders danach, ob zentrale Begriffe der Schulpädagogik wie etwa Schule, Unterricht, Didaktik oder Lehrplan einem traditionellen, in der schulischen Praxis oder auch in der Alltagssprache anzusiedelnden Sprachgebrauch verhaftet sind, oder ob sie als Folge und Kennzeichen einer Verwissenschaftlichung der Schulpädagogik im Kontext wissenschaftlicher Theorien und Forschung verankert werden. Die Analysen erfolgten anhand der folgenden Begriffe (hinzu kommen Lehrplan/Curriculum und Schule in Lüders 2020) – mit den anschließend zusammengefassten Ergebnissen:

- *Unterricht* (Lüders 2012): Hier wurden 55 Beiträge aus 219 im Zeitraum von 1949 bis 2007 veröffentlichen pädagogischen Nachschlagewerken analysiert. Als zentraler Befund konnte gezeigt werden, dass die Autorinnen und Autoren die relevanten Artikel zum Unterrichtsbegriff wechselseitig nicht zur Kenntnis nehmen. Einmal veröffentliche Ausführungen zum Unterrichtsbegriff haben also keinen Einfluss auf die nachfolgende Kommunikation über diesen. Stattdessen wird der Unterrichtsbegriff über die Zeit immer wieder neu „erfunden". Nur insgesamt eine von 45 identifizierten, verschiedenen Definitionen nimmt Bezug auf eine wissenschaftliche Theorie. Alle übrigen Bestimmungsversuche sind in den Sprachgebrauch und Erfahrungshorizont der Praxis des Lehrerinnen- und Lehrerberufs eingebettet. Die analysierten Unterrichtsbegriffe bzw. -definitionen beziehen sich durchgängig auf „die Tätigkeit des Lehrers, die Schule oder didaktische Merkmale des Unterrichts" (ebd., S. 123). Sie sind „durchgängig an der Praxis der Profession ausgerichtet" (ebd.). Lüders kommt zu dem Schluss, dass die Schulpädagogik „im Fall der Kommunikation über Unterricht zentrale Erwartungen an eine wissenschaftliche Disziplin nicht erfüllt" (ebd.). Zu diskutieren wäre, ob sich die Schulpädagogik womöglich gar nicht über Begriffe disziplinär bzw. wissenschaftlich fundiert, Begriffe, die wie der Unterrichtsbegriff sehr stark durch die Profession besetzt werden (ebd., Lüders 2012, S. 123).
- *Didaktik* (Lüders 2018a, auch Lüders 2020) (Kap. 4): Für den Zeitraum von 1950 bis 2009 wurden 80 Originalartikel identifiziert, die 206 Definitionen

enthalten (von 0 bis 20 Definitionen reicht die Spannweite). Klassifiziert wird die Didaktik am häufigsten als Theorie (93), Wissenschaft (58) oder Lehre (25). Mit diesen drei Klassifikationen werden 85 % aller Definitionen abgedeckt. Hier herrscht also Konsens in der Begriffsverwendung: Didaktik wird als Wissenschaft oder Theorie begriffen, „die sich mit Bildungsinhalten, dem Lehrplan, dem Unterricht oder dem Lehren und Lernen überhaupt befasst" (Lüders 2018a, S. 1096). Bezogen auf die Häufigkeit angeführter Theorien zeigt sich, dass die Lern-Lehrtheoretische Didaktik (Berliner Modell) mit 35 Nennungen und die Bildungstheoretische Didaktik mit 34 Nennungen dominieren (Abschn. 4.1.1). Dieses Festhalten an zwei Didaktischen Modellen bei gleichzeitiger ununterbrochener Hervorbringung immer neuer „Didaktiken" erscheint jedoch nicht forschungsbasiert begründet bzw. auf einem nachvollziehbaren Erkenntnisfortschritt zu basieren. Der wissenschaftliche Anspruch wird vielmehr per definitionem wiederholt erhoben und ausgewählte Ansätze kontinuierlich überliefert, deren Tradierung nicht durch Forschung legitimiert wird (ebd., S. 1097): „Zwar lässt sich ein dauerhaft kommunizierter Anspruch auf Wissenschaftlichkeit der allgemeindidaktischen Theoriebildung feststellen, aber diesem Anspruch korrespondiert keine auf den Gewinn von neuen Erkenntnissen ausgerichtete Forschungspraxis" (ebd., S. 1097; vgl. Rothland 2013). Die Traditionsbildung ersetzt die für wissenschaftliche Disziplinen kennzeichnende Forschungsorientierung (ebd., S. 1097) – was im Übrigen auffällig an die Betonung von Überlieferung und Tradierung an Stelle von Forschung im Fallbeispiel (Abschn. 1.2) erinnert.

- Begriffe, die sich auf die methodische Gestaltung des Unterrichts beziehen: *Lehrform, Lehrverfahren, Lehr-Lernmethode, Lehrmethode, Unterrichtsform, Unterrichtsmethode und Unterrichtsverfahren* (Lüders 2018b, auch Lüders 2020): Hier konnten 80 Originalbeiträge im Zeitraum von 1949 bis 2009 aufgefunden werden, die 52 Definitionen enthalten und die – so ein zentraler Befund – sich zwar sprachlich als äußerst heterogen ausgestaltet erweisen, bei genauerem Hinsehen aber bezogen auf die Bedeutung große Überschneidungen zeigen (Lüders 2018b, S. 144). Was die theoretische Begründung der Definitionen anbelangt, die sich, so die Annahme, vor allem aus allgemeindidaktischen Theorien, Unterrichts- oder Lerntheorien speisen, konnte an keiner Stelle eine theoretische Verankerung identifiziert werden (ebd., S. 147, vgl. Lüders 2020). Auch hier zeigt sich erneut, dass eine „erwartete Umstellung auf eine wissenschaftliche Begriffsbildung ausbleibt" (Lüders 2018b, S. 148): „Die sieben untersuchten Methodenbegriffe sind weder wissenschaftlich verankert, noch Gegenstand einer rekursiven Kommunikation,

> also einer Kommunikation, die frühere Leistungen für die Weiterentwicklung von Theorien und durch solche Theorien begründete Forschungen in Anspruch nimmt" (ebd., S. 149).
>
> Die Quintessenz aus den Befunden der von Manfred Lüders vorgelegten Beiträge zur Schulpädagogik als Gegenstand der empirischen Wissenschaftsforschung ist ernüchternd: Die „für eine wissenschaftliche Disziplin typischen Formen der Kommunikation" seien im Falle der Schulpädagogik lediglich rudimentär ausgebildet und entsprächen nicht ihren strukturellen Möglichkeiten (Lüders 2020, S. 868): „Die Schulpädagogik limitiert die Verwendungsweise ihrer zentralen Termini kaum durch Theorien und die wenigen Limitationen, die sich finden, haben keinen Einfluss auf die nachfolgende Kommunikation, sodass im Fall dieser Termini auch kein durch Rekursivität geprägter, selbstreferentiell geschlossener Kommunikationszusammenhang entsteht" (ebd.).

2.1.2 Schulpädagogik als Integrations- und Vermittlungswissenschaft

Ist Schulpädagogik dem oben skizzierten verbreiteten Selbstverständnis folgend eine wissenschaftliche Subdisziplin, dann ist die Forschung zur Hervorbringung neuen Wissens entsprechend der vorgeschlagenen Begriffsbestimmung ihr Zweck und die Wissenschaft ihr Referenzsystem. Dies gilt auch dann, wenn neue (Sub-)Disziplinen generell durch die Rekombination des Wissens aus verschiedenen anderen (Sub-)Disziplinen entstehen können und sie damit auch als Ergebnis der Integration von Spezialgebieten bzw. von Subdsiziplinen in Betracht kommen (Schützenmeister 2008). Von dieser Variante der Subdisziplinbildung ist jedoch der Entwurf der Schulpädagogik als *Integrations- und Vermittlungswissenschaft* – eine populäre Variante der Statusbestimmung als akademischem Sonderfall – zu unterscheiden. Denn im Rahmen dieser Bestimmung kommt ihr das Sammeln und Ordnen von Forschungsbefunden sowie deren Vermittlung zu (vgl. bereits Jörg 1970; Twellmann 1981; Apel und Grunder 1995), nicht aber die für wissenschaftliche Subdisziplinen konstitutive Aufgabe der Forschung selbst.

Als Integrationswissenschaft wird Schulpädagogik im Diskurs vor dem Hintergrund ihrer – frag- und kritikwürdigen – Funktion, Schulpraxis anzuleiten, bestimmt. So heißt es in der neuesten, fünften Auflage des Studienbuchs Schulpädagogik: „Als Berufswissenschaft für Lehrkräfte hat die Schulpädagogik bei der Suche nach Aufklärung von Wirklichkeiten im Bildungsbereich die Aufgabe, differente wissenschaftliche Positionen, die von der historischen Pädagogik über die Soziologie, die Biologie, die Psychologie, die Politologie, die Philosophie hin zur Rechtswissenschaft reichen, zu vereinen. Die Schulpädagogik ist eine Integrationswissenschaft" (Haag und Rahm 2013, S. 8), die zwischen den Befunden empirischer Forschung und der Schulpraxis (Köck 2012) bzw. zwischen einer praxisreflektierenden Theorie und einer theoriegeleiteten Praxis vermittelt (Kowarsch 2011).

Schulpädagogik als „integrative und interdisziplinär angelegte Wissenschaftsdisziplin" (Keck 1999, S. 57) wird auch als Sammelpunkt und Übersetzerin von Forschungsbefunden für die Schulpraxis verstanden (Wellenreuther 2011); ihre Leistung bestehe darin, die Befunde der Schulpädagogik selbst wie der anderer Disziplinen im Wissenschaftssystem zu bündeln und für die Weiterentwicklung der Praxis aufzubereiten (Bohl et al. 2015) – und für die Lehrerinnen- und Lehrerbildung. In diesem Verständnis ist der Zweck der Schulpädagogik als Vermittlungs- oder Ausbildungswissenschaft *nicht* die Erkenntnisbildung (durch Forschung hervorgebrachtes wissenschaftliches Wissen, Abschn. 2.1.1), sondern die (Aus-)Bildung angehender Lehrerinnen und Lehrer. Vor diesem Hintergrund wird auch verständlich, warum dem Studienbuch „Schulpädagogik und Schultheorie" der Bildungsbegriff als „zentrierende Kategorie der wissenschaftlichen Disziplin Schulpädagogik" (Bohl et al. 2015, S. 12) vorangestellt wird. Schulpädagogik wird von der Bildung des Individuums und damit vom Bildungsauftrag der Schule her definiert, und nicht – wie es eigentlich bezogen auf eine wissenschaftliche Subdisziplin zu erwarten wäre – vom Wissens- und Erkenntnisbildungsauftrag der Wissenschaft. Letztlich wird in der Bestimmung als Vermittlungs- oder Integrationswissenschaft, die selbst nicht forscht, Schulpädagogik entgegen der Erfolgsgeschichtsschreibung ihrer Verwissenschaftlichung (Abschn. 1.3) und des oben (Abschn. 2.1.1) angeführten Selbstverständnisses *nicht* als wissenschaftliche Subdisziplin begründet, sondern als (Aus-)Bildungsprogramm (Herzog 1999a).

2.1.3 Schulpädagogik als Berufswissenschaft

Der besondere Status der Schulpädagogik als Integrations- und Vermittlungswissenschaft ist, wie im vorhergehenden Abschnitt (Abschn. 2.1.2) bereits anklang, untrennbar verbunden mit ihrer funktionellen Kopplung an den Lehrerinnen- und Lehrerberuf sowie die Lehrerinnen- und Lehrerbildung: Schulpädagogik soll eine auf die Praxis der Lehrkräftearbeit ausgerichtete *Berufswissenschaft* sein. Diese mit Abstand populärste Variante, Schulpädagogik als *besondere* Wissenschaft auszuweisen, geht ungebrochen auf die Konzeption von Schulpädagogik in der Tradition seminaristischer Lehrerinnen- und Lehrerbildung sowie weiterer Ursprünge zurück, die in der schulpädagogischen Historiographie oftmals bemüht werden (Abschn. 1.3). Sie dominiert, wie gezeigt werden wird, bis heute ihr disziplinäres Selbstverständnis und kann bedauerlicherweise keinesfalls entsprechend der oben skizzierten Erfolgsgeschichtsschreibung als überwunden gelten. Im Gegenteil!

Schulpädagogik wird, wie im Abschn. 1.3 gezeigt wurde, als Lehrgebiet vor allem für angehende Lehrkräfte und nicht als Forschungsdisziplin bereits zum Zeitpunkt frühester terminologischer Belege im 19. sowie Anfang des 20. Jahrhunderts sowohl im Kontext seminaristischer Lehrerinnen- und Lehrerbildung als auch im wissenschaftlichen Zusammenhang begründet (Drewek 1994). Sie beschränkt sich von Beginn an als Unterrichtslehre auf die Einführung in die unterrichtliche Tätigkeit und wird ungebrochen als zentrale *Berufswissenschaft* für Lehrerinnen und Lehrer verstanden: Schulpädagogik soll eine *Berufswissenschaft* sein (vgl. u. a. Einsiedler 1974; Keßler und Krätzschmar 1992; Gläser-Zikuda 2008; Esslinger-Hinz und Sliwka 2011; Köck 2012; Haag und Rahm 2013), sie wird auch als Bezugsdisziplin bzw. -wissenschaft für Lehrerinnen und Lehrer (Haarmann 1997; Kiper 2011; Hanke und Seel 2015), als Leitwissenschaft (Bosse 2010), Sinnmitte (Kiper 1998) oder „Herz der Lehrerbildung" (Zierer 2016, S. 7) bezeichnet. Sie wird zudem auch als Professionswissenschaft von bzw. für Lehrkräfte(n) bezeichnet (Apel und Sacher 2009; Hanke und Seel 2015), deren institutioneller Ort die Lehrerinnen- und Lehrerbildung und deren Hauptaufgabe es sei, Lehramtsstudierende zu „versorgen" (Bohl et al. 2015, S. 29). Schulpädagogik definiere sich über die Notwendigkeit, „den professionellen Nachwuchs an die pädagogischen Aufgaben heranzuführen" (Wiechmann 2006, S. 1). Sie wird schließlich – gleich einem hölzernen Eisen – als „*die* Professionsdisziplin für die Lehramtsstudiengänge" bezeichnet (Keck 1999, S. 58; Herv. im Orig.) – ein Widerspruch in sich.

> **Exkurs: Disziplin und Profession**
> Im Entstehungsprozess moderner Wissenschaft und einer damit einhergehenden Ausdifferenzierung in wissenschaftliche Disziplinen und Subdisziplinen ist die *Deprofessionalisierung* im Sinne der personalen und wissensmäßigen Herauslösung „das fast auffälligste Phänomen", so Rudolf Stichweh (Stichweh 2013c, S. 247). Was aber sind Professionen, von denen sich wissenschaftliche Disziplinen unterscheiden?
>
> Professionen sind allgemein gesprochen besondere Berufsgruppen, die für die Gesellschaft spezielle und zentrale Funktionen übernehmen. Ihre Funktions- und Leistungserbringung regulieren sie weitgehend autonom.

Professionen werden über die strukturprägenden Merkmale Klientenorientierung und Handlungsbezug definiert (Keiner 2011, S. 204): In ihrem Selbstverständnis ist verankert, dass professionelle Arbeit „sich auf einen Klienten bezieht, dessen Probleme zu lösen und dessen Interessen es zu vertreten gilt" (Stichweh 2013c, S. 262). Parteilichkeit und Engagement für die Klientel sind somit Basiselemente des professionellen Selbstverständnisses.

Klientenorientierung und Handlungsbezug werden zugleich als wichtige Differenzierungsmerkmale von Disziplinen und Professionen angeführt (Stichweh 2013c, S. 277). Wissenschaft bzw. wissenschaftliche Disziplinen als vom Handlungs- und Entscheidungszwang der Praxis entlastete Orte des Theoretisierens und Forschens stehen der situationsbezogen und fallorientiert unter Handlungs- und Entscheidungsdruck stehenden Profession gegenüber (Dewe 2009, S. 50). Professionen sind weniger Wissens-, sondern vor allem Handlungssysteme (Stichweh 2013d).

Die Genese der wissenschaftlichen Universität kann nun einerseits als Anlass für die Differenzierung von Disziplin und Profession angesehen werden, andererseits vermittelt die Universität in der Folge auch zwischen den beiden Komplexen. Schließlich ist die Universität die Instanz, an denen sich die Berufe, die einen professionellen Status anstreben, orientieren (Stichweh 2013c, S. 250). Die Beziehung der Professionen zum Wissenschaftssystem ist vermittelt über die universitäre Lehre somit eng, das universitäre Studium seinerseits rückgebunden an das wissenschaftliche Forschungswissen (Keiner 2011, S. 204). Professionelle zeichnen sich in der Konsequenz durch ihren doppelten Bezug zur Wissenschaft und zur Praxis aus (Merten 1998, S. 206).

Die Differenzierung von Disziplin und Profession hat auch zur Folge, dass beiden Bereichen jeweils Autonomie zuerkannt wird und sie ihren jeweiligen Besonderheiten folgen (Merten 1998, S. 204). Zu den Unterscheidungsmerkmalen gehört die Orientierung an verschiedenen Zieldimensionen und Kriterien für die Gültigkeit von Aussagen bzw. die Angemessenheit von Entscheidungen (Validitätskriterium): Während für wissenschaftliche Disziplinen idealerweise die Zieldimensionen Wahrheit/Richtigkeit und das Validitätskriterium Widerspruchsfreiheit bezogen auf ausgearbeitete Begründungen gelten, werden für Professionen die Wirksamkeit als Zieldimension und die Angemessenheit als Validitätskriterium für Entscheidungen im Handlungsvollzug genannt (Merten 1998), wobei Professionelle auf die Wahrheit und Angemessenheit gleichzeitig verpflichtet sind (s. Tab. 2.1), ohne dass sie eine der Urteilsformen präferieren und ohne das zwei Komponenten hier in eins gesetzt würden (Dewe et al. 1992, S. 82).

Tab. 2.1 Wissenschaft (Disziplin), Profession, Praxis

Wissenschaft	Profession	Praxis
Wissen		Können
Wahrheit	Wahrheit *und* Angemessenheit	Angemessenheit
Begründung		Entscheidung

Quelle: Dewe et al. 1992, S. 82

In dem im schulpädagogischen Selbstvergewisserungsdiskurs verbreiteten Selbstverständnis als Berufswissenschaft oder Professionsdisziplin, das auf die Betonung eines besonderen Status bzw. einer besonderen Funktion abzielt, spiegelt sich einmal mehr wider, dass Schulpädagogik nicht als Teil der (Erziehungs-)Wissenschaft, sondern als Kern einer Berufsausbildung entworfen wird (Herzog 1999a). Dies widerspricht jedoch einer Bestimmung von Schulpädagogik als wissenschaftlicher Subdisziplin, die auf eine erfolgreiche Verwissenschaftlichung zurückgeführt wird (Abschn. 1.3). Es widerspricht zuallererst aber den Realitäten der ersten Phase akademischer Lehrerinnen- und Lehrerbildung in Deutschland. Auch wenn die Schulpädagogik als Berufswissenschaft für Lehrerinnen und Lehrer beschrieben wird, so kann doch gerade von Schulpädagoginnen und Schulpädagogen selbst nicht übersehen werden, dass der erziehungswissenschaftliche bzw. schulpädagogische Anteil in der universitären Lehrerinnen- und Lehrerbildung im Kontext der sog. Bildungswissenschaften im Vergleich mit den Fachanteilen insbesondere in Lehramtsstudiengängen für die Sekundarstufe II eher marginal ist. Gerade dem Lehrerinnen- und Lehrerberuf fehlt eine direkte Zu- bzw. Unterordnung unter *eine* bzw. generell *die* „im übrigen ja auch gar nicht handlungsbezogenen Disziplinen" (Stichweh 2013c, S. 282). Stattdessen sind Schulwesen und Universität eng über die Lehrerinnen- und Lehrerbildung „als die dominante Serviceleistung *vieler* wissenschaftlicher Disziplinen an der Universität" verbunden (Stichweh 1993, S. 246; Hervorhebung MR).

Gleichwohl empfiehlt sich Schulpädagogik den Lehrkräften und damit der Praxis als *die* zentrale Berufswissenschaft. Durch das Einheitskonzept von Disziplin und Profession, das im Verständnis der Schulpädagogik als *Professionsdisziplin* kulminiert, wird so traditionell bis heute die einzigartige Bedeutung der Schulpädagogik als

Subdsiziplin im Wissenschaftssystem herauszustellen versucht, „die im Dienste der pädagogischen Praxis für diese Praxis vorbereitet" (Herzog 2002, S. 273).

2.2 Schulpädagogik als Wissenschaft von der Praxis für die Praxis

2.2.1 Schulpädagogik als Wissenschaft von der Praxis

Grundlage des dominanten Selbstverständnisses der Schulpädagogik als Berufswissenschaft für Lehrerkräfte und Herzstück der Lehrerinnen- und Lehrerbildung ist das beschworene Bündnis von Wissenschaft und Praxis. In bester seminaristischer Tradition sollte Schulpädagogik eine „auf die Schul- und Unterrichtspraxis hin orientierte Pädagogik" sein (Jörg 1970, S. 5), die als Wissenschaft von der Praxis ihre Fragestellungen und Gegenstände aus eben dieser Praxis bezieht (Geißler 1980), während wissenschaftliche Fragestellungen explizit nicht den Ausgangspunkt der Schulpädagogik bilden sollen (Haarmann 1997, S. 10; vgl. Abschn. 1.2). Sie zeige vielmehr einen Katalog von praktischen Problemen auf, „die die Schule der Pädagogik aufgibt" (Rauschenberger 1979, S. 76) und befasse sich mit den „Fragen, Problemen, Prozessen und Aufgaben, denen der Lehrer in der Schule begegnet" (Keßler und Krätzschmar 1992, S. 1), mit den praktischen Problemen des Erziehens und Unterrichtens in der Schule (Einsiedler 1995, S. 211), ja Schulpädagogik identifiziere sich mit den „Interessen und Nöten der in der Schulinstitution handelnden Menschen" (Meyer 1997, S. 232). Die Erörterung von Problemen pädagogisch-didaktischen Handelns in der Schule und im Unterricht werden auf diese Weise zum Ausgangspunkt der Schulpädagogik gemacht (Apel und Grunder 1995), sodass die Probleme der Praxis bzw. der Praktikerinnen und Praktiker den kognitiven Grundstein dessen bilden, was infolge von Verwissenschaftlichung und Subdisziplinbildung Teil des Wissenschaftssystems und in ihm Teil der Erziehungswissenschaft sein soll.

Die Geschichte der Schulpädagogik wird konsequent als „Geschichte des engagierten und dokumentierten Nachdenkens über die Lösung all der Probleme, die das Schulleben immer von neuem aus sich heraus erzeugt" (Hilgenheger 2002, S. 28), verstanden. Und tatsächlich bilden auch im neueren disziplinären Selbstverständnis der Subdisziplin die Herausforderungen und Probleme der Praxis die kognitive Basis der Schulpädagogik. Sie orientiere sich an den „theoretisch wie praktisch relevanten Themen und Problemen des Schulalltags", wie es im Fallbeispiel (Abschn. 1.2) heißt (Beltz Lexikon Pädagogik 2007, S. 637). Anlass für schulpädagogische Forschung und wissenschaftliche Analysen seien die Belange der Schulwirklichkeit (Solzbacher 2002; Apel und Sacher 2009) und sie reagiere mit ihren Fragestellungen auf die Bedürfnisse der Schul- und Unterrichtspraxis (Apel und Sacher 2009, S. 19). Schulpädagogik als „wissenschaftliche Disziplin" erwachse aus der Praxis und ist ihrem Selbstverständnis nach eng „mit der Bezugnahme auf Praxis verknüpft" (Bohl et al. 2015, S. 67). Die Ausrichtung auf die Gestaltung institutionalisierter Lehr-Lernprozesse in der Schulpraxis sei für die Schulpädagogik konstitutiv (Fend 2008, S. 13): „Diese Disziplin wird damit von dieser Aufgabe her konstituiert und nicht von einem theoretischen oder disziplinären Paradigma" (ebd.); die Gestaltung der Schulpraxis im Sinne einer Wissenschaft von der Praxis für die Praxis wird so zum Programm der Schulpädagogik erhoben.

2.2.2 Schulpädagogik als Wissenschaft für die Praxis

Nicht allein die Praxis mit ihren Belangen, Problemen und Herausforderungen soll die kognitive Basis der Schulpädagogik bilden, sondern sie soll nutzbringend auf die Praxis ausgerichtet sein. Schulpädagogik mache „von sich aus" Vorschläge für die Schulreform und Unterrichtsgestaltung, ihr Bewährungsfeld sei die Lebenswirklichkeit der Schule (Jörg 1970, S. 16; Apel und Grunder 1995; Haarmann 1997). Schulpädagogik sei die Pädagogik, „die in der Schulpraxis nützlich ist" (Rauschenberger 1979, S. 71), in dem sie diese Praxis erhellt und verändert (Keßler und Krätzschmar 1992, S. 1). Sie sei kurzum „Theorie und Lehre für die Praxis" (Apel 1990, S. 31), die Orientierungsmuster, ein Methodenrepertoire oder auch Handlungsmodelle für Lehrkräfte biete und Möglichkeiten der Verbesserung pädagogischer Praxis in Schule und Unterricht „methodisch kontrolliert" aufzeige (Wittenbruch 1995, S. 208). Wissenschaftliche Methoden sollen demnach „helfen können, schulpädagogische Probleme adäquat zu erfassen, zu verstehen, zu erklären und zu lösen" (ebd., S. 195).

Auch dieses traditionelle Verständnis der Schulpädagogik als einer auf die Praxis und ihre Verbesserung ausgerichteten Subdisziplin, die praktische Probleme und Herausforderungen nicht nur zum Ausgangspunkt ihres Handelns macht (*von* der Praxis), sondern diese auch lösen bzw. bewältigen will (*für* die Praxis), herrscht in gegenwärtigen Beschreibungen weiterhin vor. Zu den Hauptaufgaben der Schulpädagogik gehöre es u. a., „Theorien und Handlungsstrategien für die Bewältigung der aktuellen Schulwirklichkeit und Maßstäbe zur Überprüfung der Wirksamkeit ihrer Theorien und Handlungsempfehlungen" zu entwickeln (Köck 2012, S. 14). Es seien die praktischen Fragen, die im Vordergrund stünden, so etwa, wie man ‚gute' Schulen und ‚guten' Unterricht *mache* (Fend 2008, S. 14). Schul-

2.2 Schulpädagogik als Wissenschaft von der Praxis für die Praxis

praktiker sollen schulpädagogische Forschung als „Orientierungs-, Reflexions- und Entscheidungshilfe anfragen und nutzen" (Wittenbruch 2011, S. 615), indem sie von ihr „wissenschaftlich abgesicherte und durch Alltagserfahrung hinlänglich bestätigte Handlungsempfehlungen für die schulische Praxis im Sinne „wissenschaftliche[r] Rückendeckung" für Lehrkräfte erwarten" (Köck 2012, S. 14). Eine allein empirisch-analytisch verstandene Schulpädagogik sei nicht hinreichend: „denn damit ist noch kein Beitrag zur Verbesserung dieser Wirklichkeit geleistet" (Esslinger-Hinz und Sliwka 2011, S. 163).

Vielmehr sei Schulpädagogik nah an den Handlungsproblemen der Lehrkräfte und „interessiert an der Verbesserung und Erweiterung ihres Methodenrepertoires"; „sie scheut in ihrer Argumentation auch weder das Rezept noch das Lob und die Verfeinerung der professionellen Routinen und auch nicht die Vermittlung von Schemata und Strategien", wie im Fallbeispiel im Abschn. 1.2 zu lesen war (Beltz Lexikon Pädagogik 2007, S. 637).

Schulpädagogik nimmt Schule und Unterricht zusammengefasst nicht neutral als Forschungsgegenstände in den Blick, sondern immer auch mit dem Auftrag zur Gestaltung, Entwicklung, Optimierung und zur Anleitung der Praktikerinnen und Praktiker (u. a. Solzbacher 2002; Bosse 2010; Grunder 2010; Kowarsch 2011; Köck 2012). Wie auch immer Schulpädagogik bestimmt wird, Ziel sei es, das Handeln in der Schule zu verbessern und Forschungsergebnisse für die Praxis fruchtbar zu machen (Apel und Sacher 2009). Und in dieser selbst gegebenen Aufgabe, „für die Praxis nützlich zu sein, konstituiert sich die Schulpädagogik bis heute" (Bohl et al. 2015, S. 65).

2.2.3 Anmerkungen zum Verhältnis von Wissenschaft und (Berufs-)Praxis

Wird, wie in der in den Abschn. 2.2.1 und 2.2.2 zusammengefassten, ritualisierten Selbstbeschreibung (Kaldewey 2013, S. 9) Schulpädagogik als Wissenschaft von der Praxis für die Praxis bestimmt, so ist dies auch als Anspruch zu lesen, für diese Teildisziplin das häufig als schwierig beschriebene Verhältnis von „Theorie" und „Praxis" als ungelöste Herausforderung (Haag und Rahm 2013, S. 8) zu klären. Als hier zugrunde liegendes Grund- (Böhm 2011), Kern- (Weyland 2000) oder Bezugsproblem (Meseth und Proske 2018) gilt wiederkehrend die Unverbundenheit bzw. das Spannungsverhältnis von „Theorie" und „Praxis" generell (Hardy 2008), „von Wissenschaftlichkeit und Berufsbezogenheit" (Flach 1994, S. 20). Dieses Verhältnis wird als widersprüchlich, problematisch (Patry 2014) oder generell ungeklärt beschrieben (Sahner 2014a), um anschließend bezogen auf die Lehrerinnen- und Lehrerbildung die notwendige Theorie-Praxis-Verknüpfung oder -Integration zu fordern. Für die Schulpädagogik resultiere das so angegangene Theorie-Praxis-Problem nämlich insbesondere daraus, dass ihr berufsfeldspezifische Aufgaben in der Lehrerinnen- und Lehrerbildung zukommen und sie daher Bezug auf die Praxis zu nehmen habe (Bohl et al. 2015, S. 73).

Entsprechend erfreut sich in der Schulpädagogik wie im Lehrerinnen- und Lehrerbildungsdiskurs generell – ähnlich wie in der Sozialpädagogik – die Theorie-Praxis-Rhetorik (Dewe 2008) ungebrochener Beliebtheit. Die Frage nach der Klärung des problematischen Theorie-Praxis-Verhältnisses wird mit erstaunlicher Beharrlichkeit gestellt. Generationen von Erziehungswissenschaftlerinnen und -wissenschaftlern im allgemeinen und Schulpädagoginnen und -pädagogen im Besonderen haben sich in seiner Bearbeitung erschöpft (v. Prondczynsky 1996). Klar scheint dabei lediglich zu sein, dass niemals die „Praxis", sondern immer die „Theorie" das Problem darstellt (Herzog 1999b).

Sowohl dem Lehrerinnen- und Lehrerbildungsdiskurs als auch der schulpädagogischen Programmatik ist eine undifferenzierte, vielfach beliebig erscheinende Verwendung der Begriffe „Theorie" und „Praxis" zu eigen **(für eine auf den Lehrerinnen- und Lehrerbildungsdiskurs fokussierten Fassung dieser Überlegungen s. Rothland 2020a)**. Das Theorie-Praxis-Verhältnis dient hier in erster Linie als Chiffre, auch als Synonym, für vielfältige, komplexe Begriffsverhältnisse (Langewand 2004). Dazu zählen u. a. Wissenschaft und Praxis (Oestreicher und Unterkofler 2014), Wissenschaft und Könnerschaft (Neuweg 2016), Wissen und Können (Meseth 2016), Wissen und Handeln (Neuweg 2013), Begründung und Handeln (Radtke 2004), Wissen und Praxis (Liebsch 2013), Thema und Adressat, Fremd- und Selbstbeschreibung (Kühl 2003), Reflexion und Vollzug (Meyer-Drawe 1984), Reflexion und Einübung (Weyland 2010) oder schließlich auch Disziplin und Profession (Mommertz 2006; Tenorth 2008; Abschn. 2.1.3).

Die Begriffe Theorie und Praxis bezeichnen so keine präzise oder allgemein gültige Idee, sondern sie verweisen als Gegensatzpaar auf eine Relation, die zumindest dem Anschein nach recht flexibel auf eine Vielzahl von Verhältnissen bezogen werden kann (Mommertz 2006). Sie werden derart unspezifisch verwendet, dass darunter sehr unterschiedliche Dinge gefasst werden. Als Gemeinsamkeit kann dabei ausgemacht werden, dass wissenschaftliche Theorien im engeren Wortsinne in der Regel *nicht* gemeint sind.

▶ **Theorie** Umgangssprachlich bezeichnet Theorie etwas „Gedankliches" im Sinne von Überlegungen, die nicht direkt auf Erfahrungen beruhen (Wienold 2011, S. 523). Im alltäglichen, *außerwissenschaftlichen* Sprachgebrauch können zwei geläufige Verwendungsweisen unterschieden werden: zum einen Theorie als vage

2.2 Schulpädagogik als Wissenschaft von der Praxis für die Praxis

Vermutung „über das Vorliegen eines Sachverhaltes oder über die zweckmäßige Abfolge von Handlungen" (Thiel 2004, S. 260) und zum anderen Theorie als bloße Theorie, die von einer tatsächlich funktionierenden Praxis abgegrenzt wird. Im letztgenannten Sinn meint Theorie einen „Vorschlag zur Bewältigung eines praktischen Problems", der sich in der Praxis aber nicht anwenden lässt bzw. nicht dazu angetan ist, das Problem zu lösen, während eine pragmatische Vorgehensweise, die auf Alltagserfahrungen oder gesundem Menschenverstand beruht, zielführend ist. Der außerwissenschaftlichen Verwendungsweise ist gemein, dass von der Nutzlosigkeit der Theorie für praktische Zusammenhänge ausgegangen wird (ebd.).

Im wissenschaftlichen Kontext muss Theorie als „Begriff mit stark variierender Bedeutung" (Wienold 2011, S. 685), als „ein nicht einheitlich definierter Begriff" (Sahner 2014b, S. 545) beschrieben werden (und über die Frage, was Theorien sind, wurden bereits ganze Bücher mit unterschiedlichen Antworten geschrieben, vgl. Zima 2017, 2020). In einem engen, an den *Naturwissenschaften* orientierten Verständnis ist Theorie ein „System logisch widerspruchsfreier und empirisch gehaltvoller Aussagen (Hypothesen). Es enthält Basisannahmen (Axiome), aus denen weitere Aussagen abgeleitet werden. Danach ist Theorie zuallererst eine empirisch überprüfbare Aussage über die Wirklichkeit" (Sahner 2014a, S. 545; Herv. im Orig.).

Im *soziologischen* Kontext wird mit Theorie allgemein „ein System von Begriffen, Definitionen und Aussagen bezeichnet, das dazu dienen soll, die Erkenntnisse über einen Bereich von Sachverhalten zu ordnen, Tatbestände zu erklären und vorherzusagen" (Wienold 2011, S. 685). Sie wird als eine wissenschaftliche Wissenseinheit verstanden, „in der in einem bestimmten Zusammenhang und mit bestimmten Grenzen eine Anzahl von Hypothesen über die Beziehungen und Wirkungen von „Tatsachen" zusammengefasst sind" (Hillmann 2007a, S. 895). Eine Theorie als so geartetes „System untereinander durch Ableitbarkeitsbeziehungen verbundener Aussagen und Sätze muss: a) logisch konsistent und widerspruchslos sein; b) informativ sein, d. h., ihre Sätze müssen so formuliert sein, dass sie einen bestimmten Realitätsbezug haben und darum an den Tatsachen überprüft werden können; c) bestimmte Korrespondenzregeln angeben, nach denen die Operationalisierung ihrer Postulate, d. h. die Übersetzung ihrer in den Hypothesen verwendeten Grundannahmen und Begriffe in Beobachtungs- (Experiments-) Operationen ermöglicht werden kann" (ebd.).

Theorie wird im Übrigen auch als Gegensatz von Praxis definiert als „reine Erkenntnis und das systematisch geordnete Wissen ohne Rücksicht auf seine Anwendung und seine Nutzbringung zu bestimmten Zwecken" (Regenbogen und Meyer 2013, S. 663; vgl. Pittioni 2008, S. 611).

Im Gegensatz zu den beispielhaft angeführten Definitionen scheint sich die Notwendigkeit einer genauen Begriffsbestimmung in Anbetracht einer konsensuell undifferenzierten Begriffsverwendung im schulpädagogischen Diskurs zu erübrigen – und dürfte in Anbetracht des „theoretischen Pluralismus" (Zima 2017, S. 2) ohnehin schwierig sein (vgl. Sahner 2014a; Wienold 2011). Nicht viel anders verhält es sich im Übrigen mit dem Begriff Praxis, dem als Synonym für „ ‚Handeln', ‚Erfahrung', ‚Leben' oder auch ‚Realität' " eine absurde Mehrdeutigkeit attestiert wird (Kaldewey 2013, S. 165).

▶ **Praxis und „praxisrelevant"** Praxis als philosophischer Terminus wird definiert als „Bezeichnung für menschliche Lebenstätigkeit im allgemeinen, verstanden als tätige Auseinandersetzung des Menschen mit der ihn umgebenden Wirklichkeit" (Demmerling 2005, S. 425). Der Begriff wird abgeleitet aus dem Griechischen von Tun, Handeln, und definiert als das „spezifisch menschliche Tun und zielgerichtete Handeln" (Gessmann 2009, S. 588): in der Praxis ist die Handlung das Ziel (Klavier spielen).

In soziologischer Bedeutung wird Praxis definiert als „Gesamtheit menschl. (individueller wie kollektiver) Aktivitäten zur fortwährenden Reproduktion, Umgestaltung und Weiterentwicklung der materiellen und sozialen Umwelt" (Hillmann 2007b, S. 698), als „Gesamtheit der menschlichen Handlungen", die „Erhaltung, Umwandlung oder Weiterentwicklung der materiellen und gesellschaftlichen Wirklichkeit bewirken" (Sahner 2014a, S. 364).

Die Bewertung „praxisrelevant" wird wörtlich als „von Bedeutung" definiert = „mit (erwartbaren) Konsequenzen für die (gesellschaftliche) Praxis" (Fuchs-Heinritz 2011, S. 523). Demzufolge wäre konsequent gedacht – und fatalerweise – alles bedeutungslos, was nicht praxisrelevant ist.

Wird im schulpädagogischen und im Lehrerinnen- und Lehrerbildungsdiskurs generell vom Theorie-Praxis-Verhältnis, -Syndrom oder -Problem gesprochen, so steht der Theoriebegriff in der Regel allgemein stellvertretend für Wissenschaft oder Wissenschaftlichkeit (und Forschung; Heid 2004). Praxis als „generalisierte Fremdreferenz" der Wissenschaft (Kaldewey 2013, S. 412) wird synonym verstanden als Berufspraxis, als berufliches Handeln (Hedtke 2007; Liebsch 2013) bzw. spezifischer als Erziehungs- und Unterrichtshandeln der Lehrkräfte (Hedtke 2000, S. 69). *Wissenschaftliche* „Theorie" wird so *schulischer* Berufs-„Praxis" entgegen gestellt (Makrinus 2013).

Den Ausführungen zum Verhältnis von „Theorie" und „Praxis", von Schulpädagogik und Schul- und Unterrichtspraxis der Lehrkräfte ist gemein, dass sie mehr oder weniger explizit von der praktischen Relevanz des wissenschaftlichen Wissens als Reflexions- und Handlungsgrundlage ausgehen (Abschn. 1.2). Im Sinne des Ideals der Vorbereitung einer Berufspraxis auf wissenschaftlicher Grundlage (Roth 1962) soll es entsprechend das Ziel akademischer Lehrerinnen- und Lehrerbildung sein, angehende Lehrkräfte wissenschaftlich auszubilden, damit diese ihre beruflichen Entscheidungen auf der Basis wissenschaftlichen Wissens treffen können (Liebsch 2013).

Das Theorie-Praxis-Problem ist nun jedoch nicht einfach in der Weise zu lösen, indem geklärt wird, wie wissenschaftlich gewonnenes Wissen in die Praxis transferiert werden kann (Esslinger-Hinz und Sliwka 2011, S. 161). Denn ein solcher Transfer erscheint selbst problematisch, insbesondere dann, wenn Schulpädagogik als auf die Schulpraxis reflektiv vorbereitende *Technologie* verstanden wird (Apel und Sacher 2009, S. 22 f.), die es zu vermitteln gilt. Problembehaftet ist auch eine auf wechselseitigen Austausch abzielende Verhältnisbestimmung von Schulpädagogik („Theorie") und Schulpraxis, derzufolge die „Praxis" durch Wissenschaft „Aufklärung, Orientierung und Kritik erfahre", und Theorie aus der Praxis „Erfahrung, Anregung und Verbesserung" gewinne. Die so charakterisierte wechselseitige Bedingtheit „von wissenschaftlicher Forschung und Theorie auf der einen und pädagogischer Praxis auf der anderen Seite" wird als „konstitutiv für eine Schulpädagogik, die eine wissenschaftlich angeleitete, theoretisch orientierte Schulpraxis zu fördern beansprucht" (Wittenbruch 1995, S. 196), angeführt. Warum ist das problematisch?

Einer in der skizzierten Weise vorrangig wissenschaftszentrierten Relationierung von „Theorie" und „Praxis" folgend wird das in der Universität erworbene, forschungsbasierte wissenschaftliche Wissen unverändert in die Praxis eingebracht bzw. transferiert. Es verhilft, so die Idee, dem Handeln in der praktischen Situation durch Verwendung auf das Rationalitätsniveau der Wissenschaft (Dewe et al. 1992). Bedeutsam für die Praxis bzw. das Handeln erscheint das wissenschaftliche Wissen also aufgrund seiner höheren Rationalität. Schließlich gehöre es zum Selbstverständnis von Professionellen, das „wissenschaftlich gesichertes Wissen auf konkrete Probleme" angewendet werde (Koring 1997, S. 22).

Exkurs: Mythos wissenschaftliche Rationalität
Verbunden mit dieser Form der Anwendung ist die Annahme der Überlegenheit der Wissenschaft gegenüber der Praxis: der Beobachter wird grundsätzlich für klüger gehalten als der Beobachtete (Neuweg 2015, S. 43). Zweck des an der Universität zu vermittelnden Wissens wäre in der Terminologie des pädagogischen Diskurses die Aufklärung und Anleitung der Praktikerin

oder des Praktikers durch Theorie zur Aufhellung der Praxis (Heid 2004; Schmied-Kowarzik 2008; Liebsch 2013; Drieschner 2015). „Die Wissenschaft stellt der bzw. dem Professionellen ein Potential an geprüftem Wissen und erprobten Methoden zur Verfügung, steigert also die Rationalität des Handelns" (Koring 1997, S. 23), indem dieses Wissen im Studium verfügbar gemacht wird. Aus diesem Grunde ist von einem wissenschaftszentrierten oder szientistischen Konzept die Rede, dem die Annahme eines systematischen Rationalitätsgefälles zwischen Wissenschaft und Praxis zugrunde liegt (Altichter et al. 2005).

Ausgehend von der Annahme des Rationalitätsgefälles (Beck und Bonß 1984; Bonß 2003) wird auch vom Missionarsmodell oder -konzept gesprochen (Beck und Bonß 1989): Den wissenschaftslosen Eingeborenen wird von den wissenschaftlichen Missionaren das helle Licht wissenschaftlicher Erkenntnis in die dunklen Höhlen der Praxis gebracht – und die Darbietung dieses Lichts erfolgt im Falle der Schulpädagogik mittels akademischer Lehrerinnen- und Lehrerbildung. Denn Wissenschaftspraxis soll – wie auch gegenwärtig zu lesen ist – in der Lehrerinnen- und Lehrerbildung als „Rationalitätsgewinn" erfahrbar gemacht werden (Leonhard et al. 2016, S. 85). Und dies mit positiven Auswirkungen auf die bestehende, und nicht nur auf die zukünftige Praxis der angehenden Lehrkräfte. Racherbäumer und Liegmann sprechen beispielsweise davon, dass ein „systematischer Transfer" des Unterrichtsqualitätsmerkmals individualisiertes Lernen „in die schulische Praxis nur unzureichend gelingt". Durch Lehrerinnen- und Lehrerbildung solle diesem Problem begegnet werden (Racherbäumer und Liegmann 2012, S. 123).

Das wissenschaftliche Wissen bleibt im Zuge der Übertragung und Verwendung in der Praxis unverändert. Gesprochen wird auch von einem direkten oder analogen *Transfer* (Makrinus 2013). Die Praktikerin, der Praktiker bzw. die angehende Lehrkraft erscheint als „selbstloser Empfänger wissenschaftlicher Erkenntnis" (ebd., S. 67), wobei zu bedenken ist, dass Praktikerinnen und Praktiker nicht nur als Adressat von Wissenschaft entworfen werden, sondern auch zugleich als Thema bzw. Gegenstand der Wissenschaft (etwa der Schul- und Unterrichtsforschung sowie der Forschung zum Lehrerinnen- und Lehrerberuf und zur Lehrerinnen- und Lehrerbildung), denn „er pesonifiziert jene Praxis, die der Wissenschaftler zu erklären und zu erfassen versucht" (Heid 2004, S. 46). Die (problematische) Einheit von Thema bzw. Gegenstand und Adressat wird hier deutlich (vgl. Kühl 2003).

2.2 Schulpädagogik als Wissenschaft von der Praxis für die Praxis

Konkret wird die unmittelbare Anwendungsvorstellung, wenn es aktuell im Rahmen der Qualitätsoffensive Lehrerbildung in der Broschüre „Neue Wege in der Lehrerbildung" des Bundesministeriums für Bildung und Forschung (BMBF) wörtlich heißt: „Lehramtsstudium und Schulpraxis sollen enger miteinander verzahnt werden. Zur Verbesserung der Ausbildung fördert die „Qualitätsoffensive Lehrerbildung" die Verknüpfung wissenschaftlicher und unterrichtspraktischer Studienanteile. Die *unmittelbare Anwendung* von theoretischem Wissen in der Schulpraxis stärkt und festigt berufspraktische Kompetenzen." (BMBF 2016, S. 16, Herv. MR).

Des Weiteren wird davon ausgegangen, dass die theoretische „Ausbildung" an der Universität „notwendige und hilfreiche Regeln" für die angehenden Lehrkräfte böte (Vogel 2011, S. 5). Anwendung von „Theorie" in der „Praxis" wird so im Sinne der Verwendung technologischer Regeln (Herfter und Schroeter 2012) begriffen. In den Verhältnisbestimmungen von „Theorie und Praxis", die Neuweg unterscheidet, entspricht dies dem sog. Technologiekonzept: Hier wird Handeln im Sinne bewussten regulierten Tuns als das Anwenden von bedingten technologischen Regeln zum Zwecke der Problemlösung verstanden. Dem Wissen über die Regeln, die angewandt werden, liegen gesetzesförmige Allaussagen zugrunde, die es in der Lehrerinnen- und Lehrerbildung zu vermitteln gilt (Neuweg 2004a, 2004b) – und die Schulpädagogik verstanden als auf die Schulpraxis vorbereitende *Technologie* (Apel und Sacher 2009, S. 22 f.), scheint solche Regeln zur Hand zu haben.

▶ **Technologiedefizit und doppelte Kontingenz** Die genannten Technologien oder Techniken mit „eingebauter" gesetzesförmiger Allgemeingültigkeit und Erfolgsgarantie für das Lernen der Schülerinnen und Schüler bzw. gelingenden Schulunterricht gibt es jedoch nicht. Das Verhalten von Schulklassen und Schülerinnen und Schüler kann beispielsweise noch so genau beobachtet und analysiert werden, die Mechanismen ihrer Funktionsweise lassen sich trotzdem nicht vollständig aufdecken, da es sich abstrakt betrachtet um Systeme handelt, die ihre Zustände selbst verändern (können). Sie sind deshalb analytisch nicht beherrschbar (Herzog 1999b) oder anders: das Verhalten der Schülerschaft, ihre Reaktionen auf den Unterrichtsinhalt, aktivierende und motivierende Maßnahmen der Lehrkraft, methodische Arrangements etc. lassen sich nicht eindeutig in dem Sinne bestimmen, dass eine spezifische Form bzw. Variante des Unterrichtsangebots immer und überall bei gleicher Anwendung eine – und nur die *eine* (erwünschte, beabsichtigte) Reaktion hervorruft. Es gibt also kein in der Schule geltendes „Naturgesetz", das den Zusammenhang von Unterrichtsangebot und dessen individuelle Nutzung durch die Schülerinnen und Schüler kausal determiniert. Das daraus abgeleitete

„Technologiedefizit" gilt für die Schule bzw. die Schulklasse als soziales System und wird wie folgt begründet: „Da es keine für soziale Systeme ausreichende Kausalgesetzlichkeit, da es mit anderen Worten keine Kausalpläne der Natur gibt, gibt es auch keine objektive Technologie, die man nur erkennen und dann anwenden müsste" (Luhmann und Schorr 1979, S. 352).

Es gibt also keine Technologien, keine technischen Transformationsregeln, die den Lehrkräften den Erfolg ihres Handelns garantieren – und die in schulpädagogischen Veröffentlichungen oder Lehrveranstaltungen vermittelt werden können. Stattdessen stellt sich „Erfolg" nicht unabhängig vom Handeln der Schülerinnen und Schüler als Klientel ein. Genauso wenig, wie eine Lehrkraft die Schülerinnen und Schülern „Lernen" machen kann (das können die Schülerinnen und Schüler nur selbst: lernen) kann auch ein Hausarzt etwa nach einer Diagnose ein Medikament zwar verschreiben, aber ob der Patient das Medikament in der korrekten Dosierung oder überhaupt einnimmt, das ist seine Sache. „Eine Lehrperson ist danach – wie auch der Arzt – für die fachgerechte Verfahrensweise, aber nur bedingt für das Ergebnis verantwortlich" (Baumert und Kunter 2006, S. 476).

Handeln von Lehrkräften vollzieht sich unter doppelter Unsicherheit, unter doppelter Kontingenz (Baumert und Kunter 2006, S. 477; vgl. Paseka et al. 2018): Zum einen ist das Lernen ein aktiver, individueller Konstruktionsprozess, der von außen nur bedingt beeinflussbar, der nicht direkt durch die Lehrkraft steuerbar ist und „dem Schüler auch nicht durch die beste Lehrkraft abgenommen werden kann" (Baumert und Kunter 2006, S. 477). Zum anderen sind unterrichtliche Lerngelegenheiten das Ergebnis einer sozialen Ko-Konstruktion. Das bedeutet, dass Schülerinnen und Schüler individuell für sich sowie untereinander und zudem Schülerschaft und Lehrkräfte in der Interaktion, im Diskurs der Klasse einen Unterrichts- bzw. Lerngegenstand (zusammen = ko-) konstruieren (ebd). Und was Ergebnis dieses Ko-Konstruktionsprozesses ist, ist weder eindeutig vorhersehbar noch infolge der Anwendung einer Technologie vorab zu bestimmen oder gar zu erzwingen.

Das Modell der direkten Anwendung kann auch als analoges Transfermodell oder technokratisches Wissensverwendungsmodell mit dem Ziel der Verwissenschaftlichung der Praxis verstanden werden (Bommes et al. 1996). Es gilt als „vulgäres" Grundmodell einer einfachen Verwissenschaftlichung im Sinne einer Verwendung als Anwendung (Radtke 2004, S. 113) oder auch als naives oder idealistisches Konzept des Theorie-Praxis-Verhältnisses (Altichter et al. 2005). Als Herausforderungen erscheinen ausgehend von der Annahme einer direkten Anwendung von wissenschaftlichem Wissen in der Praxis der (angehenden) Lehrkraft allenfalls didaktische Flankierungen zur Verbesserung der kommuni-

2.2 Schulpädagogik als Wissenschaft von der Praxis für die Praxis

kativen Vermittlung des wissenschaftlichen Wissens, um Rezeptions- und Verständigungsschwierigkeiten auszuräumen (Dewe et al. 1992; Bommes et al. 1996; Dzengel 2017). Das Verhältnis von „Theorie und Praxis" erscheint so weniger als ein prinzipielles Problem, sondern als Frage „gelingender didaktischer Vermittlung" (Winkler 2012, S. 309).

Über die genannte, als naiv oder vulgär kritisierte Relationierung von „Theorie" und „Praxis" im Sinne des einfachen Tranfers und des Technologiekonzepts, die gleichwohl auch in der Schulpädagogik anzutreffen ist, wenn sie, wie oben bereits angeführt, als *Technologie* verstanden wird (Apel und Sacher 2009, S. 22 f.), finden sich im schulpädagogischen und im Lehrerinnen- und Lehrerbildungsdiskurs noch weitere, komplexere Verhältnisbestimmungen und Vermittlungskonzepte, die an dieser Stelle jedoch nicht diskutiert werden (vgl. Dewe et al. 1992; Bommes et al. 1996; Neuweg 2004a, 2004b; Makrinus 2013; Hedtke 2020; Rothland 2020a, 2020b).

Stattdessen soll auf die Befunde und Deutungen der Wissensverwendungsforschung, die sich disziplinübergreifend mit der Nutzung wissenschaftlichen Wissens befasst, ergänzend eingegangen werden. Denn hier wird besonders deutlich, warum die angeführte Bestimmung des Verhältnisses von „Theorie" und „Praxis" und der Selbstentwurf einer Schulpädagogik als Wissenschaft von der Praxis für die Praxis so problematisch ist.

Die Befunde der Verwendungsforschung brechen nämlich mit der Vorstellung von der Anwendung wissenschaftlichen Wissens in der (Berufs-)Praxis, indem sie Transformation und Reinterpretation im Verwendungsprozess betonen (vgl. Drerup und Terhart 1990; Lüders 1991). Die komplexen Transformationsprozesse sind u. a. darauf zurückzuführen, dass sich die Praxis als relativ autonom gegenüber der Wissenschaft erweist, so wie auch die Wissenschaft für sich Autonomie beansprucht. Im Ergebnis der Verwendungsforschung steht, dass die Praxis ihrer Eigenlogik folgend mit den wissenschaftlichen Wissensangeboten autonom umgeht. Der externe Impuls, der von wissenschaftlichen Forschungsbefunden ausgehen kann, wirkt also *nicht* automatisch und deterministisch Kraft seiner rationalen Überzeugungskraft, sondern die Wirkung wird vermittelt durch die Aktivitäten der Akteure in der Praxis. Wissenschaftliches Wissen wird nicht als solches in der Praxis verwendet, sondern in Abhängigkeit von den praktischen Bedürfnissen und Interessen reduziert, verfremdet oder in Bruchstücken rezipiert, die zur tradierten Praxis passen oder diese bestätigen (Altichter et al. 2005; Stadelmann 2006).

Die Handelnden selbst, im Falle der Schulpädagogik die Lehrerinnen und Lehrer, treten hier als entscheidende Größe hervor. Denn spätestens dadurch, dass die Adressaten von Wissenschaft im Studium zur rationalen Argumentation (und Reflexion) angehalten werden, können sie selbst *kritisch und aktiv* die wissenschaftlichen Wissens- und Deutungsangebote verwenden (Beck und Bonß 1984). Die Nutzer von wissenschaftlichem Wissen – und hier auch die Lehramtsstudierenden wie die aktiven Lehrkräfte – erscheinen so nicht länger als passive Empfänger, sondern sie gehen aktiv im Verwendungsprozess mit dem wissenschaftlichen Wissen um.

Transformationsmodelle gehen von der Strukturdifferenz wissenschaftlichen Wissens und des praktischen Wissens und Könnens aus (vgl. Bommes et al. 1996). Wissenschaft kann *als* Wissenschaft nicht praktisch werden (Beck und Bonß 1989). Es bedarf stets der Vermittlung zwischen Allgemeinem und Besonderem, zwischen dem Abstrakten und Konkreten, (Herzog 1999b). Anders als aber in der schulpädagogischen Diskussion oder in den Vermittlungsansätzen des Lehrerinnen- und Lehrerbildungsdiskurses wird in der Wissensverwendungsforschung betont, dass wissenschaftliches Wissen *nicht* hierarchisch eine höhere Wertigkeit aufweist, also per se besser oder rationaler ist, als etwa tradiertes Berufs- bzw. Handlungswissen. Es ist zuallererst schlicht anders (Beck und Bonß 1989, 1995; Radtke 2004; Stadelmann 2006). Was kennzeichnet diese Andersartigkeit?

(1). *Rationalitätsbruch:* In der Diskussion des Theorie-Praxis-Verhältnisses wird von einem Rationalitätsbruch zwischen Wissenschaft und Praxis ausgegangen, der eine direkte Anwendung wissenschaftlichen Wissens in der Praxis verunmöglicht und der grundsätzlich nicht zu beheben ist (Altichter et al. 2005). Dieser Rationalitätsbruch manifestiert sich erstens (a) darin, dass wissenschaftliches Wissen, das im Rahmen eines Studiums vermittelt wird, nicht dem Kriterium der Anwendbarkeit unterliegt. Es ist in seiner ursprünglichen Gestalt sozusagen ganz unpraktisch (vgl. Kühl 2003) und mit dem Anspruch versehen, zeitlos und allgemeingültig zu sein (Herzog 1999b). Praxis findet als Veranstaltung zur Lösung konkreter praktischer Probleme (Ritsert 2012) im hier und jetzt statt, „nicht überall und jederzeit" (Herzog 1999b, S. 347). Mit der Rede von Theorie und Praxis, von wissenschaftlichem Wissen und Berufspraxis geht so auch das „begriffliche Gefälle von Allgemeinem und Besonderem" einher (Langewand 2004, S. 1016).

Zweitens (b) ist also die Beschreibung von Wirklichkeit aus der Perspektive der Wissenschaft und aus der Perspektive der Praxis eine andere: Die eine zielt auf verallgemeinerbare Erkenntnis ab, die andere auf die Bewältigung und Gestaltung konkreter praktischer Situationen (Radtke 2004).

Drittens (c) wird in der Wissenschaft die Komplexität der Wirklichkeitskonstruktionen absichtlich mit dem Ziel gesteigert, generalisierbare Erkenntnisse zu gewinnen und eine distanzierte Reflexion zu betreiben. In der Praxis wird Komplexität zum Zwecke des Handlungsvollzugs und der Handlungsfähigkeit reduziert (vgl. Radtke 2004).

(2). *Handlungsentlastung:* Bedingung des genannten Rationalitätsbruchs und der prinzipiellen Andersartigkeit von wissenschaftlichem und praktischem Wissen bzw. Handeln in der Berufspraxis ist, dass wissenschaftliche Analysen die Handlungszwänge der Praxis zum Gegenstand haben anstatt ihnen, wie im Fallbeispiel proklamiert (Abschn. 1.2), selbst zu unterliegen (Beck und Bonß 1989). Die strukturellen Differenzen von Wissenschaft und Berufspraxis sind so mit der Handlungsentlastung der Produktion wissenschaftlichen Wissens auf der einen und der Wirkungsweise von Handlungszwängen als bestimmender Kontext der Praxis auf der anderen Seite begründet (Altichter et al. 2005). Sie besteht zwischen dem gerade vom Praxisbezug entlasteten, von Handlungs- und Entscheidungszwang befreiten Forschen und Theoretisieren und dem immer fallorientierten, situationsbezogenen und unter Handlungs- und Entscheidungsdruck stehenden professionellen Handeln (Dewe 2008, 2009).

(3). *Grenzen wissenschaftlicher Rationalitätskapazität und des Aufklärungspotentials:* Die Vision von einer Integration von Wissenschaft und Praxis und der damit einhergehenden Intention der wissenschaftlich fundierten Rationalisierung der Praxis (Wissenschat für die Praxis, Abschn. 2.2.2) kommt über die Strukturdifferenz wissenschaftlichen Wissens und des praktischen Wissens und Könnens hinaus nicht nur deshalb an ihre Grenzen, weil es „die" eine Praxis ohnehin nicht gibt (Makrinus 2013) und Praxis sich vielfach als ernüchternder und komplizierter erweist als gedacht (Bonß 2003, S. 42). Es gilt zudem der diesem Band voran gestellte Ausspruch von Niklas Luhmann, dass wenn man Wissenschaft treibt, nicht auf sicheres Gelände, sondern auf unsicheres Gelände kommt. Die kontinuierliche Steigerung wissenschaftlicher Aktivität und des wissenschaftlichen Outputs führt keineswegs zu einer immer vollständiger versteh- und erklärbaren Praxis, sondern vielmehr zu immer neuen offenen Fragen und auch zur Unübersichtlichkeit: infolge des geballten Einsatzes von Wissenschaft werden Befunde nicht zwingend genauer und konsistenter, sondern vielfältiger und unkontrollierbar. Wissenschaft produziert so keine uneingeschränkten Wahrheiten, sondern bietet eingeschränkte Deutungsangebote (Beck und Bonß 1989), die es als solche zu begreifen gilt. Angesichts der Pluralisierung und Heterogenität wissenschaftlicher Wissensangebote erscheint eine eindeutige Orientierung an oder gar Anwendung von wissenschaftlichem Wissens unmöglich (Beck und Bonß 1984; Herzog 1999b) – und eine per se gegebene, sogar überlegene wissenschaftliche Rationalität als Mythos (Drori et al. 2003).

(4). *Autonomie der Praxis:* Zuletzt ist als Differenzmerkmal an die Autonomie der Praxis bzw. der Akteure in der Praxis zu erinnern: Alle Instanzen praktischer Verwendung zeichnen sich durch große Autonomiespielräume gegenüber den

Wissensangeboten aus, die sich konkret im Herauspicken von Einzelergebnissen bis hin zur Unkenntlichmachung wissenschaftlicher Ergebnisse im Prozess der Nutzung konkretisiert (Beck und Bonß 1989). Praktikerinnen und Praktiker stehen vor singulären Problemen, zu denen potentiell eine Vielzahl wissenschaftlicher Wissenselemente passt. Welches Wissen der Praxis als relevant erscheint, entscheiden die Praktikerinnen und Praktiker – das entscheidet ganz gewiss nicht die Wissenschaft (Lüders 1991; Herzog 1999b).

2.3 Zwischenfazit: Praxis- und Professionsbezug als identitätsstiftendes Merkmal der Schulpädagogik im Wissenschaftssystem?

Wie im Abschn. 2.1.1 dargelegt sind (Sub-)Disziplinen als Ergebnis der Ausdifferenzierung des Wissenschaftssystems *Ausdruck der Differenz* und als Einheiten des Sozialsystems Wissenschaft nicht durch anderen Einheiten desselben Systems zu ersetzen (Stichweh 2013a). Angesicht der unterschiedlichen (Sub-)Disziplinen wie der Pädagogischen Psychologie, der Soziologie, der Bildungsökonomie etc. oder genuin interdisziplinär angelegter Forschungsbereiche wie der Empirischen Bildungsforschung, die Schule, Schülerinnen und Schüler, Unterricht und Lehrerinnen und -Lehrerberuf zum Gegenstand ihrer wissenschaftlichen Betrachtungen machen, stellt sich die Frage, wie nun die *spezielle*, gemeinsam innerhalb der Schulpädagogik bearbeitete Problemstellung, wie die disziplinspezifische Sichtweise, wie also die *kognitive Spezifität* (Abschn. 2.1.1) der Schulpädagogik als Teildisziplin im Selbstvergewisserungsdiskurs bestimmt wird. Ist es vorrangig eine eigene Forschungsperspektive, über die sich Schulpädagogik im Wissenschaftssystem abgrenzt (vgl. Bohl et al. 2015)? Oder sind es „disziplineigene Begrifflichkeiten" (Haag und Rahm 2013, S. 9), die es „herauszuarbeiten und weiterzuentwickeln [gilt], um sich der theoretischen Basis als historisch entwickeltem Fundus der Schulpädagogik bewusst zu werden" (Haag und Rahm 2013, S. 9)? Die Annahme Brezinkas (1981, S. 82), dass eine Disziplin eine eigene Methodik und einen eigenen Gegenstand benötigt, um nicht lediglich als Sekundärwissenschaft zu gelten, erscheint jedenfalls nicht (mehr) haltbar: Dass (Sub-)Disziplinen des Wissenschaftssystems sich Gegenstandsbereiche aus ihrer sozialen und physischen Umwelt teilen ist stattdessen der Regelfall, Alleinzuständigkeit die Ausnahme. Forschungsmethoden kommen interdisziplinär zur Anwendung, sodass sie auch nicht als Differenzierungsmerkmal und zur Bestimmung der Autonomie einer wissenschaftlichen (Sub-)Disziplin taugen (Abschn. 3.6).

2.3 Zwischenfazit

Auch wenn die Frage, "was die besondere Aufgabe der Schulpädagogik [...] sei [...] seit Bestehen dieser Disziplin unterschiedlich beantwortet" wird (Kemper 2004, S. 834), so kann mit der dargestellten Konzeption der Schulpädagogik als einer *Wissenschaft von der Praxis für die Praxis* (Abschn. 2.2) eine breit geteilte Argumentationslinie bis in die Gegenwart identifiziert werden, die im schulpädagogischen Selbstvergewisserungsdiskurs dominiert. Es sei zunächst die Perspektive auf die Schulwirklichkeit und das schulpraktische pädagogische Handeln, mit der Eigenständigkeit und Identität begründet werden (Apel 1990; Meyer 1997; Wiechmann 2006; Wittenbruch 2011). Dieser Blick reiche indes nicht als Alleinstellungsmerkmal aus. Ergänzend wird vielmehr als identitätsstiftendes Charakteristikum angeführt, dass sich Schulpädagogik durch ihre besondere Verpflichtung gegenüber der Schulpraxis auszeichne. Sie habe „besondere wissenschaftliche Anstrengungen zu unternehmen [...], den Anspruch einer ,Disziplin von der Praxis für die Praxis' methodisch kontrolliert einzulösen" (Wittenbruch 2011, S. 614). Die Absicherung der Schulpädagogik im Wissenschaftssystem hänge vom Praxisbezug und der Praxisrelevanz ihrer Forschungsergebnisse ab und davon, dass sie die Erwartung erfüllt, „die Professionalität des Lehrpersonals voranzubringen" (Kowarsch 2011, S. 656).

Praxis- und Professionsbezug erscheinen zusammen demnach als Unterscheidungs- und Alleinstellungsmerkmale der Schulpädagogik als Subdisziplin *im* Wissenschaftssystem, wobei der Professionsbezug sowohl durch die beanspruchte Handlungsorientierung für berufstätige Praktikerinnen und Praktiker (Zurbriggen 2009) als auch durch die betonte Bezugnahme auf die Lehrerinnen- und Lehrerbildung hergestellt wird, durch die sich „die Disziplin substanziell vom Forschungsfeld anderer bildungswissenschaftlich ausgerichteter Disziplinen wie der Bildungssoziologie, der Pädagogischen Psychologie oder der Empirischen Bildungsforschung" unterscheide (Bohl et al. 2015, S. 29). Ein weiteres Differenzmerkmal und zugleich Ausweis des Professionsbezugs sei überdies, dass sich die Schulpädagogik aus ehemaligen Lehrkräften rekrutiere (Bohl et al. 2015; Abschn. 3.2).

Die eigene Fragestellung der Schulpädagogik, die Ausweis ihrer Eigenständigkeit und kognitiven Spezifität sein soll, laute: „Wie kann unter den Bedingungen der gesellschaftlichen Institution Schule Kindern und Jugendlichen über Unterricht und Schulleben zur Entwicklung individueller, mündiger Persönlichkeiten verholfen werden?" (Apel und Sacher 2009, S. 20) – eine praktische Frage, deren Beantwortung sich an die Profession richtet, und die nicht auf Erkenntnis und Wahrheit als Kennzeichen der Wissenschaft, sondern auf die praktische Ermöglichung von Bildung im allgemeinbildenden Schulsystem abzielt. Zentraler Gegenstandsbereich der Schulpädagogik sei „nach wie vor Schule und Unterricht, die sie allerdings nicht „für sich", sondern primär *in ihrer Aufgegebenheit als Gestaltungszusammenhang* in den Blick nimmt. Darin unterscheidet sie sich von der Zugriffsweise der Nachbardisziplinen" (ebd.; Herv. i. Orig.).

Der Bezug auf die Praxis und die Handelnden (Abschn. 2.1 und 2.2) erscheint im Selbstverständnis der Schulpädagogik zusammengefasst als *das* Kennzeichen, über das in den zuvor analysierten Beschreibungen ihre Eigenständigkeit, ihre Singularität im Wissenschaftssystem beansprucht wird und aus der sich ihre Identität speist. Die Verquickung von Disziplin und Profession, Theorie und Praxis wird somit zum Alleinstellungsmerkmal der Subdisziplin erhoben, die auf diese Weise versucht, ihren Bestand im System der Wissenschaft zu legitimieren.

Dies ist insofern paradox, als dass die Schulpädagogik mit dieser Spezifität zugleich gar nicht anschlussfähig an das Wissenschaftssystem ist: die kognitive Spezifität, die besondere Perspektive und Funktion, die Schulpädagogik im Zusammenspiel der Disziplinen im Wissenschaftssystem, die sich ebenfalls mit Schule und Unterricht befassen, als eigenständig ausweisen soll, verankert sie zugleich außerhalb der Wissenschaft, nämlich in der Praxis und der Profession. Das Alleinstellungsmerkmal ist so nicht, eine Anomalie *im* Wissenschaftssystem zu sein (Herzog 2005), sondern sich offensiv *außerhalb* des Wissenschaftssystems zu stellen, der Profession anzudienen und *zugleich* eine wissenschaftliche Subdisziplin sein zu wollen. *Das* ist tatsächlich einzigartig!

2.4 Schulpädagogik als Profession?

Wissenschaftliche Disziplinen – oder vielmehr die Subdisziplinen im Zuge der Ausdifferenzierung des Wissenschaftssystems – gewinnen ihre „distinkte Identität" aus der Bearbeitung systemintern gewählter Problemvorgaben. Diese disziplinkonstituierenden Problemstellungen gehen jedoch nicht – gleichsam esoterisch, wie dies bei Thomas S. Kuhn anklingt (Kuhn 2003, S. 26) – allein aus dem Wissenschaftssystem ohne Außenbezüge hervor. Sinnvoll sind die konstitutiven Problemstellungen vielmehr nur durch die Bezugnahme auf wissenschaftsexterne Gegenstandsbereiche zu formulieren, die Ausschnitte der Umwelt der Wissenschaft sind. *Was* Gegenstand der Wissenschaft ist, wird jedoch disziplin- und damit systemintern bestimmt (Stichweh 1993, 2013a). Schließlich ist auch die Produktion von gesichertem Wissen die Primärfunktion von Wissenschaft (Weingart 2001) – und nicht die Lösung praktischer Probleme der wissenschaftsexternen Umwelt. Eine Schulpädagogik, die sich – wie gezeigt – bis heute über externe Problemvorgaben der Schulpraxis definiert, erfüllt im Sinne disziplinärer Autonomie das Kriterium einer systeminternen Definition und Bestimmung von Gegenstandsbereichen und Problemstellungen nicht.

2.4 Schulpädagogik als Profession?

> **Exkurs: Die esoterische Art der Forschung**
>
> Thomas S. Kuhn spricht in seinem Essay über „Die Struktur wissenschaftlicher Revolutionen" von einer „esoterischen Art der Forschung" als Zeichen der Reife in der Entwicklung einer wissenschaftlichen Disziplin (Kuhn 2003, S. 26). Entgegen dieser Forschung, die ihre Problemstellungen und Ziele *nur* aus sich selbst, aus dem Wissenschaftssystem intern bezieht und nicht aus wissenschaftsexternen Problemstellungen, und die sich in ihren Befunden *nur* an die eigene wissenschaftliche Gemeinschaft richtet (es versteht sie ohnehin wahrscheinlich niemand anders), neigen die Sozialwissenschaften, zu denen auch die Erziehungswissenschaft gezählt werden kann, nach Kuhn dazu, „die Wahl eines Forschungsproblems […] hauptsächlich mit dem Argument der sozialen Bedeutung einer erzielten Lösung zu rechtfertigen" – ohne jedoch die Problemwahl davon abhängig zu machen, ob begründet angenommen werden kann, dass die Probleme tatsächlich gelöst werden bzw. die zur Lösung notwendigen (Hilfs-)Mittel zur Verfügung stehen (Kuhn 2003, S. 176).
>
> Des Weiteren gehöre die Absonderung von den „Forderungen der Laienwelt und des alltäglichen Lebens" zu den Kennzeichen, ja Errungenschaften reifer, „esotreisch" forschender, wissenschaftlicher Gemeinschaften, wobei diese Absonderung immer relativ und nie vollständig ist (Kuhn 2003, S. 175). Wissenschaftlerinnen und Wissenschaftler seien in der Folge der Absonderung auch kaum um die Anerkennung ihrer Arbeit durch Laien besorgt (ebd.): Was kümmert es einen Experten für algebraische Topologie, wie die Laienwelt außerhalb der reinen Mathematik über Sinn und Nutzen seiner Forschungsgegenstände und -befunde urteilt oder welchen alltagsweltlichen Nutzen außerhalb der Mathematik seine wissenschaftlichen Anstrengungen haben? Eine solche Absonderung ist auch deshalb nicht vollständig, da zugleich die Steuergelder, mit denen auch diese esoterische Forschung (zumindest anteilig) finanziert wird, aus der Laienwelt stammen.
>
> Kuhn spricht dem Wissenschaftssystem seinen Nutzen für die wissenschaftsexterne Umwelt allerdings nicht gänzlich ab: „Das wissenschaftliche Unternehmen als Ganzes erweist sich von Zeit zu Zeit als nützlich, eröffnet neue Gebiete, zeigt eine Ordnung auf und prüft anerkannte Auffassungen" (Kuhn 2003, S. 52).

Für die Identität der Wissenschaft als autonomes Sozialsystem bedarf es grundsätzlich einer Identität, die durch die Abgrenzung gegenüber Nicht-Wissenschaft artikuliert und stabilisiert wird. Auf den angesprochenen, notwendigen Bezügen auf wissenschaftsexterne Umwelten (im Falle der Schulpädagogik: Bildungssystem, Schule, Lehrerinnen- und Lehrerberuf) kann eine integrative Identität *nicht* basieren. Vielmehr muss eine „innere Umwelt" garantiert werden, sodass wissenschaftliche Disziplinen nicht durch die Kontrolle von außen korrumpiert werden, indem außerwissenschaftliche Normen und Werte die systeminternen verdrängen oder gänzlich ersetzen (Stichweh 2013a). Zu den außerwissenschaftlichen Normen und Werten kann der Anspruch zählen, dass sich die Qualität der Forschung bzw. allgemeiner einer wissenschaftlichen Subdisziplin wie der Schulpädagogik an der effektiven und ggf. nachhaltigen Lösung praktischer Probleme der Profession bzw. der Umwelt Schule oder aber an einer Optimierung der Unterrichtspraxis bemisst. Auch ist die Bestimmung der Gegenstandsbereiche und Problemstellungen einer wissenschaftlichen Subdisziplin systemextern durch die Handlungsprobleme und Herausforderungen der Praktikerinnen und Praktiker als nichtwissenschaftliche Norm anzusehen. Nimmt die Schulpädagogik als Teil ihres Selbstverständnisses, sogar paradoxerweise als Alleinstellungsmerkmal *im* Wissenschaftssystem (Abschn. 2.3, 2.4), diese Normen und Werte auf, bewirkt sie das genaue Gegenteil: sie stellt sich außerhalb des Wissenschaftssystems.

Wissen, Wahrheit und Erkenntnis reichen als Zielperspektiven der Schulpädagogik in ihrem disziplinären Selbstverständnis zur wissenschaftlichen Selbstbestimmung bis heute offenbar nicht aus. Stattdessen soll das, was Schulpädagogik hervorbringt, in der Praxis erforderlich, anwendbar und damit praktisch von Nutzen sein. Damit einher geht eine Vorbestimmung potentieller Gegenstände der Schulpädagogik: denn nur das wäre zu thematisieren, zu beforschen, was im Ergebnis von der Praxis gefordert, gebraucht und im Ergebnis verwendet und genutzt wird. Die externe Vorgabe von Problemstellungen und die damit einhergehende Erwartung entsprechender Problemlösungen begrenzt so das Spektrum wissenschaftlicher Arbeit, beschränkt den evolutionären Forschungsprozess, und lässt im Ergebnis allein das als relevant erscheinen, was der konkreten Problemlösung dient. Schulpädagogik als Wissenschaft von der Praxis für die Praxis (Abschn. 2.2) wird so an die Bedürfnisse, Problemwahrnehmungen und Nützlichkeitsbewertungen der Praktikerinnen und Praktiker gebunden. Dieser Versuch, Eigenständigkeit und Identität als Subdisziplin im Wissenschaftssytem in der Gesamtheit der Disziplinen, die sich mit Schule und Unterricht befassen, zu erlangen, führt zur funktionalen, utilitaristischen Bindung an die wissenschaftsexterne Umwelt der Profession.[1]

---

[1] Es wäre im Übrigen ein Trugschluss anzunehmen, der Schulpädagogik sei es allein zu eigen, sich über ihren Praxisbezug und die selbst beanspruchte Praxisrelevanz zu definieren, und nicht wissenschaftskonform zu allererst über die Erkenntnisbildung. Der Empirischen Bildungsforschung, die sich in der Außendarstellung gerne als besonders forschungs- und damit wissenschaftsorientiert gebärdet, ist dies ebenfalls alles andere als fremd (vgl. Reinders et al. 2015). Sie zeichne sich durch eine praxisbezogene Problemorientierung aus (Semper et al. 2017) und ihre Aufgabe sei es, wissenschaftliche Erkenntnisse zu gewinnen, die nicht nur der Analyse, sondern auch der Verbesserung des Bildungswesens dienen.

2.4 Schulpädagogik als Profession?

Forschung, die – wie für die Schulpädagogik programmatisch festgelegt (Abschn. 2.1.1) – auf externe Problemvorgaben reagiert, darf in der Konsequenz die Problemstellungen selbst nicht variieren, denn nur so kann garantiert werden, dass erarbeitete Problemlösungen auch zur extern bestimmten Problemstellung passen. Wissenschaft kann die Konstanz der Probleme im Verlauf des Forschungsprozesses jedoch gar nicht garantieren. „Evolution von Wissenschaft ist vor allem auch eine Evolution ihrer Probleme" (Stichweh 2013a, S. 34). Sie gibt auf eine Ausgangsfragestellung im Forschungsprozess nicht etwa immer genauere Antworten, sondern ersetzt die Ausgangsfragestellungen durch neue Problemformulierungen, die am Anfang noch nicht denkbar waren (ebd.).

Auch die Schulpädagogik, soll sie eine wissenschaftliche Subdisziplin sein, kann die Konstanz der Problemstellungen im Forschungsprozess und infolgedessen auch nicht stets passende Problemlösungen für die wissenschaftsexternen Referenzfelder der Umwelt durch Forschung garantieren. Erweckt sie aber in ihrem Selbstverständnis und ihrer Außendarstellung fortwährend eben diese Erwartungshaltung, ist die dauerhafte Enttäuschung der Praxis vorprogrammiert. Der Anspruch der Praxisanleitung als „konstitutives Merkmal der Disziplin" (Bohl et al. 2015, S. 74) bildet ohnehin den Kern einer traditionsreichen Selbstillusionierung der Schulpädagogik, die zugleich die Basis ihrer Identität sein soll. Denn die Praktikerinnen und Praktiker sind von der Nützlichkeit des schulpädagogischen Wissens traditionell wenig überzeugt. Eine Stilisierung der Schulpädagogik als Berufswissenschaft ist so auch deshalb nicht zu rechtfertigen, weil die adressierten Berufsinhaberinnen und -inhaber, die Lehrerinnen und Lehrer, das (erziehungs-)wissenschaftliche Wissen viel weniger abfragen (Tenorth 1990, 1994) als beispielsweise die Angebote einer reichhaltigen schulbezogenen Ratgeberliteratur. Genauer lässt sich das am Beispiel der Allgemeinen Didaktik und ihrer propagierten praktischen Relevanz für den Lehrerinnen- und Lehrerberuf inspizieren (vgl. Rothland 2008b, 2013; Abschn. 4.1.1). De facto ist dieses schulpädagogische Wissen zuallererst Ausbildungs- und Prüfungswissen, und nicht unmittelbar handlungsleitend zur Optimierung und Weiterentwicklung schulischer Praxis (vgl. Arnold und Pätzold 2002; Terhart 2003).

Wie sich in der Rekonstruktion schulpädagogischer Selbstreflexion (Abschn. 2.1 und 2.2) wiederholt gezeigt hat, tradiert Schulpädagogik in der Gesamttendenz letztlich eher eine Identität als Profession denn als Disziplin. Dies wird abschließend einmal mehr auch dadurch deutlich, dass Schulpädagogik in ihrem Selbstverständnis als Berufswissenschaft explizit die Lehrerschaft als Klientel adressiert, deren Probleme es zu lösen gilt und deren Interessen zu vertreten sind. Hinzu kommt vermittelt über Lehrerinnen- und Lehrerbildung und Lehrerinnen- und Lehrerberuf die Bildung und Entwicklung der Schülerinnen und Schüler als schulpädagogischer Klientel zweiter Ordnung (Abschn. 2.1.2). Parteilichkeit und

Engagement für die Klienten sind jedoch in Abgrenzung zu wissenschaftlichen Disziplinen, als Differenzierungsmerkmal von Disziplinen und Professionen, Basiselemente professioneller Identität (Abschn. 2.1.3). Definiert sich die Schulpädagogik als Berufswissenschaft, macht sie den Klientenbezug zu ihrem identitätsstiftenden Charakteristikum und definiert sich als Profession.

> **Exkurs: Schulpädagogik als Professionselite?**
> Rudolf Stichweh geht in seinen Überlegungen von institutionellen Formen der Dominanz der Universität in den Professionen und des Einflusses von Wissenschaft und Universität auf die Professionen aus, die in innerprofessionellen Eliten zum Ausdruck komme (Stichweh 2013c, S. 251). Die Auseinandersetzung mit den sog. *Professionseliten* erfolgt hier deshalb, weil dieses Konstrukt als relevant für die Erziehungswissenschaft (vgl. Keiner 1999a, 2011) erachtet wird.
>
> Professionseliten sind vor allem, so Stichweh, akademische Eliten. „D.h. Hochschulprofessoren des jeweiligen professionellen Wissensgebiets besitzen hohen innerprofessionellen Status und leisten als Professoren die Integration in die Universität und die Übermittlung disziplinärer Wissensbestände an die Profession" (Stichweh 2013c, S. 251). *Professionen*, zu denen die Professionseliten zählen, stellen nach Stichweh die Balance zwischen den akademisch-wissenschaftlichen und den professionell-klientenbezogenen Werten her, „indem sie fast ausnahmslos *duale Eliten* bilden" (ebd., S. 252): eine akademisch-szientifische Elite und eine praktizierende Elite, letztere als Universitätsprofessoren berufen, die „ihren Elitestatus der Tatsache verdankt, daß sie die Kernrolle professioneller Arbeit in besonders exzellenter Weise praktiziert, und für die gilt, daß die Wiedergabe und Reflexion der handlungspraktisch gesammelten Erfahrungen auch ihre Publikationen entscheidend prägt" (ebd.). Durch die Differenzierung von zwei Eliten reproduzieren Professionen die Differenzierung von Disziplin und Profession systemintern (ebd.) – will heißen: *innerhalb* der Profession.
>
> Professionseliten sind nicht gleich zu setzen mit Disziplinen: Ihnen fehlt die „vergleichbare Dualität der Verpflichtungen", da die handlungspraktische Anwendung disziplinärer Wissensbestände nicht Teil der Ausübung der Hochschullehrerrolle in Disziplinen ist (ebd.). Disziplinen bilden demnach eindimensionale Eliten.
>
> Die Ausbildung dualer Eliten ist, so Stichweh, vor allem in der Medizin besonders fortgeschritten: hier stehen forschungsorientierte „Laboratori-

2.4 Schulpädagogik als Profession?

umswissenschaften" (= akademisch-szientifische Elite) den klinischen, also auch in den Universitätskliniken praktizierenden Professuren (= praktizierende Eliten) gegenüber. Stichweh spricht von zwei verschiedenen wissenschaftlichen [!] Kommunikationssystemen (klinische vs. Forschungs-Disziplin) (Stichweh 2013c, S. 252). Dies erscheint widersprüchlich, gehören doch beide Eliten als Professionseliten nach Stichwehs vorhergehenden Ausführungen qua Definition der Profession und nicht der Disziplin an, wäre also in der Konsequenz die Medizin mit dualer Elitenbildung keine wissenschaftliche Disziplin, sondern eine Profession(selite). Denn, wie ausgeführt, bilden Disziplinen lediglich eindimensionale Eliten aus.

An anderer Stelle spricht Stichweh von medizinischen Spezialgebieten, die sich als wissenschaftliche Disziplin [!] konstituieren (Pathologie, Kardiologie, Radiologie) (Stichweh 2013c, S. 273). Innerhalb dieser Spezialgebiete wären klinische und Forschungsdisziplinen voneinander zu unterscheiden, sodass die „Differenzierung von Disziplinen und Professionen innermedizinisch reproduziert" würde (Stichweh 2013c, S. 273) – hier offenbar jedoch innerhalb einer Disziplin und nicht in einer Profession(selite).

Die skizzierte Darstellung der von Stichweh entworfenen sog. Professionseliten als akademischen Eliten unterschiedlichen, dualen Typs und die Anwendung auf die Medizin gleichsam als Paradebeispiel offenbart die Probleme des Konstrukts, das in sich widersprüchlich erscheint.

Selbst wenn diese anhand des Beispiels der Medizin zu Tage tretende Inkonsistenz ignoriert wird, erscheint eine Anwendung des Konstrukts dualer Professionseliten auf die Schulpädagogik (bzw. die Erziehungswissenschaft; vgl. Keiner 1999a, 2011) und – konsequent – infolgedessen die Charakterisierung der Schulpädagogik (oder der Erziehungswissenschaft) als Profession nicht weiterführend.

Das grundsätzliche Problem der Übertragung des Konzepts auf die Erziehungswissenschaft, wie sie von Keiner (2011) beispielsweise vorgenommen wird, liegt darin, dass es sich bei den Professionseliten um *innerprofessionelle Eliten* handeln soll, nicht um innerdisziplinäre. Dies wird übersehen, wenn die Dualität der Professionseliten auf die Erziehungswissenschaft übertragen und auf die disziplininterne unterschiedlich ausgeprägte Nähe und Distanz zu den Praxisfeldern eingegangen wird (Keiner 2011, S. 205).

Gemünzt auf die Schulpädagogik ist weiter einschränkend anzuführen, dass auch dann, wenn Schulpädagoginnen und Schulpädagogen entsprechend der in den meisten Landeshochschulgesetzen geforderten Schulpraxiserfordernis (Abschn. 3.2) als ausgebildete Lehrkräfte in der Schule tätig waren, sie in aller Regel nicht als Professorinnen und Professoren im Sinne einer praktizierenden Elite auch an allgemeinbildenden Schulen weiter (und in besonderer Weise herausragend) unterrichten. Sie machen eine solche Unterrichtspraxis auch nicht zum Ausgangspunkt ihrer Veröffentlichungen. Schließlich wäre mit Blick auf die Schulpädagogik auch zu fragen, welche Gruppe eigentlich die zweite, die akademisch-szientifische Elite bilden würde. Wenn hier kein Personal schulpädagogikintern zu finden ist, könnte ggf. die Allgemeine Pädagogik und die hier entwickelten oder zumindest rezipierten Bildungs-, Erziehungs- oder Sozialisationstheorien die akademisch-szientifische Professionselite darstellen. Die Erziehungswissenschaft als Ganze wäre aber mit der inhärenten Dualität der Professionseliten im Sinne Stichwehs eine Profession und keine wissenschaftliche Disziplin.

2.5 Schulpädagogik als Teildisziplin der Erziehungswissenschaft

Die vorhergehende Auseinandersetzung mit dem traditionsreichen disziplinären Selbstvergewisserungsdiskurs zeigt, dass Schulpädagogik zwar einerseits einhellig als Subdisziplin der Erziehungswissenschaft im Wissenschaftssystem infolge erfolgreicher Verwissenschaftlichung und Emanzipation von der Profession verankert wird (Abschn. 1.3, Abschn. 2.2.1), andererseits jedoch durch die ebenso traditionsreiche Betonung identitätsstiftender Besonderheiten diese Erfolgsgeschichte und ihr Status als wissenschaftliche Subdisziplin infrage gestellt werden, indem Schulpädagogik *zugleich* als Profession entworfen wird. Ausdruck dafür, dass Schulpädagogik im Grunde immer beides sein soll, Disziplin *und* Profession, ist das verbreitete Selbstverständnis als Berufswissenschaft oder, pointierter noch, als Professionsdisziplin (Keck 1999) oder Professionswissenschaft (Apel und Sacher 2009; Hanke und Seel 2015).

Wissenschaftliche Disziplinen auf der einen und professionelle Handlungssysteme auf der anderen Seite sind jedoch zwei verschiedene Sozialsysteme moderner Gesellschaften (Stichweh 2013c). Sie sind insofern verschieden, als dass sie die Aufgaben des jeweils anderen nicht übernehmen können (Ungleichartigkeit). Mit Blick auf ihre gesellschaftliche Bedeutung sind sie aber gleichwertig (Gleichrangigkeit) und funktional autonom: es gibt keine Vorrangstellung der Wissenschaft vor der Praxis oder der Praxis vor der Wissenschaft (Luhmann 1993a, 1993b; Merten 2002).

Im Entstehungsprozess moderner Wissenschaft mit einer Ausdifferenzierung in wissenschaftliche Disziplinen und Subsiziplinen ist gerade, wie angeführt (Ab-

2.5 Schulpädagogik als Teildisziplin der Erziehungswissenschaft

schn. 2.1.3), die *Deprofessionalisierung* im Sinne der personalen und wissensmäßigen Herauslösung kennzeichnend. Eine Deprofessionalisierung der Schulpädagogik im Sinne einer Loslösung von der Profession der Lehrkräfte ist bis heute jedoch weitgehend nicht erfolgt. Sie ist bilanzierend einmal mehr zu fordern, wenn Schulpädagogik eindeutig ein Selbstverständnis als wissenschaftliche Subdisziplin artikulieren und sich zweifelsfrei im Wissenschaftssystem positionieren will. Denn „wissenschaftliche Dignität der Schulpädagogik als praktische Pädagogik" (Apel 1993, S. 393) kann in der Wissenschaft nicht gewonnen werden. Stattdessen ist die Differenz von Erkenntnissen und Handlungen, von Wissen und Können, von Disziplin und Profession anzuerkennen (vgl. Tenorth 1990, 1994; Keiner 1999a, 2011; v. Prondczynsky 2001). Träfe diese Differenz nicht zu, dann wären Wissenschaft und Praxis identisch.

Konkret kommt die notwendige Unterscheidung von Disziplin und Profession in der Differenz sozialer Rollen als Erziehungswissenschaftlerinnen und -wissenaftler/ Schulpädagoginnen und Schulpädagogen auf der einen und Praktikerinnen und Praktiker/Lehrerinnen und Lehrer auf der anderen Seite zum Ausdruck. Sie manifestiert sich des Weiteren in der Differenz sozialer Orte, der damit verbundenen unterschiedlichen Kontexte und dadurch bestimmten Handlungsprämissen.

1. Schule vs. Universität, Hochschullehrerinnen und -lehrer vs. Lehrkräfte im Schulwesen, Forschung und Lehre im Wissenschaftssystem vs. Unterricht an der Schule sind sachlich und sozial different.
2. Praktikerinnen und Praktiker als Professionelle müssen unmittelbar in der pädagogisch-praktischen Situation an den Orten ihrer Tätigkeit reagieren. Erziehungswissenschaftlerinnen und -wissenschaftler können in räumlicher und sozialer Distanz zur Praxis und den örtlichen Handlungskontexten entlastet forschen (Horn und Lüders 1997).
3. Gerade die Handlungsentlastung (Abschn. 2.2.3) kann überhaupt als Bedingung für die Möglichkeit wissenschaftlicher Forschungspraxis angesehen werden, denn nur mit ihr ist zu gewährleisten, dass Wissenschaft nicht von spezifischen Interessenlagen geleitet wird oder sich in eine funktionale Indienstnahme begibt (Oevermann 1996, 2005).
4. Disziplin und Profession unterscheiden sich ferner darin, dass wissenschaftliche Disziplinen Problemzusammenhänge in ihrer Gänze und damit in ihrer Komplexität untersuchen. Wissenschaft erhöht die Komplexität, Professionen reduzieren sie, indem sie auf die Lösung eines konkreten Falls fokussieren (Merten 2000).
5. Schließlich beziehen sich Disziplinen auf die disziplininterne Kommunikation, die Profession bezieht sich hingegen auf Kommunikation im System-Umwelt-Verhältnis (ebd.).

Nur wenn die skizzierte sachliche und soziale Differenz von wissenschaftlicher Forschung und schulischer Praxis geleugnet und damit unterstellt wird, beides könne zur gleichen Zeit am selben Ort stattfinden (Horn und Lüders 1997), dann kann von einer Einheit von Disziplin und Profession in Gestalt der Schulpädagogik als Berufswissenschaft oder Professionsdisziplin ausgegangen werden. Ist Schulpädagogik aber eine wissenschaftliche Subdisziplin, dann muss sie die Position der Handlungsentlastung nutzen und sich vom bis heute nicht überwundenen Selbstverständnis, Problemlöserin und Praxisanleitung sein zu wollen, befreien (Herzog 2002). Sie muss mit der Tradition ihrer praktischen Befangenheit (Weniger 1975) brechen.

Werden Schule, Unterricht sowie Lehrerinnen- und Lehrerberuf zum Gegenstand wissenschaftlicher Analysen durch eine wissenschaftliche Subdisziplin Schulpädagogik gemacht, dann bringt dies Erkenntnisse hervor, und keine Handlungen (Herzog 1999a). Gerade die Dimensionen des Wissens und der Erkenntnis bilden, wie aufgezeigt (Abschn. 2.1.1), den systematischen Ausgangspunkt des Begriffs der wissenschaftlichen Disziplin. Die Unterscheidung von Wissen und Handeln kann als die Differenzbestimmung von Disziplin und Profession aufgefasst werden (Stichweh 2013c, S. 257). Professionen sind nun keine Wissens-, sondern (wissensbasierte) Handlungssysteme. Ihr Referenzkriterium ist die Wirksamkeit: Professionelles Handeln hat sich an dem normativen Kriterium der Angemessenheit der Handlungen bzw. der Intervention und ihrer Wirkung zu bewähren. Ziel der Wissenschaft ist es hingegen, gültiges Wissen zu produzieren (Weingart 2001; Schützenmeister 2008). Sie ist der regulativen Idee der Wahrheit verpflichtet und ihre Theoriebildung dem normativen Anspruch der Widerspruchsfreiheit (Merten 1998, 2002) (Abschn. 2.1.3). Daraus folgt: die wissenschaftliche Produktion von Erkenntnissen infolge methodisierter wissenschaftlicher *Forschung* hat die eigentliche Legitimation der Schulpädagogik *als* wissenschaftlicher Subdisziplin zu sein (vgl. Einsiedler 2015).

Als Medium der Vermittlung zwischen der Schulpädagogik als einer wissenschaftlichen Subdisziplin der Erziehungswissenschaft und der Schul- und Unterrichtspraxis der Lehrerinnen und Lehrer, zwischen Disziplin und Profession, kann schließlich das Studium bzw. die akademische Lehre gelten. Hier werden Ausschnitte des disziplinären wissenschaftlichen Wissens in ein berufsqualifizierendes Professionswissen transformiert, wobei die Vermittlungsprozesse im Studium „weder der Logik wissenschaftlicher Erkenntnisgewinnung noch den Imperativen alltagspraktischen bzw. verberuflichten pädagogischen Handelns je für sich allein verpflichtet" sind (Horn und Lüders 1997, S. 761).

Die Lehrerinnen- und Lehrerbildung als Studium in der ersten, akademischen Phase ist selbst nicht das identitätsstiftende Alleinstellungsmerkmal der Schulpädagogik im Kanon der Disziplinen im Wissenschaftssystem. Stattdessen ist sie als normale forschungsorientierte, am Erkenntnisgewinn ausgerichtete und sozial wie sachlich im Wissenschaftssystem zu verortende Subdisziplin zu verstehen, die ihre „Partnerschaft" (Herzog 2002) zur Praxis über das Medium des Studiums unterhält, ohne sich allein über diese zu definieren. Die Herstellung von wissenschaftlichem Wissen und forschungsbasierten Erkenntnissen über einen spezifischen Bereich der Umwelt des Wissenschaftssystems ist Zweck der Schulpädagogik. In diesem primären, genuin wissenschaftsorientierten Aufgabenbereich kann als sekundärer Prozess die Transformation von Ausschnitten des forschungsbasierten wissenschaftlichen Wissens in berufsqualifizierendes Professionswissen eingeschlossen werden. Zu betonen ist jedoch, dass nur Ausschnitte des wissenschaftlich erzeugten Wissens in diesen Transformationsprozess eingehen (können), während andere Teile im Sinne der wissenschaftlichen Genese von Gegenstandsbereichen und Problemstellungen „nur" neue Problemstellungen erzeugen oder zweckfreie Erkenntnisse, die nicht berufsbezogen relevant sind. Letzteres wäre auch ein Kriterium für die Schulpädagogik als „normaler" Subdisziplin im Wissenschaftssystem.

Literatur

Altichter, H., Kannonier-Finster, W. & Ziegler, M. (2005). Das Theorie-Praxis-Verhältnis in den Sozialwissenschaften. In H. Heid & C. Harteis (Hrsg.), *Verwertbarkeit. Ein Qualitätskriterium (erziehungs-)wissenschaftlichen Wissens?* (S. 119-142). Wiesbaden: VS Verlag für Sozialwissenschaften.
Apel, H.J. (1990). *Schulpädagogik. Eine Grundlegung.* Köln, Wien: Böhlau.
Apel, H.J. (1993). Was ist Schulpädagogik? Vorüberlegungen zum Selbstverständnis einer pädagogischen Bereichsdisziplin. *Pädagogische Rundschau, 47,* 389-411.
Apel, H.J. & Grunder, H.-U. (1995). Die Schulpädogik – Selbstverständnis, Entstehung, Schwerpunkte schulpädagogischen Denkens. In H.J. Apel & H.-U. Grunder (Hrsg.), *Texte zur Schulpädagogik. Selbstverständnis, Entstehung und Schwerpunkte schulpädagogischen Denkens* (S. 7-34). Weinheim, München: Juventa.
Apel, H.J. & Sacher, W. (2009). Schulpädagogik als Wissenschaft. In H.J. Apel & W. Sacher (Hrsg.), *Studienbuch Schulpädagogik* (4., durchg. Aufl., S. 7-25). Bad Heilbrunn: Klinkhardt/UTB.
Arnold, R. & Pätzold, H. (2002). *Schulpädagogik kompakt. Prüfungswissen auf den Punkt gebracht.* Berlin: Cornelsen Scriptor.
Baumert, J. & Kunter, M. (2006). Stichwort: Professionelle Kompetenz von Lehrkräften. *Zeitschrift für Erziehungswissenschaft, 9,* 469-520.
Beck, U. & Bonß, W. (1984). Soziologie und Modernisierung. Zur Ortsbestimmung der Verwendungsforschung. *Soziale Welt, 35,* 381-406.
Beck, U. & Bonß, W. (1989). Verwissenschaftlichung ohne Aufklärung? Zum Strukturwandel von Sozialwissenschaft und Praxis. In U. Beck & W. Bonß (Hrsg.), *Weder Sozialtech-*

nologie noch Aufklärung? Analysen zur Verwendung sozialwissenschaftlichen Wissens (S. 7-45). Frankfurt a.M.: Suhrkamp.
Beck, U. & Bonß, W. (1995). Verwendungsforschung – Umsetzung wissenschaftlichen Wissens. In U. Flick, E. v. Kardorff, H. Keupp, L. v. Rostenstiel & S. Wolff (Hrsg.), *Handbuch qualitative Forschung* (2. Aufl., S. 416-419). Beltz: Psycholog. Verlagsunion.
Beltz Lexikon Pädagogik (2007). Schulpädagogik. In H.-E. Tenorth & R. Tippelt (Hrsg.), *BELTZ Lexikon Pädagogik* (S. 637-638). Weinheim, Basel: Beltz.
Berg, C., Herrlitz, H.-G. & Horn, K.-P. (2004). *Kleine Geschichte der Deutschen Gesellschaft für Erziehungswissenschaft. Eine Fachgesellschaft zwischen Wissenschaft und Politik.* Wiesbaden: Verlag für Sozialwissenschaften.
BMBF (2016). *Neue Wege in der Lehrerbildung. Die Qualitätsoffensive Lehrerbildung.* Abgerufen von: https://www.qualitaetsoffensive-lehrerbildung.de/files/Neue_Wege_in_der_Lehrerbildung.pdf [12.11.2020]
Böhm, W. (2011). *Theorie und Praxis. Eine Einführung in das pädagogische Grundproblem* (3., verbesserte Aufl.). Würzburg: Königshausen & Neumann.
Bohl, T., Harant, M. & Wacker, A. (2015). *Schulpädagogik und Schultheorie.* Bad Heilbrunn: Klinkhardt/UTB.
Bommes, M., Dewe, B. & Radtke, F.-O. (1996). *Sozialwissenschaften und Lehramt. Der Umgang mit sozialwissenschaftlichen Theorieangeboten in der Lehrerausbildung.* Opladen: Leske + Budrich.
Bonß, W. (2003). Jenseits von Verwendung und Transformation. Strukturprobleme der Verwissenschaftlichung in der zweiten Moderne. In H.-W. Franz (Hrsg.), *Forschen – lernen – beraten. Der Wandel von Wissensproduktion und -transfer in den Sozialwissenschaften* (S. 37-52). Berlin: Edition Sigma.
Bosse, D. (2010). Von Schulkritik bis Unterrichtsforschung – Schulpädagogik als Teildisziplin der Bildungswissenschaften. *Pädagogische Rundschau, 64,* 661-672.
Brezinka, W. (1981). *Erziehungsziele, Erziehungsmittel, Erziehungserfolg. Beiträge zu einem System der Erziehungswissenschaft* (2. Aufl.). München: Reinhardt.
Bruch, R. v. (2000). Wissenschaft im Gehäuse: Vom Nutzen und Nachteil institutionengeschichtlicher Perspektiven. *Berichte zur Wissenschaftsgeschichte, 23,* 37-49.
Demmerling, C. (2005). Art. „Praxis". In J. Mittelstraß (Hrsg.), *Enzyklopädie Philosophie und Wissenschaftstheorie* (2. Aufl., Bd. 6, S. 425-426). Stuttgart, Weimar: J.B. Metzler.
Dewe, B., Ferchhoff, W. & Radtke, F.-O. (1992). Das „Professionswissen" von Pädagogen. Ein wissenstheoretischer Rekonstruktionsversuch. In B. Dewe, W. Ferchhoff & F.-O. Radtke (Hrsg.), *Erziehen als Profession* (S. 70-91). Opladen: Leske + Budrich.
Dewe, B. (2008). Wissenschaftstheorie und Empirie – ein Situationsbild: Reflexive Wissenschaftstheorie, kognitive Identität und Forschung (in) der Sozialpädagogik. In Bielefelder Arbeitsgruppe 8 (Hrsg.), *Soziale Arbeit in Gesellschaft* (S. 107-120). Wiesbaden: VS Verlag für Sozialwissenschaften.
Dewe, B. (2009). Reflexive Professionalität. In A. Riegler, S. Hojnik & K. Posch (Hrsg.), *Soziale Arbeit zwischen Profession und Wissenschaft* (S. 47-63). Wiesbaden: VS Verlag für Sozialwissenschaften.
Drerup, H. & Terhart, E. (Hrsg.). (1990). *Erkenntnis und Gestaltung Vom Nutzen erziehungswissenschaftlicher Forschung in praktischen Verwendungskontexten.* Weinheim: Deutscher Studienverlag.

Literatur

Drewek, P. (1994). Schulpädagogik und Schulentwicklung. Zur Divergenz und Dynamik von Reflexions- und Organisationsformen der modernen Schule. In D.K. Müller (Hrsg.), *Pädagogik, Erziehungswissenschaft, Bildung. Eine Einführung in das Studium* (S. 297-326). Köln: Böhlau.

Drieschner, E. (2015). Zur Problematik von Erziehungswissenschaft als praktische Wissenschaft. Formen der Kopplung zwischen pädagogischem Handlungs- und Reflexionssystem. In U. Binder (Hrsg.), *Das Wissen der Wissenschaften an Pädagogischen Hochschulen: Beobachtungen der Erzeugungen, Rezeptionen und Distributionen* (S. 38-69). Baltmannsweiler: Schneider Verlag Hohengehren.

Drori, G.S., Meyer, J.W., Ramirez, F.O. & Schofer, E. (2003). *Science in the Modern World Polity. Institutionalization and Globalization.* Stanford: Stanford University Press.

Dzengel, H. (2017). Kasuistik in der Lehrerbildung als Vermittlungsinstanz zwischen Theorie und Praxis? In T. Burger & N. Miceli (Hrsg.), *Empirische Forschung im Kontext Schule. Einführung in theoretische Aspekte und methodische Zugänge* (S. 373-391). Wiesbaden: Springer VS.

Eickhorst, A. (2001). Schulpädagogik – Strukturlinien und Problemlagen. In L. Roth (Hrsg.), *Pädagogik. Handbuch für Studium und Praxis* (2., überarb. u. erw. Aufl., S. 724-742). München: Oldenbourg.

Einsiedler, W. (1974). *Schulpädagogischer Grundkurs.* Donauwörth: Auer.

Einsiedler, W. (1995). Schulpädagogik als empirisch begründete, historisch und systematisch orientierte pädagogische Bereichsdisziplin. In H.J. Apel & H.-U. Grunder (Hrsg.), *Texte zur Schulpädagogik. Selbstverständnis, Entstehung und Schwerpunkte schulpädagogischen Denkens* (S. 209-220). Weinheim, München: Juventa.

Einsiedler, W. (2015). *Geschichte der Grundschulpädagogik. Entwicklungen in Westdeutschland und in der DDR.* Bad Heilbrunn: Klinkhardt.

Esslinger-Hinz, I. & Sliwka, A. (2011). *Schulpädagogik.* Weinheim, Basel: Beltz.

Fend, H. (2008). *Schule gestalten. Systemsteuerung, Schulentwicklung und Unterrichtsqualität.* Wiesbaden: VS Verlag für Sozialwissenschaften.

Flach, H. (1994). Lehrerbildung zwischen Wissenschaftsorientierung und Berufsbezogenheit. Historische Entwicklung und aktuelle Probleme. In P. Hübner (Hrsg.), *Lehrerbildung im vereinigten Deutschland* (S. 19-41). Frankfurt a. M.: Lang.

Fuchs-Heinritz, W. (2011). Art. „praxisrelevant". In W. Fuchs-Heinritz, D. Klimke, R. Lautmann, O. Rammstedt, U. Stäheli, C. Weischer & H. Wienold (Hrsg.), *Lexikon der Soziologie* (5. Aufl., S. 523). Wiesbaden: VS Verlag für Sozialwissenschaften.

Geißler, H. (1980). Schulpädagogik. Die verschlungenen Pfade zur Praxisbewältigung. *Betrifft: Erziehung, 13*(9), 50-58.

Gessmann, M. (2009). Art. „Praxis". In M. Gessmann (Hrsg.), *Philosophisches Wörterbuch* (23. Aufl., S. 588-589). Stuttgart: Kröner.

Gläser-Zikuda, M. (2008). Unterrichtsforschung zwischen Schulpädagogik und Lehr-Lernforschung. Plädoyer für einen Brückenschlag. In I. Esslinger-Hinz & H.-S. Fischer (Hrsg.), *Spannungsfelder der Erziehung und Bildung. Ein Studienbuch zu grundlegenden Themenfeldern der Pädagogik* (S. 191-204). Baltmannsweiler: Schneider Verlag Hohengehren.

Grunder, H.-U. (2010). Unterrichtsforschung und ihre schulpädagogische Rahmung. Ein Versuch, das Verhältnis von Schulforschung und Schulpädagogik neu zu bestimmen. *Pädagogische Rundschau, 64,* 31-44.

Haag, L. & Rahm, S. (2013). Einleitung. In L. Haag, S. Rahm, H.J Apel & W. Sacher (Hrsg.), *Studienbuch Schulpädagogik* (5. vollst. überarb. Aufl., S. 7-10). Bad Heilbrunn: Klinkhardt/UTB.

Haarmann, D. (1997). Einleitung: Wozu dieses Buch? In D. Haarmann (Hrsg.), *Handbuch Elementare Schulpädagogik* (S. 9-18). Weinheim, Basel: Beltz.

Hanke, U. & Seel, N.M. (2015). Einzeldisziplinen der Erziehungswissenschaft. In N.M. Seel & U. Hanke (Hrsg.), *Erziehungswissenschaft. Lehrbuch für Bachelor-, Master- und Lehramtsstudierende* (S. 853-904). Wiesbaden: Springer VS.

Hardy, J. (2008). Art. „Theorie/Praxis". In P. Prechtl (Hrsg.), *Metzler Lexikon Philosophie* (S. 611-612). Stuttgart: Metzler.

Hedtke, R. (2000). Das unstillbare Verlangen nach Praxisbezug. Zum Theorie-Praxis-Problem, der Lehrerbildung am Exempel Schulpraktischer Studien. In H.J. Schlösser (Hrsg.), *Berufsorientierung und Arbeitsmarkt* (S. 67-91). Bergisch Gladbach: Verlag Thomas Hobein.

Hedtke, R. (2007). Das Studium als vorübergehende Unterbrechung der Schulpraxis. Anmerkungen zur geschlossenen Welt der Lehrerausbildung. In F. Kostrzewa (Hrsg.), *Lehrerbildung im Diskurs* (S. 25-89). Berlin: Lit.

Hedtke, R. (2020). Wissenschaft und Weltoffenheit. Wider den Unsinn der praxisbornierten Lehrerausbildung. In C. Scheid & T. Wenzl (Hrsg.), *Wieviel Wissenschaft braucht die Lehrerbildung?* (S. 79-108). Wiesbaden: Springer VS.

Heid, H. (2004). Das Theorie-Praxis-Verhältnis im Kontext pädagogischen Denkens und Handelns. Beitrag zur Analyse der Realisierungsbedingungen eines Theorie-Praxis-Diskurses. In H. Ackermann & S. Rahm (Hrsg.), *Kooperative Schulentwicklung* (S. 37-48). Wiesbaden: VS Verlag für Sozialwissenschaften.

Herfter, C. & Schroeter, R. (2012). Theorie und Praxis – Verhältnisbestimmungen. In R. Schroeter & C. Herfter (Hrsg.), *Theorie und Praxis in der Lehrerbildung* (S. 9-61). Leipzig: Leipziger Universitätsverlag.

Herzog, W. (1999a). Die vorschnelle Disziplin: Schulpädagogik zwischen Praxisanleitung und Wissenschaft. In H. Badertscher, H.-U. Grunder & A. Hollenstein (Hrsg.), *Brennpunkt Schulpädagogik. Die Zukunft der Schulpädagogik in der Schweiz. Schule – Lehrerbildung – Forschung* (S. 119-148). Bern: Haupt.

Herzog, W. (1999b). Professionalisierung im Dilemma. Braucht die Lehrerinnen- und Lehrerbildung eine eigene Wissenschaft? *Beiträge zur Lehrerbildung, 17,* 340-374.

Herzog, W. (2002). Die Pädagogik als Wissenschaft und als Profession: Von der Identität zur Partnerschaft. In R. Hofstetter & B. Schneuwly (Hrsg.), *Sciences(s) de l'education 19-20 siecles. Entre champs professionels et champs disciplinaires. Erziehungswissenschaft(en) 19.-20. Jahrhundert. Zwischen Profession und Disziplin* (S. 267-281). Bern u.a.: Lang.

Herzog, W. (2005). *Disziplin und Profession im Dilemma – die Perspektive der Wissenschaftsforschung.* Vortrag gehalten im Rahmen der Frühjahrstagung der Kommission Professionsforschung und Lehrerbildung in der DGfE, 26.-27.05.2005 [Manuskript].

Hilgenheger, N. (2002). Schulpädagogik und Historische Pädagogik. In U. Kurth (Hrsg.), *Schulpädagogik – eine erziehungswissenschaftliche Disziplin. Positionen und Perspektiven* (S. 27-30). Bielefeld: Medien-Verlag.

Hillmann, K.-H. (2007a). Art. „Theorie". In K.-H. Hillmann, *Wörterbuch der Soziologie* (5. Aufl., S. 895-897). Stuttgart: Kröner.

Hillmann, K.-H. (2007b). Art. „Praxis". In K.-H. Hillmann, *Wörterbuch der Soziologie* (5. Aufl., S. 698-699). Stuttgart: Kröner.
Hofstetter, R. & Schneuwly, B. (2002). Einleitung. Entstehung und Entwicklung der Erziehungswissenschaft. Herausforderungen und aktuelle Fragen. In R. Hofstetter & B. Schneuwly (Hrsg.), *Science(s) de l'éducation 19e-20e siècles. Entre champs professionels et champs disciplinaires. Erziehungswissenschaft(en) 19.-20. Jahrhundert. Zwischen Profession und Disziplin* (S. 33-73). Bern u.a.: Lang
Horn, K.-P. & Lüders, C. (1997). Erziehungswissenschaftliche Ausbildung zwischen Disziplin und Profession. *Zeitschrift für Pädagogik, 43,* 759-769.
Hyry-Beihammer, E.K. (2018). Schulpädagogik und Unterrichtsforschung. In J. Böhm & M. Döll (Hrsg.), *Bildungswissenschaften für Lehramtsstudierende. Eine Einführung in ihre Disziplinen* (S. 17-41). Münster u.a.: Waxmann/UTB.
Jörg, H. (1970). *Unterrichtspraxis. Grundbegriffe und Grundfragen der Schulpädagogik und Allgemeinen Didaktik.* Oberursel: Finken.
Kaldewey, D. (2013). *Wahrheit und Nützlichkeit. Selbstbeschreibungen der Wissenschaft zwischen Autonomie und gesellschaftlicher Relevanz.* Bielefeld: transcript.
Keck, R.W. (1999). Entwicklung der Disziplin Schulpädagogik in der Bundesrepublik Deutschland: Ausgestaltung ihrer Eigenständigkeit und ihrer Perspektiven. In H. Badertscher, H.-U. Grunder & A. Hollenstein (Hrsg.), *Brennpunkt Schulpädagogik. Die Zukunft der Schulpädagogik in der Schweiz. Schule – Lehrerbildung – Forschung* (S. 39-61). Bern: Haupt.
Keiner, E. (1999a). *Erziehungswissenschaft 1974-1990. Eine empirische und vergleichende Untersuchung zur kommunikativen Praxis einer Disziplin.* Weinheim: Deutscher Studien Verlag.
Keiner, E. (1999b). Konstruktion des Lokalen. Theoretische Überlegungen und empirische Befunde zur Rekonstruktion lokaler Wissenschaftskulturen der Erziehungswissenschaft. In A. Langewand & A. v. Prondczynsky (Hrsg.), *Lokale Wissenschaftskulturen in der Erziehungswissenschaft* (S. 315-342). Weinheim: Deutscher Studienverlag.
Keiner, E. (2011). Disziplin und Profession. In J. Kade, W. Helsper, C. Lüders, B. Egloff, F.-O. Radtke & W. Thole (Hrsg.), *Pädagogisches Wissen. Erziehungswissenschaft in Grundbegriffen* (S. 199-210). Stuttgart: Kohlhammer.
Kemper, H. (2001). *Schulpädagogik. Eine problemgeschichtliche Einführung.* Weinheim: Juventa.
Kemper, H. (2004). Schule/Schulpädagogik. In D. Benner & J. Oelkers (Hrsg.), *Historisches Wörterbuch der Pädagogik* (S. 834-865). Weinheim, Basel: Beltz.
Keßler, E. & Krätzschmar, C. (1992). *Schulpädagogisches Repititorium.* Neuwied u.a.: Luchterhand.
Kiper, H. (1998). Konturen der Schulpädagogik heute – Zwischen Berufswissenschaft und grenzüberschreitender Teildisziplin der Erziehungswissenschaft. In D. Hoffmann & K. Neumann (Hrsg.), *Die gegenwärtige Struktur der Erziehungswissenschaft. Zum Selbstverständnis einer undisziplinierten Disziplin* (S. 149-170). Weinheim: Deutscher Studienverlag.
Kiper, H. (2011). Schulpädagogik studieren. In H. Kiper, H. Meyer & W. Topsch, *Einführung in die Schulpädagogik* (6. Aufl., S. 15-23). Berlin: Cornelsen Scriptor.

Kiper, H., Meyer, H. & Topsch, W. (2011). *Einführung in die Schulpädagogik* (6. Aufl.). Berlin: Cornelsen Scriptor.

Klüver, J. (1984). Wissenschaft und Forschung als Gegenstand der Hochschulforschung. In D. Goldschmidt, U. Treichel & W.-D. Webler (Hrsg.), *Forschungsgegenstand Hochschule. Überblick und Trendbericht* (S. 29-51). Frankfurt a. M. u.a.: Campus.

Köck, P. (2012). *Handbuch der Schulpädagogik für Studium – Praxis – Prüfung* (3., überarb. Aufl.). Donauwörth: Auer.

Koring, B. (1997). *Das Theorie-Praxis-Verhältnis in Erziehungswissenschaft und Bildungstheorie*. Donauwörth: Auer.

Kowarsch, A. (2011). Schulpädagogik – eine Verständigungsbrücke zwischen Schulforschung und Schulpraxis. In S. Hellekamps, W. Plöger & W. Wittenbruch (Hrsg.), *Schule* (Handbuch der Erziehungswissenschaft, Bd. 3, Studienausgabe, S. 655-664). Paderborn u.a.: F. Schöningh.

Krohn, W. & Küppers, G. (1989). *Die Selbstorganisation der Wissenschaft*. Frankfurt a. M.: Suhrkamp.

Kühl, S. (2003). Wie verwendet man Wissen, das sich gegen die Verwendung sträubt? Eine professionssoziologische Neubetrachtung der Theorie-Praxis-Diskussion in der Soziologie. In H.-W. Franz (Hrsg.), *Forschen – lernen – beraten. Der Wandel von Wissensproduktion und -transfer in den Sozialwissenschaften* (S. 71-91). Berlin: Edition Sigma.

Kuhn, T.S. (2003). *Die Struktur wissenschaftlicher Revolutionen* (Sonderausgabe). Frankfurt a. M.: Suhrkamp.

Langewand, A. (2004). Theorie und Praxis. In D. Benner & J. Oelkers (Hrsg.), *Historisches Wörterbuch der Pädagogik* (S. 1016-1030). Weinheim, Basel: Beltz.

Leonhard, T., Fraefel, U., Jünger, S., Košinár, J., Reintjes, C. & Richiger, B. (2016). Zwischen Wissenschafts- und Berufspraxis. Berufspraktische Studien als dritter Raum der Professionalisierung von Lehrpersonen. *Zeitschrift für Hochschulentwicklung, 11*(1), 79-98.

Leschinsky, A. (2008). Die Ausdifferenzierung und Weiterentwicklung der Schulforschung seit den 1970er Jahren. In W. Helsper & J. Böhme (Hrsg.), *Handbuch der Schulforschung* (2., durchg. u. erw. Aufl., S. 69-88). Wiesbaden: VS Verlag für Sozialwissenschaften.

Liebsch, K. (2013). Theorie und Praxis. In A. Scherr (Hrsg.), *Soziologische Basics* (S. 253-259). Wiesbaden: Springer VS.

Lüders, C. (1991). Spurensuche. Ein Literaturbericht zur Verwendungsforschung. In J. Oelkers & H.-E. Tenorth (Hrsg.), *Pädagogisches Wissen* (27. Beiheft der Zeitschrift für Pädagogik, S. 415-437). Weinheim, Basel: Beltz.

Lüders, M. (2012). Der Unterrichtsbegriff in pädagogischen Nachschlagewerken. Ein empirischer Beitrag zur disziplinären Entwicklung der Schulpädagogik. *Zeitschrift für Pädagogik, 58,* 109-129.

Lüders, M. (2018a). Gibt es Erkenntnisfortschritte in der Allgemeinen Didaktik? Ein empirischer Beitrag zur disziplinären Entwicklung der Schulpädagogik. *Zeitschrift für Erziehungswissenschaft, 21,* 1083-1103.

Lüders, M. (2018b). Zum Wandel der Verwendungsweisen didaktischer Termini seit 1950. Ein empirischer Beitrag zur disziplinären Entwicklung der Schulpädagogik. In K. Vogel, C. Bers, J. Brauns, A. Hild, A. Stisser & K.-P. Horn (Hrsg.), *Wendungen und Windungen in der Erziehungswissenschaft. Empirische Studien* (S. 137-153). Bad Heilbrunn: Klinkhardt.

Lüders, M. (2020). Zentrale Begriffe der Schulpädagogik in pädagogischen Nachschlagewerken. Ein empirischer Beitrag zur disziplinären Entwicklung der Schulpädagogik. *Zeitschrift für Pädagpgik, 66,* 853-871.
Luhmann, N. (1990). *Die Wissenschaft der Gesellschaft.* Frankfurt a. M.: Suhrkamp.
Luhmann, N. (1993a). Unverständliche Wissenschaft. Probleme einer theorieeigenen Sprache. In N. Luhmann (Hrsg.), *Soziologische Aufklärung 3. Soziales System, Gesellschaft, Organisation* (S. 170-177). Opladen: Westdeutscher Verlag.
Luhmann, N. (1993b). Theoretische und praktische Probleme der anwendungsbezogenen Wissenschaften. In N. Luhmann (Hrsg.), *Soziologische Aufklärung 3. Soziales System, Gesellschaft, Organisation* (S. 321-334). Opladen: Westdeutscher Verlag.
Luhmann, N. & Schorr, K.E. (1979). *Reflexionsprobleme im Erziehungssystem.* Stuttgart: Klett-Cotta.
Makrinus, L. (2013). *Der Wunsch nach mehr Praxis. Zur Bedeutung von Praxisphasen im Lehramtsstudium.* Wiesbaden: Springer VS.
Meyer, H. (1997). *Schulpädagogik. Band 1: Für Anfänger.* Berlin: Cornelsen Scriptor.
Merten, R. (1998). Königsweg oder Holzweg? Sozialarbeitswissenschaft als Praxiswissenschaft? *Archiv für Wissenschaft und Praxis der sozialen Arbeit, 29*(3), 190-211.
Merten, R. (2000). Theorie für die Praxis? Kritische Anmerkungen zu einer problematischen Selbstverständlichkeit. *Sozial Extra, 24*(2/3), 35-39.
Merten, R. (2002). Sozialarbeit / Sozialpädagogik als Disziplin und Profession. In J. Schulze-Krüdener, H.G. Hanfeldt & R. Merten (Hrsg.), *Mehr Wissen – mehr können? Soziale Arbeit als Disziplin und Profession* (S. 29-87). Baltmannsweiler: Schneider Verlag Hohengehren.
Meseth, W. (2016). Kasuistik in der Lehrerbildung zwischen disziplinbezogenem Forschungs- und professionsbezogenem Orientierungswissen. In M. Hummrich, A. Hebenstreit, M. Hinrichsen & M. Meier (Hrsg.), *Was ist der Fall? Kasuistik und das Verstehen pädagogischen Handelns* (S. 39-60). Wiesbaden: Springer VS.
Meseth, W. & Proske, M. (2018). Das Wissen der Lehrerbildung zwischen Wissenschafts- und Praxisorientierung. In J. Böhme, C. Cramer & C. Bressler (Hrsg.), *Erziehungswissenschaft und Lehrerbildung im Widerstreit!? Verhältnisbestimmungen, Herausforderungen und Perspektiven* (S. 19-43). Bad Heilbrunn: Klinkhardt.
Meyer-Drawe, K. (1984). Grenzen pädagogischen Verstehens – Zur Unlösbarkeit des Theorie-Praxis-Problems in der Pädagogik. *Vierteljahrsschrift für wissenschaftliche Pädagogik, 60,* 249-259.
Mommertz, M. (2006). Das Wissen „auslocken". Eine Skizze zur Geschichte der epistemologischen Produktivität von Grenzüberschreitung, Transfer und Grenzziehung zwischen Universität und Gesellschaft. In Y. Nakamura, C. Böckelmann & D. Tröhler (Hrsg.), *Theorie vs. Praxis? Perspektiven auf ein Missverständnis* (S. 19-51). Zürich: Verlag Pestalozzianum.
Neuweg, G.H. (2004a). Die Beziehung zwischen Lehrerwissen und Lehrerkönnen: Zwölf Modellvorstellungen im Überblick. In M. Krainz-Dürr, H. Enzinger & M. Schmoczer (Hrsg.), *Grenzen überschreiten in Bildung und Schule* (S. 74-82). Klagenfurt, Celovec: Drava.
Neuweg, G.H. (2004b). Figuren der Relationierung von Lehrerwissen und Lehrerkönnen. In B. Hackl & G.H. Neuweg (Hrsg.), *Professionalisierung pädagogischen Handelns* (S. 1-26). Münster: Lit Verlag.

Neuweg, G.H. (2013). Lehrerinnen- und Lehrerbildung durch Wissenschaft: Zur Vielschichtigkeit einer zeitgenössischen Einigungsformel. *Beiträge zur Lehrerbildung, 31*, 301-309.

Neuweg, G.H. (2015). Praxis/Theorie. In G.H. Neuweg (Hrsg.), *Das Schweigen der Könner. Gesammelte Schriften zum impliziten Wissen* (S. 43-48). Münster u.a.: Waxmann.

Neuweg, G.-H. (2016). Praxis in der Lehrerinnen- und Lehrerbildung: Wozu, wie und wann? In J. Košinár, S. Leineweber & E. Schmid (Hrsg.), *Professionalisierungsprozesse angehender Lehrpersonen in den berufspraktischen Studien* (S. 31-46). Münster u.a.: Waxmann.

Oestreicher, E. & Unterkofler, U. (2014). Einleitung: Nicht mit dir und nicht ohne dich? Theorie-Praxis-Bezüge als Herausforderung für Wissenschaft und Praxis. In U. Unterkofler & E. Oestreicher (Hrsg.), *Theorie-Praxis-Bezüge in professionellen Feldern. Wissensentwicklung und -verwendung als Herausforderung* (S. 7-20). Opladen u.a.: Budrich UniPress.

Oevermann, U. (1996). Theoretische Skizze einer revidierten Theorie professionalisierten Handelns. In A. Combe & W. Helsper (Hrsg.), *Pädagogische Professionalität. Untersuchungen zum Typus pädagogischen Handelns* (S. 70-182). Frankfurt a. M.: Surhkamp.

Oevermann, U. (2005). Wissenschaft als Beruf. Die Professionalisierung wissenschaftlichen Handelns und die gegenwärtige Universitätsentwicklung. *Die Hochschule, 14*(1), 15-51.

Ofenbach, B. (2011). Schulpädagogik – eine Theorie schulischer Phänomene für die Praxis. In S. Hellekamps, W. Plöger & W. Wittenbruch (Hrsg.), *Schule* (Handbuch der Erziehungswissenschaft, Bd. 3, Studienausgabe, S. 643-654). Paderborn u.a.: F. Schöningh.

Paseka, A., Keller-Schneider, M. & Combe, A. (Hrsg.). (2018). *Ungewissheit als Herausforderung für pädagogisches Handeln*. Wiesbaden: Springer VS.

Patry, J.-L. (2014). Theoretische Grundlagen des Theorie-Praxis-Problems in der Lehrer/innenbildung. In K.-H. Arnold, A. Gröschner & T. Hascher (Hrsg.), *Schulpraktika in der Lehrerbildung. Theoretische Grundlagen, Konzeptionen, Prozesse und Effekte* (S. 29-44). Münster u.a.: Waxmann.

Peckhaus, V. & Thiel, C. (1999). Kontextuelle Disziplingeschichtsschreibung. In V. Peckhaus & C. Thiel (Hrsg.), *Disziplinen im Kontext. Perspektiven der Disziplingeschichtsschreibung* (S. 9-19). München: Fink.

Pittioni, V. (2008). Art. „Theorie". In P. Prechtl (Hrsg.), *Metzler Lexikon Philosophie* (S. 611). Stuttgart: Metzler.

Prondczynsky, A. v. (1996). Zwischen „Vermittlung" und „Distanz". Entparadoxierung des Theorie-Praxis-Problems der Pädagogik durch Wissenschaftsforschung. *Vierteljahrsschrift für wissenschaftliche Pädagogik, 72*, 401-425.

Prondczynsky, A. v. (2001). Erziehungswissenschaft als Berufswissenschaft für Lehrerinnen und Lehrer? Überlegungen zu einem wissenschaftstheoretischen Paradox. *Die Deutsche Schule, 93*, 395-410.

Racherbäumer, K. & Liegmann, A.B. (2012). Theorie-Praxis-Transfer: Anspruch und Wirklichkeit in Praxisphasen der Lehrerbildung. In T. Hascher & G.H. Neuweg (Hrsg.), *Forschung zur (Wirksamkeit der) Lehrer/innen/bildung* (S. 123-141). Wien u.a.: Lit.

Radtke, F.-O. (2004). Der Eigensinn pädagogischer Professionalität jenseits von Innovationshoffnungen und Effizienzerwartungen. Übergangene Einsichten aus der Wissensverwendungsforschung für die Organisation der universitären Lehrerbildung. In B. Koch-

Priewe, F.-U. Kolbe & J. Wildt (Hrsg.), *Grundlagenforschung und mikrodidaktische Reformansätze zur Lehrerbildung* (S. 99-149). Bad Heilbrunn: Klinkhardt.

Rauschenberger, H. (1979). Schulpädagogik. In H.-H. Groothof (Hrsg.), *Die Handlungs- und Forschungsfelder der Pädagogik. Differentielle Pädagogik* (Teil 1, S. 71-122). Königstein/Ts.: Athenäum.

Regenbogen, A. & Meyer, U. (2013). Art. „Theorie". In A. Regenbogen & U. Meyer (Hrsg.), *Wörterbuch der philosophischen Begriffe* (S. 663). Hamburg: Felix Meiner Verlag.

Reinders, H., Gräsel, C. & Ditton, H. (2015). Praxisbezug Empirischer Bildungsforschung. In H. Reinders, H. Ditton, C. Gräsel & B. Gniewosz (Hrsg.), *Empirische Bildungsforschung* (2. Aufl., Bd. 2, S. 259-272). Wiesbaden: Springer VS.

Ritsert, J. (2012). *Theorie praktischer Probleme. Marginalien zum „Gemeinspruch: Das mag in der Theorie richtig sein, taugt aber nicht für die Praxis".* Wiesbaden: Springer VS.

Roth, H. (1962). Die realistische Wendung in der Pädagogischen Forschung. *Neue Sammlung, 2,* 481-490.

Rothland, M. (2005). Fachgesellschaft und Disziplin. Die kurze Geschichte der Deutschen Gesellschaft für Erziehungswissenschaft und ihre Historiographie. *Zeitschrift für pädagogische Historiographie, 11*(2), 87-91.

Rothland, M. (2008a). *Disziplingeschichte im Kontext. Erziehungswissenschaft an der Universität Münster nach 1945.* Bad Heilbrunn: Klinkhardt.

Rothland, M. (2008b). Allgemeine Didaktik – Disziplinäre Bestimmungen zwischen Willkür und Pragmatismus, Theorie und Praxis. In M.A. Meyer, M. Prenzel & S. Hellekamps (Hrsg.), *Perspektiven der Didaktik. 9. Sonderheft der Zeitschrift für Erziehungswissenschaft* (S. 173-185). Wiesbaden: VS Verlag für Sozialwissenschaften.

Rothland, M. (2013). Wiederbelebung einer Totgesagten. Anmerkungen zur Reanimation der Allgemeinen Didaktik. *Zeitschrift für Erziehungswissenschaft, 16,* 629-645.

Rothland, M. (2019). Was ist Schulpädagogik? Oder: Neue Antworten auf eine alte Frage? *Erziehungswissenschaft, 30*(58), 81-94.

Rothland, M. (2020a). Legenden der Lehrerbildung. Zur Diskussion einheitsstiftender Vermittlung von „Theorie" und „Praxis" im Studium. Zeitschrift für Pädagogik, 66(2), 270-287.

Rothland, M. (2020b). Theorie-Praxis-Verhältnis in der Lehrerinnen- und Lehrerbildung. In C. Cramer, J. König, M. Rothland & S. Blömeke (Hrsg.), *Handbuch Lehrerinnen- und Lehrerbildung* (S. 133-140). Bad Heilbrunn: Klinkhardt/UTB

Sahner, H. (2014a). Art. „Praxis". In G. Endruweit, G. Trommsdorff & N. Buzern (Hrsg.), *Wörterbuch der Soziologie* (3. Aufl., S. 364). München: UVK.

Sahner, H. (2014b). Art. „Theorie". In G. Endruweit, G. Trommsdorff & N. Buzern (Hrsg.), *Wörterbuch der Soziologie* (3. Aufl., S. 545-546). München: UVK.

Scheuerl, H. (1994). Aus der Entwicklung der Erziehungswissenschaft an den Universitäten der BRD 1945-1965. In D. Hoffmann & K. Neumann (Hrsg.), *Erziehung und Erziehungswissenschaft in der BRD und der DDR. Band 1: Die Teilung der Pädagogik (1945-1965)* (S. 101-115). Weinheim: Deutscher-Studienverlag.

Schmied-Kowarzik, W. (2008). *Das dialektische Verhältnis von Theorie und Praxis in der Pädagogik.* Kassel: Kassel university press.

Schützenmeister, F. (2008). *Zwischen Problemorientierung und Disziplin. Ein koevolutionäres Modell der Wissenschaftsentwicklung.* Bielefeld: transcript.

Semper, I., Mende, L. & Berkemeyer, N. (2017). Schul- und Unterrichtsforschung. In T. Burger & N. Miceli (Hrsg.), *Empirische Forschung zum Kontext Schule* (S. 31-48). Wiesbaden: Springer VS.

Solzbacher, C. (2002). Systematische Schulpädagogik und ihre möglichen Konsequenzen für die Lehrerbildung. In H. Macha (Hrsg.), *Welches Wissen brauchen Lehrer?* (S. 66-79). Bad Heilbrunn: Klinkhardt.

Stadelmann, M. (2006). *Differenz oder Vermittlung in der Lehrerbildung?* Bern u.a.: Haupt.

Stichweh, R. (1984). *Zur Entstehung des modernen Systems wissenschaftlicher Disziplinen. Physik in Deutschland 1740-1890.* Frankfurt a. M.: Suhrkamp.

Stichweh, R. (1993). Wissenschaftliche Disziplinen: Bedingungen ihrer Stabilität im 19. und 20. Jahrhundert. In J. Schriewer, E. Keiner & C. Charle (Hrsg.), *Sozialer Raum und akademische Kulturen. Studien zu europäischen Hochschul- und Wissenschaftsgeschichte im 19. und 20. Jahrhundert* (S. 235-251). Frankfurt a. M. u.a.: Lang.

Stichweh, R. (2013a). Differenzierung der Wissenschaft. In R. Stichweh (Hrsg.), *Wissenschaft, Universität, Professionen. Soziologische Analysen* (Neuaufl., S. 15-45). Bielefeld: transcript.

Stichweh, R. (2013b). Die Autopoiesis der Wissenschaft. In R. Stichweh (Hrsg.), *Wissenschaft, Universität, Professionen. Soziologische Analysen* (Neuaufl., S. 47-72). Bielefeld: transcript.

Stichweh, R. (2013c). Professionen und Disziplinen. Formen der Differenzierung zweier Systeme beruflichen Handelns in modernen Gesellschaften. In R. Stichweh, *Wissenschaft, Universität, Professionen. Soziologische Analysen* (Neuaufl., S. 245-293). Bielefeld: transcript.

Stichweh, R. (2013d). Professionalisierung, Ausdifferenzierung von Funktionssystemen, Inklusion. In R. Stichweh (Hrsg.), *Wissenschaft, Universität, Professionen. Soziologische Analysen* (Neuaufl., S. 317-330). Bielefeld: transcript.

Tenorth, H.-E. (1990). Profession und Disziplin. Bemerkungen über die krisenhafte Beziehung zwischen pädagogischer Arbeit und Erziehungswissenschaft. In H. Drerup & E. Terhart (Hrsg.), *Erkenntnis und Gestaltung. Vom Nutzen erziehungswissenschaftlicher Forschung in praktischen Verwendungskontexten* (S. 81-97). Weinheim: Deutscher Studien Verlag.

Tenorth, H.-E. (1994). Profession und Disziplin. Zur Formierung der Erziehungswissenschaft. In H.-H. Krüger & T. Rauschenbach (Hrsg.), *Erziehungswissenschaft. Die Disziplin am Beginn einer neuen Epoche* (S. 17-28). Weinheim, München: Juventa.

Tenorth, H.-E. & Horn, K.P. (1992). Die unzugängliche Disziplin – Bemerkungen zur Programm und Realität empirischer Analysen der Erziehungswissenschaft. In H. Paschen & L. Wigger (Hrsg.), *Pädagogisches Argumentieren* (S. 297-320). Weinheim: Deutscher Studienverlag.

Tenorth, H.-E. (2008). „Theorie und Praxis". Thesen zu einem unerledigten Thema. In G. Weigand, M. Böschen & H. Schulz-Gade (Hrsg.), *Allgemeines und Differentielles im pädagogischen Denken und Handeln. Grundfragen – Themenschwerpunkte – Handlungsfelder* (S. 193-202). Würzburg: Ergon.

Terhart, E. (2003). Schulpädagogik. Wandlungsprozesse einer Teildisziplin. In M. Fromm & P. Menck (Hrsg.), *Schulpädagogische Denkformen* (S. 191-211). Weinheim, Basel: Beltz.

Thiel, C. (2004). Art. „Theorie". In J. Mittelstraß (Hrsg.), *Enzyklopädie Philosophie und Wissenschaftstheorie* (Bd. 4, S. 260-270). Stuttgart, Weimar: J.B. Metzler.

Twellmann, W. (1981). Die Schulpädagogik als Wissenschaft von Schule und Unterricht. In W. Twellmann (Hrsg.), *Handbuch Schule und Unterricht* (Bd. 1, S. 3-23). Düsseldorf: Schwann.

Vogel, T. (2011). Zum Theorie-Praxis-Verhältnis in der Lehrerbildung als Übergangsproblem. *Berufs- und Wirtschaftspädagogik Online, 11*(5), 1-14.

Wellenreuther, M. (2011). *Forschungsbasierte Schulpädagogik. Anleitung zur Nutzung empirischer Forschung für die Schulpraxis.* Baltmannsweiler: Schneider Verlag Hohengehren.

Weingart, P. (2001). Wissenschaft und Forschung. B. Schäfers & W. Zapf (Hrsg.), *Handwörterbuch der Gesellschaft* (2. Aufl., S. 750-761). Opladen: Leske + Budrich.

Weniger, E. (1975). *Ausgewählte Schriften zur geisteswissenschaftlichen Pädagogik* (hrsg. v. B. Schonig). Weinheim, Basel: Beltz.

Weyland, U. (2000). Praxissemester: Die Lösung des Theorie-Praxis-Problems? *Die berufsbildende Schule, 52*(1), (17-20).

Weyland, U. (2010). *Zur Intentionalität schulpraktischer Studien im Kontext universitärer Lehrerbildung.* Paderborn: Eusl.

Wiechmann, J. (2006). *Schulpädagogik* (2. Aufl.). Baltmannsweiler: Schneider Verlag Hohengehren.

Wienold, H. (2011). Art. „Theorie". In W. Fuchs-Heinritz, D. Klimke, R. Lautmann, O. Rammstedt, U. Stäheli, C. Weischer & H. Wienold (Hrsg.), *Lexikon der Soziologie* (5. Aufl., S. 685). Wiesbaden: VS Verlag für Sozialwissenschaften.

Winkler, M. (2012). Art. „Theorie und Praxis". In K.-P.Horn, H. Kemnitz, W. Marotzki & U. Sandfuchs (Hrsg.), *Klinkhardt Lexikon Erziehungswissenschaft* (Bd. 3, S. 308-310). Bad Heilbrunn: Klinkhardt.

Wittenbruch, W. (1995). Schulpädagogik. Konstitutionsprobleme und die Vielfalt der Reflexionsansätze. In H.J. Apel & H.-U. Grunder (Hrsg.), *Texte zur Schulpädagogik. Selbstverständnis, Entstehung und Schwerpunkte schulpädagogischen Denkens* (S. 190-208). Weinheim, München: Juventa.

Wittenbruch, W. (2011). Grundlegung und Konstitutionsprobleme der Schulpädagogik. In S. Hellekamps, W. Plöger & W. Wittenbruch (Hrsg.), *Schule* (Handbuch der Erziehungswissenschaft, Bd. 3, Studienausgabe, S. 611-623). Paderborn u.a.: F. Schöningh.

Zierer, K. (2016). *Portfolio Schulpädagogik.* Baltmannsweiler: Schneider Verlag Hohengehren.

Zima, P.V. (2017). Was ist Theorie? *Theoriebegriff und dialogische Theorie in den Kultur- und Sozialwissenschaften* (2., überarb. Aufl.). Tübingen, Basel: Francke/UTB.

Zima, P.V. (2020). *Soziologische Theoriebildung. Ein Handbuch auf dialogischer Basis.* Tübingen: Narr Francke Attempto Verlag/UTB.

Zurbriggen, E. (2009). *Prüfungswissen Schulpädagogik – Grundlagen.* Bern u.a.: Haupt/UTB.

Personal und Themen der Schulpädagogik

3

> **Zusammenfassung**
>
> Auch wenn in diesem Kapitel nicht Themen und Teilgebiete der Schulpädagogik im Sinne einer Einführung in die Allgemeine Didaktik, Theorie der Schule oder Schulentwicklungsforschung vorgestellt werden, so wird zumindest illustriert und problematisiert, wie vielfältig die im schulpädagogischen Diskurs genannten Gegenstandsbereiche sind und warum über diesen Weg keine distinkte Identität der Schulpädagogik im Wissenschaftssystem zu gewinnen ist. Zuvor wird gefragt, was das Personal für die Vertretung der Schulpädagogik im Wissenschaftssystem in besonderer Weise qualifiziert.

3.1 Was ist eine Schulpädagogin oder ein Schulpädagoge?

Wird, wie zum Abschluss des zweiten Kapitels herausgestellt und gefordert (Abschn. 2.5), die Schulpädagogik als wissenschaftliche Subdisziplin der Erziehungswissenschaft verstanden, dann könnte die Antwort auf die Ausgangsfrage dieses Unterkapitels zunächst einmal einfach lauten: Schulpädagoginnen und Schulpädagogen sind Wissenschaftlerinnen und Wissenschaftler. Etwas genauer gesagt sind sie Erziehungswissenschaftlerinnen und Erziehungswissenschaftler, die die Schulpädagogik an wissenschaftlichen Hochschulen vertreten, mit denen Disziplinen generell in spezifischer Weise als ihren zentralen Institutionalisierungsorten verbunden sind (Abschn. 2.1.1). Die „Vertretung" einer Subdisziplin im Hochschulsystem erfolgt personell und zugleich als Vollendung akademischer Karrieren, denen ein disziplinspezifisches Studium, akademische Leistungen (Promotion, Habilitation) und eine disziplinäre (Ein-)Sozialisation vorangehen, in erster Linie über Professuren mit einer auf die Disziplin oder Subdisziplin ausgerichteten Denomination (beispielsweise Professur *für* Erziehungswissenschaft mit dem Schwerpunkt Schulpädagogik) und den zu diesen Professuren gehörenden wissenschaftlichen Mitarbeiterinnen und Mitarbeitern.

Schulpädagoginnen oder Schulpädagogen müssen also nicht Professorinnen und Professoren sein. Über die Benennung von Professuren werden jedoch Disziplinen, Subdisziplinen und Teilgebiete einer Subdsiziplin (wie etwa die Allgemeine Didaktik oder die Theorie der Schule; Abschn. 3.3, Abschn. 4.3.2) im Hochschulwesen verankert. Insofern konzentrieren sich die folgenden Ausführungen zur Frage, „Was ist eine Schulpädagogin oder ein Schulpädagoge?", auf die professorale Ebene. Darüber hinaus erfolgt eine Repräsentation von Disziplinen und Subdisziplinen neben dem weiteren wissenschaftlichen Personal auch in innerhochschulischen Institutionen bzw. Organisationsformen (Fachbereich oder Fakultät für Erziehungswissenschaft und darin u. a. ein Institut für Schulpädagogik; oder in einem Institut für Erziehungswissenschaft eine Abteilung Schulpädagogik, der dann wiederum entsprechende Professuren samt der Mitarbeitenden, die Teilgebiete der Schulpädagogik vertreten, zugeordnet sind; s. die Fallbeispiele unten).

Dass Schulpädagoginnen oder Schulpädagogen Erziehungswissenschaftlerinnen und Erziehungswissenschaftler sind, diese erste Antwort erscheint nun noch nicht zufriedenstellend. Es ist vielmehr weitergehend zu differenzieren, was das Personal für die Vertretung der Schulpädagogik im Wissenschaftssystem (und auch innerhalb der Erziehungswissenschaft) in besonderer Weise qualifiziert und was von diesen Personen erwartet wird.

Einführend soll zunächst im Anschluss an das erste Kapitel kurz auf frühe Spielarten einer universitären Beschäftigung mit Schule und Unterricht bereits im 19. Jahrhundert zurückgeblickt werden (Abschn. 1.3). So könnte etwa konkret am Beispiel von Johann Friedrich Herbart (1776–1841) und seinen Schülern inspiziert werden, welche Karrierewege sie an die Universität und zu einer wissenschaftlichen Beschäftigung mit Schule und Unterricht geführt haben. Herbart selbst hatte zunächst ein Studium insbesondere der Philosophie an der Universität Jena aufgenommen, das er jedoch abbrach, um zunächst als Hauslehrer in Bern zu arbeiten. Nach der Rückkehr beginnt seine akademischen Laufbahn an der Universität Göttingen mit der Promotion und Habilitation in der Philosophie. 1809 erhält Herbart einen Ruf auf die Professur für Philosophie und Pädagogik an der Universität Königsberg und kehrt schließlich 1833 auf eine Professur nach Göttingen zurück (vgl. Prange 2003).

Wilhelm Rein (1847–1929), einer der bedeutendsten „Herbartianer", der u. a. die Überlegungen Herbarts zu den Formalstufen des schulischen Unterrichts (ge-

3.1 Was ist eine Schulpädagogin oder ein Schulpädagoge?

lingender Unterricht, so die Annahme, folgt einer Prozesslogik und sei daher in formalen, aufeinander aufbauenden Stufen zu organisieren) weiter entwickelte und für die Lehrerinnen- und Lehrerbildung der Zeit auch in gewissem Sinne vereinfachte. Rein war nach dem Studium der evangelischen Theologie zunächst als Lehrer tätig, promovierte mit einer Dissertation über „Herbarts Regierung, Unterricht und Zucht", war in der seminaristischen Lehrerinnen- und Lehrerbildung als Seminaroberlehrer und Seminardirektor tätig, bevor er als Honorarprofessor und schließlich als ordentlicher Professor für Pädagogik an der Universität Jena wirkte (vgl. Pohl 1972; Baumgart et al. 2005).

Auf ein Merkmal der (allzu) knapp skizzierten Biographien zweier Vertreter einer frühen, insbesondere für die Lehrerinnen- und Lehrerbildung für das niedere Schulwesen höchst einflussreichen universitären Beschäftigung mit schulischem Unterricht soll hier und auch im Folgenden (Abschn. 3.2, 3.3 und 3.4) eingegangen werden. Die genannten Personen Herbart und Rein haben sich nämlich nicht nur, wie für akademische Karrieren auch in früheren Zeiten üblich, im Wissenschaftssystem etwa über das Verfassen einer Doktorarbeit im Anschluss an ein Universitätsstudium und über weitere wissenschaftliche Leistungen qualifiziert, sondern sie weisen als zusätzliche Gemeinsamkeit *praktische Erfahrungen* im dem Bereich auf, der später dann als Universitätsprofessoren Gegenstand ihrer wissenschaftlichen Arbeiten ist: sie sind beide als Lehrkräfte tätig gewesen, und sei es auch „nur" – wie im Falle Herbarts – als Hauslehrer.

Solche praktischen Erfahrungen teilen die beispielhaft angeführten Herbart und Rein mit Professorinnen und Professoren für Schulpädagogik der Gegenwart: Klaus Zierer, Professor für Schulpädagogik an der Universität Augsburg, hat das 1. und 2. Staatsexamen absolviert und war von 2004 bis 2009 als Lehrer tätig, Birgit Eickelmann, Professorin für Schulpädagogik und empirische Schulforschung an der Universität Paderborn, hat von 1997 bis 2004 als Lehrkraft unterrichtet und Torsten Bohl, Professor für Erziehungswissenschaft mit dem Schwerpunkt Schulpädagogik an der Universität Tübingen, von 1994 bis 1997 – um nur einige Beispiele zu nennen. Bevor sich die genannte Vertreterin und die Vertreter der Schulpädagogik im Rahmen einer akademischen Karriere für eine Professur qualifiziert haben, unterrichteten sie nach abgeschlossenem Lehramtsstudium zunächst im allgemeinbildenden Schulwesen. Kann also auf die Frage, „Was ist eine Schulpädagogin oder ein Schulpädagoge?" auch geantwortet werden, es handele sich (zuallererst) um eine ehemalige Lehrerin bzw. einen ehemaligen Lehrer? Oder abstrakter formuliert: rekrutiert die Schulpädagogik als Subdisziplin der Erziehungswissenschaft ihr Personal aus der Profession, auf die sie sich – einem Selbstverständnis als Berufswissenschaft oder Professionsdisziplin folgend (Abschn. 2.1.3) – bezieht?

Um zu überprüfen, ob eine solche Rekrutierungsbasis aus der Schulpraxis systematisch ist und was das Personal für schulpädagogische Professuren qualifiziert, werden ebenfalls beispielhaft in einem weiteren Schritt Ausschreibungen von schulpädagogischen Professuren in den Blick genommen.

Fallbeispiel 3.1

Professur für Schulpädagogik (mit den Schwerpunkten Schulforschung und Allgemeine Didaktik) [Universität Rostock 2012]: „An der Philosophischen Fakultät ist zum 1. April 2012 [...] die W3-Professur für Schulpädagogik (mit den Schwerpunkten Schulforschung und Allgemeine Didaktik) zu besetzen. Die Stelleninhaberin/Der Stelleninhaber soll in der Philosophischen Fakultät die Allgemeine Didaktik und Schulforschung in Theorie und Empirie vertreten. Erwartet werden ausgeprägte Erfahrungen in der quantitativen und/oder qualitativen Schul- oder Bildungsforschung. Wünschenswert sind Erfahrungen zur Theorie der Schule und zu Fragen der Bildungsgerechtigkeit. Die Bewerberin/ Der Bewerber soll das Fach Schulpädagogik in Forschung und Lehre in seiner ganzen Breite abdecken. Erwartet wird die Bereitschaft zur leitenden Mitarbeit im Zentrum für Lehrerbildung und Bildungsforschung. [...] Die Einstellungsvoraussetzungen bestimmen sich gemäß § 58 Landeshochschulgesetz Mecklenburg-Vorpommern (Habilitation bzw. habilitationsäquivalente Leistungen) oder Leistungen, die im Rahmen einer Juniorprofessur erbracht worden sind. [...] Zusätzlich ist gemäß § 58 Abs. 3 Satz 1 LHG M-V eine mindestens dreijährige Schulpraxis nachzuweisen." ◄

Fallbeispiel 3.2

Professur für Erziehungswissenschaft mit dem Schwerpunkt Allgemeine Didaktik und Unterrichtsforschung [Universität Münster 2018]: „Am Fachbereich Erziehungswissenschaft und Sozialwissenschaften der Universität Münster ist im Institut für Erziehungswissenschaft zum 01.10.2018 eine W3-Professur für Erziehungswissenschaft mit dem Schwerpunkt Allgemeine Didaktik und Unterrichtsforschung zu besetzen. Innerhalb des Instituts für Erziehungswissenschaft ist die Professur im Arbeitsbereich Schulpädagogik/Schul- und Unterrichtsforschung verortet. Von den Bewerberinnen und Bewerbern wird erwartet, dass sie innerhalb der Schulpädagogik die beiden Themenfelder Allgemeine Didaktik und Unterrichtsforschung in Forschung und Lehre vertreten können. Im Bereich der Unterrichtsforschung wird ein in der Erziehungswissenschaft begründetes breites empirisches Profil erwartet. Erwünscht sind darüber hinaus sichtbare Beiträge in der Lehrerbildungsforschung. Bewerberinnen und Bewerber mit Erfahrungen in der Einwerbung von Drittmitteln sowie internationalen Aktivitäten in

Forschung und/oder Lehre werden bevorzugt berücksichtigt. [...] Erwartet wird weiterhin eine Zusammenarbeit mit den thematisch relevanten Arbeitsbereichen im Institut für Erziehungswissenschaft, insbesondere in der Schulpädagogik, den weiteren Anteilsdisziplinen der Bildungswissenschaften und den Fachdidaktiken sowie die Mitwirkung im Rahmen der „Qualitätsoffensive Lehrerbildung". Voraussetzungen für die Bewerbung sind ein einschlägiger überdurchschnittlicher Studienabschluss, eine einschlägige überdurchschnittliche Promotion, hochschuldidaktische Eignung sowie zusätzliche sehr gute wissenschaftliche Leistungen im oben beschriebenen Arbeitsfeld gem. § 36 HG NRW." ◄

Fallbeispiel 3.3

Professur für Schulpädagogik [Universität Würzburg 2012]: „In der Philosophischen Fakultät II der Universität Würzburg ist am Institut für Pädagogik eine Stelle für eine Universitätsprofessorin/einen Universitätsprofessor für Schulpädagogik (BesGr. W3) [...] im Beamtenverhältnis auf Lebenszeit frühestens ab dem 01.10.2012 zu besetzen. Der Bewerber/die Bewerberin hat das Fach Schulpädagogik in Forschung und Lehre zu vertreten. Als Schwerpunkte in der Forschung werden Arbeiten zur Geschichte und Theorie der Schule, weiterhin Arbeiten zur Unterrichts- und Schulentwicklungsforschung auch unter Berücksichtigung internationaler und interkultureller Bezüge erwartet. Erfahrungen bei der Einwerbung von Drittmitteln und in interdisziplinärer Forschungskooperation werden vorausgesetzt. Die Lehraufgaben umfassen Angebote für die an der Universität Würzburg vertretenen modularisierten Lehramtsstudiengänge sowie für die Ausbildung in B.A./M.A. Pädagogik. Einstellungsvoraussetzungen sind ein einschlägiges abgeschlossenes Hochschulstudium, pädagogische Eignung, Promotion und Habilitation oder der Nachweis gleichwertiger wissenschaftlicher einschlägiger Leistungen im Bereich der Schulpädagogik, die auch im Rahmen einer Juniorprofessur oder außerhalb des Hochschulbereichs erbracht wurden, ferner die Befähigung für das Lehramt und der Nachweis einer mindestens dreijährigen Tätigkeit an einer Schule oder einer vergleichbaren pädagogischen Einrichtung (Art. 7 Abs. 1 BayHSchPG)." ◄

Fallbeispiel 3.4

Professur für Erziehungswissenschaft mit dem Schwerpunkt Schulpädagogik [Universität Heidelberg 2012]: „An der Fakultät für Verhaltens- und Empirische Kulturwissenschaften der Universität Heidelberg ist im Institut für Bildungswissenschaft eine W3-Professur für Erziehungswissenschaft mit dem

Schwerpunkt Schulpädagogik zu besetzen. Der/die Stelleninhaber/in soll in der Lehre das Fach Schulpädagogik in seiner ganzen Breite vertreten. In der Forschung soll er/sie in mindestens zwei der Bereiche Empirische Bildungs- und Unterrichtsforschung, Schulentwicklung und -steuerung, Pädagogische Professionalität und Bildungs- und Schultheorie ausgewiesen sein. Erwünscht sind die Einbeziehung von Forschungsperspektiven auf Transformationsprozesse von Schule und Bildung in einer globalisierten Welt sowie die Bereitschaft zu interdisziplinärer Zusammenarbeit. Voraussetzung für die Einstellung ist ein abgeschlossenes Hochschulstudium, eine einschlägige Promotion sowie die Habilitation oder eine vergleichbare Qualifikation, insbesondere eine erfolgreich evaluierte Juniorprofessur (§ 47, Abs. 2 LHG, Baden-Württemberg) sowie pädagogisch didaktische Eignung und Kompetenz im Einwerben von Drittmitteln, eine exzellente Publikationsliste und der Nachweis umfangreicher empirischer Forschung. Auf eine Stelle, deren Funktionsbeschreibung die Wahrnehmung erziehungswissenschaftlicher Aufgaben in der Lehrerbildung vorsieht, soll nur berufen werden, wer eine dreijährige Schulpraxis oder hervorragende fachbezogene Leistungen nachweist (vgl. § 47, Absatz 3 und 4, LHG, Baden-Württemberg)." ◄

Zweierlei lässt sich allgemein aus den vier Ausschreibungstexten herauslesen: zum einen sind es – in der Sache verschiedene – Informationen darüber, womit sich schulpädagogische Professuren inhaltlich befassen (sollen), was also Themen und Gegenstände der Schulpädagogik im Hochschulsystem sind. Dieser Frage wird unter Rückgriff auf die zitierten Fallbeispiele im Abschn. 3.5 sowie 3.6 nachgegangen.

Zum anderen enthalten die Ausschreibungstexte Hinweise auf zentrale Qualifikationserfordernisse, die Bewerberinnen und Bewerber auf eine schulpädagogische Professur im Sinne von obligatorischen und darüber hinausgehenden fakultativen (erwünschten) Auswahlkriterien zu erfüllen haben. Diese sind zunächst einmal typisch für das Wissenschaftssystem und die Besetzung von Professuren generell:

1. *Forschung und Lehre*: Die Tätigkeit von Professorinnen und Professoren für Schulpädagogik an Universitäten wird dadurch charakterisiert, dass „Schulpädagogik in Forschung und Lehre in seiner ganzen Breite" oder innerhalb der Schulpädagogik bestimmte Teilgebiete wie „Allgemeine Didaktik und Unterrichtsforschung" in Forschung und Lehre zu vertreten sind.
2. *Forschung:* Professorinnen und Professoren für Schulpädagogik sind in der Forschung ausgewiesen. Sie verfügen über „ausgeprägte Erfahrungen in der quantitativen und/oder qualitativen Schul- oder Bildungsforschung", von ihnen

wird ein „in der Erziehungswissenschaft begründetes breites empirisches Profil erwartet" und sie sollen in empirischen Forschungsbereichen ausgewiesen sein, konkret „Allgemeine Didaktik und Schulforschung" aber nicht allein in der Empirie, sondern auch in der Theorie vertreten.
3. *Einwerbung von Drittmitteln*: Erwartet wird von Professorinnen und Professoren für Schulpädagogik, dass sie zur Finanzierung ihrer Forschungsprojekte Drittmittel eingeworben haben bzw. „Kompetenz im Einwerben von Drittmitteln" aufweisen.
4. *Internationale und interdisziplinäre Kooperation*: erwartet werden von Professorinnen und Professoren für Schulpädagogik zudem „internationale Aktivitäten in Forschung und/oder Lehre" sowie „interdisziplinärer Forschungskooperation".

Des Weiteren wird – ebenfalls typisch für die Besetzung von Professuren im Hochschul- bzw. Wissenschaftssystem – ein (einschlägiges, überdurchschnittlich) abgeschlossenes Hochschulstudium, eine einschlägige Promotion, die Habilitation oder „habilitationsäquivalente Leistungen" bzw. „eine vergleichbare Qualifikation, insbesondere eine erfolgreich evaluierte Juniorprofessur" und „pädagogische Eignung" oder „pädagogisch didaktische Eignung" vorausgesetzt.

In drei der vier Fallbeispiele kommt noch eine weitere „Qualifikation", eine obligatorische Einstellungsvoraussetzung hinzu: an der Universität Rostock eine „mindestens dreijährige Schulpraxis", an der Universität Würzburg „die Befähigung für das Lehramt und der Nachweis einer mindestens dreijährigen Tätigkeit an einer Schule oder einer vergleichbaren pädagogischen Einrichtung (Art. 7 Abs. 1 BayHSchPG)" und an der Universität Heidelberg wird darauf verwiesen, dass auf „eine Stelle, deren Funktionsbeschreibung die Wahrnehmung erziehungswissenschaftlicher Aufgaben in der Lehrerbildung vorsieht, […] nur berufen werden [soll], wer eine dreijährige Schulpraxis oder hervorragende fachbezogene Leistungen nachweist (vgl. § 47, Absatz 3 und 4, LHG, Baden-Württemberg)".

Diese weitere Anforderung an Professorinnen und Professoren für Schulpädagogik scheint keine Eigenheit der genannten Universitäten zu sein. Vielmehr ist eine Herkunft aus der Profession, aus dem Lehrerinnen- und Lehrerberuf, systematisch in den Landeshochschulgesetzen, auf deren entsprechende Artikel bzw. Paragraphen in den Fallbeispielen verwiesen wird, systematisch vom Gesetzgeber gewollt. Schulpädagoginnen und Schulpädagogen *sollen* ehemalige Lehrkräfte sein und an Schulen unterrichtet haben, bevor sie an der Universität über Schule und Unterricht forschen und lehren (Abschn. 3.2). Der Forderung nach einer Trennung von Disziplin und Profession und die Deprofessionalisierung als Merkmal der Disziplinentwicklung im historischen Prozess wird (Abschn. 2.5), so hat es den Anschein, im Rahmen der Personalauswahl explizit entgegengewirkt. Dieser Besonderheit im Rahmen der Personalrekrutierung von Schulpädagoginnen und Schulpädagogen wird anhand der folgenden Fragen **auf der Basis der Ausführungen von Rothland und Bennewitz (2018)** im Weiteren nachgegangen:

- Was hat es mit der in den genannten Fallbeispielen eingeforderten „Schulpraxis" von Professorinnen und Professoren für Schulpädagogik auf sich, die sich in den Vita der oben genannten Disziplinvertreterinnen und -vertreter ebenso wiederfindet wie in den Biographien früher Vertreter einer universitären Befassung mit Schule und Unterricht?
- Wie wird die Notwendigkeit eigener schulpraktischer Erfahrungen von Erziehungswissenschaftlerinnen und Erziehungswissenschaftlern, die Schule und Unterricht zum Gegenstand ihrer Forschung und ihrer forschungsbasierten Lehre im Wissenschaftssystem machen, begründet?
- Welche Konsequenzen ergeben sich schließlich aus der geforderten Schulpraxis und der damit einhergehenden Rekrutierung der Disziplinvertreterinnen und -vertreter aus der Profession für die Schulpädagogik als Subdisziplin der Erziehungswissenschaft?

3.2 Hintergrund: Das „Schulpraxiserfordernis"

Zunächst könnte oberflächlich betrachtet davon ausgegangen werden, dass praktische Erfahrungen per se nützlich sind und den praktisch Erfahrenenen einen Vorteil verschaffen. Umgekehrt ist in alltäglichen Diskussionen der Vorwurf mangelnder praktischer Erfahrung ein schwer zu entkräftendes Argument: wer etwas selbst nicht gemacht oder am eigenen Leibe erfahren hat, der sollte sich tunlichst hüten, gegenüber Erfahrenen diese Dinge zu beurteilen, oder aber – noch schlimmer – den Erfahrenen Ratschläge zu erteilen. Denn was könnte schon die Grundlage für die Meinung, die Bewertung oder ein noch so gut gemeinter Rat des praktisch Unerfahrenen sein? Vielleicht bloßes Nachdenken, Informationen aus Büchern oder gar aus wissenschaftlichen Forschungsbefunden? Oh nein, das wäre doch nur „graue Theorie", die gegenüber der selbst ge- bzw. erlebten Praxis keinen Bestand haben kann, die dem Erfahrungswissen der Praktikerin bzw. des Praktikers unterliegen muss (siehe auch die Verwendung des Begriffs „Theorie" im alltäglichen, außerwissenschaftlichen Sprachgebrauch Abschn. 2.2.3). Erfahrungsvorsprung ist – so scheint es – nicht nur argumentativ uneinholbar. Wer etwas selbst erfahren hat, der weiß, wie das ist – und nur er kann es wirklich *wissen*.

3.2 Hintergrund: Das „Schulpraxiserfordernis"

Gilt nun diese ebenso schlagkräftig wie hemdsärmelig anmutende Argumentationsfigur auch für den Wissenschaftsbereich? Kann auch hier nur derjenige authentische und in der Sache richtige Aussagen treffen, der über eigene Erfahrungen in dem Gegenstandsbereich verfügt, über den er lehrt und forscht? Muss ein Militärhistoriker als Soldat selbst an den Thermopylen, bei Gettysburg oder auf Iwojima gekämpft haben, eine Kriminologin eine verurteilte Straftäterin und ein klinischer Psychologe psychisch beeinträchtigt sein, um die verschiedenen Subjekte und Objekte, denen sich diese Wissenschaftlerinnen und Wissenschaftler jeweils in ihrem Fachgebiet in Forschung und Lehre widmen, erklären und verstehen zu können? Und bedarf es praktischer Erfahrungen, um glaubwürdig gegenüber Studierenden an der Hochschule, den Angehörigen einer Profession, auf die sich ein Studiengang oder eine wissenschaftliche Disziplin in Teilen bezieht, oder gegenüber den Klienten der Berufsgruppen zu sein, in die Absolventinnen und Absolventen akademischer Studiengänge nach erfolgreichem Abschluss des Studiums potentiell einmünden?

Die genannten Beispiele aus den Bereichen der Geschichtswissenschaft, Kriminologie und Psychologie lassen bereits erahnen, dass eigene „praktische" Erfahrungen der Disziplinangehörigen in den Domänen, die Gegenstand ihrer wissenschaftlichen Arbeit sind, *nicht* zu fordern oder zu erwarten sind. Dies würde zum einen zu geradezu absurden Vorstellungen von den Grundlagen wissenschaftlicher Forschung und Erkenntnis führen und zum anderen schlicht Unmögliches verlangen. So muss Norbert Frei kein NSDAP-Mitglied gewesen sein, um als Historiker über den Nationalsozialismus zu forschen und zu lehren, erst recht muss (und kann) er kein Zeitzeuge gewesen sein, der selbst miterlebt hat, wie sich der „Führerstaat" (Frei 2013) etablierte, um in ihm das System von Repression und Terror am eigenen Leibe zu erfahren. Der Astronom und Astrophysiker Hans-Walter Rix muss auch nicht zu den Sternen fliegen, um seinem Bemühen, das Universum und fremde Galaxien zu erforschen, eine persönliche praktische Erfahrungsbasis zu geben – die Reihe ließe sich mit weiteren Beispielen aus anderen wissenschaftlichen Disziplinen beliebig fortführen.

Im Kontext akademischer Lehrerinnen- und Lehrerbildung, die in allen Ausschreibungstexten oben einen zentralen Bezugspunkt darstellt (Abschn. 3.5), scheint dies jedoch anders zu sein. In den Fachdidaktiken sowie in der Erziehungswissenschaft und hier insbesondere in der Schulpädagogik werden eigene schulpraktische Erfahrungen nach erfolgreich absolvierter Lehrerinnen- und Lehrerbildung von Wissenschaftlerinnen und Wissenschaftlern tatsächlich in den Landeshochschulgesetzen nicht nur in den Bundesländern der drei Fallbeispiele als Einstellungsvoraussetzungen für die Berufung auf eine Professur gefordert. Es ist überdies auch nicht nur der Gesetzgeber, der individuell gewonnenes Erfahrungswissen in der

(Schul-)Praxis zur Voraussetzung für die Besetzung schulpädagogischer (und auch fachdidaktischer) Professuren macht. Stattdessen wird dieser Anspruch zuweilen auch in den Fachdidaktiken oder von Erziehungswissenschaftlerinnen und Erziehungswissenschaftlern bzw. Schulpädagoginnen und Schulpädagogen selbst sowie nicht zuletzt von der Deutschen Gesellschaft für Erziehungswissenschaft (DGfE) als wissenschaftlicher Fachgesellschaft (Abschn. 2.1.1) grundsätzlich geteilt (s. Exkurs unten).

Wie ist aber die schulpraktische Erfahrung als Einstellungsvoraussetzung für Schulpädagoginnen und Schulpädagogen überhaupt gesetzlich verankert?

Im Zuge der dritten Novelle des Hochschulrahmengesetzes (HRG) wurde 1985 im § 44 Abs. 3 Satz 1 HRG (vom 14.11.1985) unter den Einstellungsvoraussetzungen für Professorinnen und Professoren ergänzend zur bisherigen Fassung des HRG aus dem Jahr 1976 festgelegt, dass auf „eine Stelle, deren Funktionsbeschreibung die Wahrnehmung erziehungswissenschaftlicher oder fachdidaktischer Aufgaben in der Lehrerbildung vorsieht, [...] nur berufen werden [soll], wer eine dreijährige Schulpraxis nachweist" (s. Fallbeispiel 3.4). Diese Bestimmung ging auf den Gesetzesentwurf der Bundesregierung zur dritten HRG-Novelle zurück (Plander 1998, S. 21).

Neunzehn Jahre später wurde mit dem Gesetz zur Änderung dienst- und arbeitsrechtlicher Vorschriften im Hochschulbereich (HdaVÄndG) vom 27. Dezember 2004 der § 44 Abs. 3 Satz 1 HRG wieder gestrichen (Artikel 1 Nr. 5 des Gesetzes vom 27.12.2004 (BGBl. I, S. 3835)). Stattdessen heißt es in der bis heute gültigen Fassung des HRG unter § 44 Einstellungsvoraussetzungen für Professorinnen und Professoren:

> „Einstellungsvoraussetzungen für Professorinnen und Professoren sind neben den allgemeinen dienstrechtlichen Voraussetzungen grundsätzlich 1. ein abgeschlossenes Hochschulstudium, 2. pädagogische Eignung, 3. besondere Befähigung zu wissenschaftlicher Arbeit, die in der Regel durch die Qualität einer Promotion nachgewiesen wird, oder besondere Befähigung zu künstlerischer Arbeit und 4. darüber hinaus je nach den Anforderungen der Stelle a) zusätzliche wissenschaftliche Leistungen, b) zusätzliche künstlerische Leistungen oder c) besondere Leistungen bei der Anwendung oder Entwicklung wissenschaftlicher Erkenntnisse und Methoden in einer mehrjährigen beruflichen Praxis" (Hochschulrahmengesetz in der Fassung der Bekanntmachung vom 19. Januar 1999 (BGBl. I S. 18), das zuletzt durch Artikel 6 Absatz 2 des Gesetzes vom 23. Mai 2017 (BGBl. I S. 1228) geändert worden ist).

Ungeachtet der Streichung des sog. Schulpraxiserfordernisses aus dem HRG wird mit nur einer Ausnahme dieses in den Landeshochschulgesetzen bis heute aufrechterhalten. Verlangt wird von Bewerberinnen und Bewerbern auf eine Professur für Fachdidaktik oder Erziehungswissenschaft mit „Aufgaben in der Lehrerbildung" „im Regelfall („soll") eine dreijährige Lehrertätigkeit nach der entsprechenden Lehramtsprüfung" (Detmer 2017, S. 159; vgl. Pautsch und Dillenburger 2016, S. 214).

Nordrhein-Westfalen ist das einzige Bundesland, in dem mit der Gesetzesnovelle von 2007 (Hochschulfreiheitsgesetz) das Schulpraxiserfordernis (§ 46 Abs. 4 HG a.F.) „ohne näheren Begründungsansatz gestrichen" wurde (Epping, in Leuze & Epping, Hochschulgesetz Nordrhein-Westfalen – HG NRW, Kommentar, § 36 Rn. 50). Im Gesetzeskommentar heißt es: „Auch wenn es sich insofern um eine „Soll"-Bestimmung handelte (im Übrigen bundesweit), haben alle anderen Bundesländer auf das Regelerfordernis der dreijährigen Schulpraxis sinnvollerweise nicht verzichtet" (ebd.). Interessant ist, dass hier eine klare Position und inhaltliche Wertung für das Schulpraxiserfordernis vorgenommen wird („sinnvollerweise nicht"), ohne dass dies eine juristisch zu bewertende Frage wäre. Ob das Schulpraxiserfordernis einen Sinn hat, ist keine Rechtsfrage!

Dass es sich bei dem § 44 Abs. 3 Satz 1 HRG (bis 2004) ebenso wie bei den bis heute gültigen Vorgaben der Landeshochschulgesetze um Soll-Vorschriften handelt, darf im Übrigen nicht über den verbindlichen Charakter der Einstellungsvoraussetzung hinwegtäuschen. Sollvorschriften öffentlichrechtlichen Gehalts verpflichten zu Verfahrens- und Vorgehensweisen, wie sie im Gesetz vorgebeben sind. Wenn keine Umstände vorliegen, die einen Einzelfall als „atypisch" erscheinen lassen, „so bedeutet das Soll ein Muß" (so wörtlich eine Entscheidung des Bundesverfassungsgerichts; vgl. Plander 1998, S. 25). Ein „atypischer" Fall wäre es, wenn die Besetzung einer Professur für Schulpädagogik nicht erfolgen könnte, weil etwa alle Bewerberinnen und Bewerber das Schulpraxiserfordernis nicht oder nicht in vollem Umfang erfüllen. In diesem Falle könnte ein Bewerber oder eine Bewerberin berufen werden, die die übrigen Voraussetzungen für die Berufung erfüllt, nicht aber über die Schulpraxiserfahrungen verfügt (vgl. Plander 1998, S. 37).

Professorinnen und Professoren für Schulpädagogik sollen also selbst nicht nur ausgebildete Lehrerinnen oder Lehrer sein, sondern im Anschluss an die erfolgreich absolvierten beiden Phasen der Lehrerinnen- und Lehrerbildung als Lehrkräfte über die Ausbildungszusammenhänge hinaus eigenständig gearbeitet haben. Ob sie in der Schulpraxis „gute" oder „schlechte" Lehrkräfte waren, ist dabei nicht von Bedeutung: Qualität oder der Grad der Bewährung in der Praxis sind im Kontext des Schulpraxiserfordernisses irrelevant (vgl. Plander 1998, S. 33, 73).

Exkurs: Stellungnahmen der DGfE zum Schulpraxiserfordernis
Die Deutsche Gesellschaft für Erziehungswissenschaft (DGfE) (Abschn. 2.1.1) wandte sich bereits 1985 mit einer Stellungnahme des Vorstands gegen das im neuen § 44 Abs. 3 Satz 1 des HRG festgelegte Schulpraxiserfordernis und verlangte die ersatzlose Streichung. Im Zuge der erneuten Novellierung des HRG 1989 wurde diese Stellungnahme nochmals genutzt, um sich als Fachgesellschaft gegen die dreijährige Schulpraxis als Berufungserfordernis zu wenden. § 44 Abs. 3 Satz 1 blieb jedoch Bestandteil des HRG und für den DGfE-Vorstand weiter ein Thema, der 1995 ein Rechtsgutachten des Juristen Harro Plander (1998) einholte. Innerhalb der Fachgesellschaft – so wird in der kleinen Geschichte der DGfE angedeutet (vgl. Rothland 2005) – traf das Gutachten selbst auf Kritik (Berg et al. 2004).

Im Jahr 2001 wurde erneut eine Stellungnahme zum § 44 Abs. 3 Satz 1 HRG verabschiedet und an die Bundesministerin Bulmahn versandt. In dieser hieß es u.a., dass „der Nachweis von Praxis per se nicht als Qualifikationskriterium gelten könne" (Berg et al. 2004, S. 172). Zugleich wurde in dem offenen Brief an die Bundesministerin eingeräumt, dass die DGfE „prinzipiell die Auffassung [teile], daß eine reflektierte Kenntnis des Berufs- und Praxisfeldes zu den Qualifikationen von Professuren gehören muß, die in der Lehrerbildung tätig sind". Und in der das in Auftrag gegebene Rechtsgutachten begleitenden Stellungnahme der DGfE vom 31.01.1997 wurde explizit die „Bedeutung, die das Qualifikationsmerkmal „Schulpraxiserfahrungen" für die Besetzung von Professuren in der Lehrerbildung haben kann", anerkannt (abgedruckt in Plander 1998, S. 113).

Im Verlauf der Analyse und der sich entwickelnden Argumentation des von der DGfE in Auftrag gegebenen Gutachtens selbst wird deutlich, dass es über die rechtliche Beurteilung hinaus ebenfalls durchaus als in der Sache sinnvoll angesehen wird, dass Fachdidaktiker und -didaktikerinnen sowie (bestimmte) Erziehungswissenschaftler und -wissenschaftlerinnen in der Lehrerinnen- und Lehrerbildung über eine mindestens dreijährige schulpraktische Erfahrung verfügen. Der Normzweck des § 44 Abs. 3 Satz 1 HRG gehe dahin, „der hochschulischen Lehrerbildung einen gewissen Praxisbezug zuteil werden zu lassen und dieses Ziel möglichst dadurch zu fördern, daß den für die Teilhabe an der Lehrerbildung zu berufenen Professoren abverlangt wird, vor der Einstellung selbst eine dreijährige schulische Praxis zu durchlaufen" (Plander 1998, S. 31 f.). Plander spricht von einem plausiblen Anliegen. Er betont explizit, dass es „wünschenswert [sei], daß Fachdidaktiker und andere an der Lehrerbildung beteiligte Professoren, die angehende Lehrer im Umgang mit Schülern und in der Vermittlung von Lehr- und Lernstoffen unterweisen oder sich an einer solchen Unterweisung beteiligen sollen, zunächst selbst als Lehrer schulpraktische Erfahrungen gemacht haben" (Plander 1998, S. 64).

Mit diesen und weiteren inhaltlichen Bewertungen überschreitet der Jurist seinen Auftrag und seine fachliche Kompetenz, indem er – in der Sache unqualifiziert – falsche Ziele und Kriterien für die Qualität der ersten Phase der Lehrerinnen- und Lehrerbildung an Universitäten und Pädagogischen Hochschulen formuliert. Denn die Aufgabe von Fachdidaktikerinnen und Fachdidaktikern ebenso wie von Erziehungswissenschaftlerinnen und Erziehungswissenschaftlern im Rahmen akademischer Lehrerinnen- und Lehrerbildung ist gewiss keine Unterweisung in Unterrichtspraktiken.

Ähnlich wie im Rechtsgutachten selbst werden in den Stellungnahmen der DGfE grundsätzlich Berufserfahrungen von Erziehungswissenschaftlerinnen und -wissenschaftlern, die in der Lehrerinnen- und Lehrerbildung tätig sind, im Sinne des HRG als sinnvoll angesehen. Betont wird allerdings die Bedeutung „reflektierter Kenntnis" des beruflichen und schulischen Feldes. Praxiserfahrung allein kann nicht als Basis oder Nachweis reflektierter Kenntnis gelten, denn diese könne nur in handlungsentlasteten Situationen, die außerhalb unterrichtspraktischer Berufsanforderungen liegen, erworben werden. Die Argumentation der DGfE zielt damit auf die im Zuge akademischer Qualifikation eingenommenen wissenschaftlichen Perspektiven. Das Zugeständnis, Schulpraxiserfahrung dennoch als relevant anzuerkennen, ist sicherlich auch einer Situation geschuldet, in der erziehungswissenschaftliche Professorinnen und Professoren mit unterschiedlichen Werdegängen an Pädagogische Hochschulen und Universitäten tätig waren (und sind). Auch wenn die Stellungnahme versucht, die Bedeutung schulpraktischer Erfahrung und wissenschaftliche Expertise zu balancieren, bleibt eine vorherrschende Ausrichtung auf die Lehre in der Lehrerinnen- und Lehrerbildung und die Qualifizierung der zukünftigen Berufsinhaberinnen und -inhaber. Der Anspruch, sich in erster Linie wissenschafts- und forschungsorientiert zu zeigen (Abschn. 2.5), so wie es von einer wissenschaftlichen Fachgesellschaft zu erwarten wäre, bleibt unerfüllt.

3.3 Persönliche Betroffenheit als Garant einer „Theorie-Praxis-Verzahnung"?

Wie im vorhergehenden Exkurs beschrieben, gab die DGfE in ihrer Auseinandersetzung mit dem Schulpraxiserfordernis ein Rechtsgutachten bei dem Hamburger Rechtswissenschaftler Harro Plander in Auftrag. Plander führte an, dass das, was Gegenstand der wissenschaftlichen Beschäftigung in Forschung und Lehre als Hochschullehrer sein wird, zuvor infolge des Schulpraxiserfordernisses selbst erfahren, selbst erlebt und „sinnlich" gespürt werden solle. Die Prägung von Hochschullehrerinnen und Hochschullehrern durch die Praxis wird als gewinnbringender Nutzen angeführt. Eine solche Prägung durch die (eigene) Praxis wäre dazu angetan, den notwendigerweise weiten Blick der Wissenschaft auf Praxis zu konzentrieren, indem das in Augenschein genommen wird, was für die Praxis, für die Profession relevant erscheint. Alles andere gerät in einer so gearteten Perspektive generell in den Verdacht, nur graue Theorie und praktisch belanglos zu sein.

Praxisbezug und praktischer Nutzen sind indes keine Kriterien wissenschaftlicher Forschung. Eine vorgeschriebene „Prägung" von Wissenschaftlerinnen und Wissenschaftlern durch eine Praxis, die wiederum Gegenstand ihrer Forschung sein soll, ist vielmehr abzulehnen (Abschn. 2.5). Als entscheidend und charakteristisch für die erziehungs*wissenschaftliche*, die schulpädagogische Sicht auf Schule, Unterricht und den Lehrerinnen- und Lehrerberuf gilt stattdessen eine analytisch-distanzierte Perspektive ohne Zeit- und Handlungsdruck, ohne eine Unterwerfung unter die Zwänge der Praxis (Abschn. 2.2.3). Dies gilt umso mehr, wenn im Zusammenhang mit dem Schulpraxiserfordernis erwartet wird, die Hochschullehrerinnen und -lehrer mögen durch ihre eigenen – subjektiv geprägten – Erfahrungen, die selbst erlebten Zwänge, Schwierig- und Unzulänglichkeiten motiviert werden, sich in ihrer wissenschaftlichen Tätigkeit forschend mit der Praxis („Praxiserkundungen"), ja im Grunde immer auch mit der *eigenen* (vergangenen) Praxis zu befassen. Das Motiv für die wissenschaftliche Auseinandersetzung mit einem bestimmten Themenbereich ist aber nicht die persönliche Betroffenheit bzw. die vorgängige individuelle Berufserfahrung, sondern ein überindividuelles wissenschaftliches Erkenntnisinteresse. Einem Interessenten an einem wissenschaftlichen Werdegang in der Klinischen Psychologie würde schließlich auch mit guten Gründen davon abgeraten werden, die eigenen psychischen Störungen oder Traumata zum motivationalen Ausgangspunkt der Berufswahl zu machen.

3.3 Persönliche Betroffenheit als Garant einer „Theorie-Praxis-Verzahnung"?

Exkurs: Die Umkehrung des Regel-Ausnahmeverhältnis bezogen auf das Schulpraxiserfordernis

Im erziehungswissenschaftlichen und darin im schulpädagogischen Diskurs werden *fehlende* bzw. *weniger* werdende Schulpraxiserfahrungen von Hochschullehrerinnen und Hochschullehrern vor dem Hintergrund beklagt, dass die „Erzeugung von Nachwuchs", „der Praxisverbundenheit und Wissenschaft, Ausbildung und Forschung auf sich vereint", faktisch bei der Besetzung von schulpädagogische Professuren kaum noch gelingt (Terhart 2003, S. 201).

Ein abgeschlossenes Lehramtsstudium dürfte als Einstellungsvoraussetzung, so sie denn explizit gefordert wird, noch einfach zu erfüllen sein, das abgeschlossene Referendariat hingegen womöglich schon von weniger Stelleninhaberinnen und Stelleninhabern. Eine über das Referendariat hinausgehende, mindestens dreijährige Berufspraxis ist bei gleichzeitig steigenden Anforderungen an die wissenschaftlichen Leistungen und Qualifikation kaum noch zu erfüllen. Dies führt dazu, dass neben den oben Genannten (Abschn. 3.1) auch Personen schulpädagogische Professuren bekleiden und in der Vergangenheit bekleideten, die kein Lehramtsstudium absolviert haben, geschweige denn als Lehrkräfte tätig waren (vgl. Rothland und Bennewitz 2018).

Insgesamt dürfte sich in der Praxis der Besetzung von schulpädagogischen Professuren das Regel-Ausnahmeverhältnis insbesondere bei einer strengen Auslegung des Schulpraxiserfordernisses im Sinne einer dreijährigen Berufspraxis nach erfolgreichem Absolvieren der ersten und zweiten Phase der Lehrerinnen- und Lehrerbildung umgekehrt haben.

Diese Umkehrung des Regel-Ausnahmeverhältnis bezogen auf das Schulpraxiserfordernis bei der Rekrutierung des schulpädagogischen Personals ruft die Beschwörung einer (stets) besseren Vergangenheit hervor. *Vor* der Verwissenschaftlichung der Lehrerinnen- und Lehrerbildung sei kennzeichnend gewesen, „dass die späteren Lehrerbildner Unterricht und Erziehung als Lebensberuf gewählt hatten und mit allen schulischen Problemen realistisch von innen her vertraut waren. Dieser Dozententyp ist inzwischen fast ausgestorben. Heute dominieren schulfremde oder der Schule entflohene Professoren, die als Lebensberuf die erziehungswissenschaftliche Arbeit gewählt haben" (Brezinka 2015, S. 287 f.). Für die Lehrerinnen- und Lehrerbildung habe diese Entwicklung folgende Nachteile, so die Klage: „Optimale wissenschaftlich-theoretische Kompetenz ist selten gekoppelt mit optimaler pädagogischer Berufstüchtigkeit; Interesse an Forschung selten mit der Liebe zum Lehrerberuf und der Fähigkeit, Jahr für Jahr neue Berufsanfänger für ihn zu begeistern und ohne unnützen wissenschaftlichen Aufwand in ihn einzuführen" (ebd.).

In den Beschreibungen von Schulpädagogik wird das Schulpraxiserfordernis als ‚Garant der Theorie-Praxis-Beziehung' (Kiper 1998) gefeiert und daher problematisiert, dass in Stellenausschreibungen im Bereich der Schulpädagogik an den deutschen Hochschulen „Schulerfahrungen weder im Mittelbau noch auf professoraler Ebene von zentraler Bedeutung sind" (Zierer und Lamers 2016, S. 314). Infolgedessen würde „der Theorie-Praxis-Bezug gelockert, indem auf Professuren respektive Lehrstühle für Schulpädagogik nicht mehr gelernte Lehrerinnen und Lehrer (mit Praxiserfahrungen und Promotion und Habilitation), sondern ausschließlich ausgebildete Wissenschaftlerinnen und Wissenschaftler kommen" (Kiper 1998, S. 162 f.). Für eine Berufung würden „seit einigen Jahren die Mitarbeit an Projekten, das Einwerben von Drittmitteln und hochrangige Publikationen zur Schul- und Unterrichtsforschung in den Vordergrund" treten (Zierer und Lamers 2016, S. 314) – und ohne diesen wahrgenommenen Trend zu bewerten entsteht doch indirekt der Eindruck, die Autoren würden diese Entwicklung beklagen.

Zierer und Lamers (2016) folgen jedenfalls der Begründung der Bundesregierung aus dem Jahr 1985 für die Aufnahme des § 44 Abs. 3 Satz 1 in das HRG, dass die Berufspraxis als Lehrkraft von Erziehungswissenschaftlerinnen und -wissenschaftlern sowie Fachdidaktikerinnen und Fachdidaktikern zu einer Verbesserung des Praxisbezugs in der Lehrerinnen- und Lehrerbildung führe. Es dränge sich nämlich die Frage auf, „ob ein Verzicht auf schulpraktische Erfahrung der deutschen Hochschullehrenden zu einer Vergrößerung der Theorie-Praxis-Kluft zwischen der ersten und der zweiten Phase der Lehramtsausbildung" führe (ebd., S. 314). Die Autoren gehen ferner davon aus, dass „Erfahrungswissen und Routinen des Schulalltags […] nur diejenigen Hochschullehrenden an Lehramtsstudierende weitergeben werden [können], die selbst in diesem Berufsfeld tätig waren" (ebd.). Damit wird suggeriert, dass es (a) das Ziel der Lehrerinnen- und Lehrerbildung sei, derartiges Erfahrungswissen und die Routinen aus der Praxis von (ehemaligen) erfahrenen Lehrkräften an die Lehrerinnen und Lehrer von morgen (b) im Rahmen eines Universitätsstudium (c) durch Hochschuldozenten in der akademischen Lehre weiterzugeben. Die Lehrerinnen- und Lehrerbildung an Universitäten und Pädagogischen Hochschulen wird so ihres wissenschaftlichen Anspruches beraubt und zur Meisterlehre degradiert.

3.4 Aus der Praxis in die Wissenschaft – im Dienste der Praxis? Konsequenzen und Kritik

„Daß die Inhaberinnen und Inhaber von Professuren für Fachdidaktik und Erziehungswissenschaft mit Aufgaben in der Lehrerbildung nicht nur promoviert, sondern regelmäßig auch habilitiert sein müssen, war eine Konsequenz der Verwissenschaftlichung der Lehrerbildung und deren regelmäßiger Ansiedlung an den Universitäten in den [19]60er- und [19]70er-Jahren. Das seit 1985 statuierte Schulpraxiserfordernis wird man als Korrektur gegenüber einer als zu einseitig theoriebezogenen gewerteten Lehrerbildung interpretieren müssen", so Harro Plander in seinem Rechtsgutachten (Plander 1998, S. 19). Die Konsequenzen für die Lehrerinnen- und Lehrerbildung, die auf die berufspraktischen Erfahrungen und ihrer Weitergabe an die zukünftigen Lehrerinnen und Lehrer an der Universität durch berufserfahrene Schulpädagoginnen und Schulpädagogen (und Fachdidaktiker) setzt (vgl. Zierer und Lamers 2016), reichen allerdings über eine intendierte Enttheoretisierung hinaus: an Stelle einer primär wissenschaftlichen, forschungsorientierten Lehrerinnen- und Lehrerbildung wird diese und mit ihr der Beitrag der Schulpädagogik als „mit Erfahrungen durchsetzte Praxisanleitung" (Herzog 1999, S. 132), als Meisterlehre konzipiert (vgl. Lenzen 1998, S. 11). In dieser sollen berufserfahrene Lehrerinnen und Lehrer – nun u.a. in Gestalt schulpädagogischer Professorinnen und Professoren – die angehenden Lehrkräfte am Geheimnis ihres mehr oder weniger reichhaltigen Erfahrungswissens, an ihren Routinen und, soweit vorhanden, an ihrer Meisterschaft teilhaben lassen. Könnerschaft soll so von (ehemaligen) Praktikerinnen und Praktikern vermittelt werden. Damit wird die Anlage und Zielsetzung einer sich im historischen Prozess bis heute mühevoll entwickelten *akademischen* Lehrerinnen- und Lehrerbildung für alle Lehramtsstudiengänge in Deutschland und damit verbunden das „Herauswachsen" der Schulpädagogik aus einer Praktischen Pädagogik der Seminare und Pädagogischen Akademien (Abschn. 1.3) verkehrt.

Es sind aber gerade *nicht* die (alt-)bewährten Handlungsweisen, Muster und Routinen, es ist gerade *nicht* das individuelle, subjektive und damit beschränkte Erfahrungswissen – und sei es das eines Professors oder einer Professorin –, die die Grundlagen des professionellen Handelns von (angehenden) Lehrkräften bilden sollten. Im Gegenteil: Aufgabe von Schulpädagoginnen und Schulpädagogen als Wissenschaftlerinnen und Wissenschaftlern ist es vielmehr, sich gegen die Praxis zu stellen, sie zu „hinter-fragen" (Oevermann 1996, S. 101), auch wenn – wie Werner Helsper (2001, S. 12) so schön ausführt – bei dieser Aussage für einen Moment die Atmung aussetzen mag. Schulpädagoginnen und Schulpädagogen als Wissenschaftlerinnen und Wissenschaftler stehen in der Pflicht, in bewusster Distanz zur Praxis zu problematisieren, was sich in dieser Praxis „bewährt hat und was deshalb der Praxis als unverzichtbar erscheint". Der kritisch reflexiven Perspektive dürfen nicht in der Praxis noch so erfahrungsgesättigte Routinen heilig sein; ihr „sind auch die bewährtesten, von der Praxis liebgewonnen, und ihr ganz selbstverständlich geltenden Überzeugungen zu unterziehen", so Oevermann (1996, S. 101).

An der Universität bzw. Pädagogischen Hochschule kann in der ersten Phase der Lehrerinnen- und Lehrerbildung das praktische Unterrichten ohnehin nicht gelernt werden. Das wäre eine eher absurde Vorstellung, denn auch in einem schulpädagogischen Seminar oder einer schulpädagogischen Vorlesung findet sich nicht die Schulpraxis, sondern hier ist trivialerweise die Praxis des hochschulischen Lehrens, Lernens und Forschens anzutreffen. Allgemeiner ist mit den Worten Helspers die Grundprämisse wie folgt zu formulieren: Das praktische Können „ist nicht durch Wissenschaft oder theoretische Reflexion erlernbar, sondern nur durch Einführung in das Lehrerhandeln selbst, durch die Erfahrung in der Praxis" (Helsper 2001, S. 10). Und diese Praxis ist nicht in universitären Lehrveranstaltungen und auch nicht in den Praxisphasen akademischer Lehrerinnen- und Lehrerbildung unabhängig von ihrer Dauer anzutreffen (vgl. Hedtke 2020; Rothland und Boecker 2015; Rothland 2020), sondern in der Praxis des schulalltäglichen beruflichen Handelns. Anders gewendet: Für eine „mit Erfahrungen durchsetzte Praxisanleitung" (Herzog 1999, S. 132) ist die Universität der denkbar ungeeignetste Ort.

Die zu vermittelnden Fähigkeiten und Fertigkeiten in der Lehrerinnen- und Lehrerbildung lassen sich weder auf den unmittelbar praktischen Nutzen für das Unterrichten reduzieren noch aus den Erfahrungen der Schulpädagoginnen und Schulpädagogen als ehemalige Lehrkräften speisen. Im Rahmen einer notwendigerweise wissenschaftlich fundierten, akademischen Lehrerinnen- und Lehrerbildung werden stattdessen insbesondere in der ersten Phase forschungs- und nicht subjektiv-erfahrungsfundiert (wie im Falle der Meisterlehre) die Grundlagen für das Verstehen und Erklären, für die Analyse und Reflexion von Schule, Unterricht, Lehren und Lernen samt den bedingenden Faktoren und den intendierten wie nicht intendierten Folgen vermittelt. Diese bilden den Ausgangspunkt für eine reflektierte und auch kritische Berufs- und Unterrichtspraxis: Angehende Lehrkräfte werden einerseits in die Lage versetzt, auf der Basis verallgemeinerbaren wissenschaftlichen fach-, fachdidaktischen und bildungswissenschaftlichen Wissens ihr schulpraktisches Handeln im Beruf planen, erklären, begründen und analysieren sowie reflektieren zu können und andererseits in der Schulpraxis erfahrungsgesättigte, bewährte Routinen oder Selbstverständlichkeiten zu bewerten und gegebenenfalls zu hinterfragen sowie das eigene Handeln wie auch die Handlungsroutinen anderer im Studienseminar der zweiten Phase, im Fachkollegium oder in der Einzelschule vor Ort zu prüfen. Würden Schulpädagoginnen und Schulpädagogen die akademische Lehre zur Weitergabe von „Erfahrungswissen und Routinen" aus der eigenen vorgängigen Lehrertätigkeit nutzen, so wäre dies Anlass für die Infragestellung ihres wissenschaftlichen Anspruchs und des Anspruchs einer akademischen Lehrerinnen- und Lehrerbildung generell.

Neben dem Rückschritt in der Akademisierung der Lehrerinnen- und Lehrerbildung im Zuge einer Konzeption als Meisterlehre sind das Schulpraxiserfordernis und seine Befürwortung auch aus den Reihen der Schulpädagogik selbst Faktoren, die generell der wissenschaftlichen Normalisierung der Erziehungswissenschaft bzw. im Speziellen der Schulpädagogik entgegenstehen. Denn gerade die Emanzipation der Erziehungswissenschaft von der pädagogischen Praxis ist als wichtiger und notwendiger Entwicklungsschritt anzusehen (vgl. Oelkers 1990; Herzog 2002). Die Argumentation für das Schulpraxiserfordernis ist hingegen durchgängig an der Praxis der Profession bzw. auf die Praxis der Lehrerinnen- und Lehrerbildung und in ihr die Schulpädagogik als „Anleitungspädagogik" (Herzog 1999, S. 131) ausgerichtet. Bezugs- und Orientierungspunkt ist hier erneut die Profession (Abschn. 2.4).

Wissenschaftliche Disziplinen zeichnen sich indes, wie im Abschn. 2.4 ausgeführt, in ihrer Genese generell durch ihre (zunehmende) Autonomie gegenüber der ihr jeweils zuzurechnenden Praxis aus. Ein solcher Prozess bzw. dieses Merkmal der Verwissenschaftlichung wird durch die Vorgabe, Schulpädagoginnen und Schulpädagogen müssen Lehrkräfte gewesen sein, unterwandert. Schulpädagoginnen und Schulpädagogen haben sich jedoch im systematischen Kontext der Wissenschaft und nicht im pragmatischen Kontext der Schulpraxis zu behaupten. Sie verfügen – wie die Kolleginnen und Kollegen der Fachdidaktiken – über wissenschaftliche Instrumente zur Analyse von Unterrichtssituationen, aber sie sollten (und werden) sich nicht einbilden, besser als Lehrerinnen und Lehrer in der Schulpraxis unterrichten zu können (vgl. auch Gissel 2001). Eigenes unterrichtspraktisches Können oder erfahrungsbasiertes Wissen qualifiziert nicht für die wissenschaftliche Lehre und Forschung in der ersten Phase der akademischen Lehrerinnen- und Lehrerbildung, sondern die in der *wissenschaftlichen* Praxis erworbenen Qualifikationen.

3.5 Womit soll sich die Schulpädagogik befassen?

Die im Abschn. 3.1 angeführten Fallbeispiele enthalten neben den Informationen zum schulpädagogischen Personal (hier konzentriert auf Professuren) vielfältige Hinweise auf die Themen und Gegenstände der Schulpädagogik an Universitäten. Genannt werden in den vier Ausschreibungstexten zusammen dreizehn Stichworte für Teilgebiete bzw. Themen (in alphabetischer Reihenfolge), wobei je Ausschreibung unterschiedliche Schwerpunkte gesetzt werden.

1. Allgemeine Didaktik
2. (Empirische) Bildungsforschung (quantitativ und/oder qualitativ)
3. Bildungsgerechtigkeit
4. Bildungstheorie
5. Geschichte der Schule
6. Lehrerbildungsforschung
7. Pädagogische Professionalität
8. Schulforschung (quantitativ und/oder qualitativ)
9. Schulentwicklungsforschung
10. Schulsteuerung
11. Theorie der Schule/Schultheorie
12. Transformationsprozesse von Schule und Bildung in einer globalisierten Welt
13. (Empirische) Unterrichtsforschung

Wird diese Sammlung aus den Fallbeispielen genutzt, um der zweiten Frage des dritten Kapitels, womit sich die Schulpädagogik befassen soll, nachzugehen, so eröffnet sich bereits ein erkennbar breites und je nach Hochschulstandort inhaltlich differentes Spektrum. Eine gemeinsame Schnittmenge teilen die Ausschreibungstexte aber bei aller Heterogenität: den Bezug auf die *Lehrerinnen- und Lehrerbildung* in der Lehre, in Institutionen oder Initiativen der Hochschule („Mitarbeit im Zentrum für Lehrerbildung und Bildungsforschung", „Qualitätsoffensive Lehrerbildung") und im Einzelnen auch als Forschungsgegenstand (Lehrerbildungsforschung, Pädagogische Professionalität).

Frühere Untergliederungen der Schulpädagogik waren im Vergleich zum Themenspektrum der Ausschreibungstexte zunächst noch übersichtlich. Benner identifiziert etwa die (Allgemeine) Didaktik, die Curriculumtheorie (Lehrplantheorie) und die Schultheorie als die „drei Fragestellungen der Schulpädagogik" (Benner 1977, S. 90; Abb. 3.1).

In ähnlicher Weise wird die Schulpädagogik als „besondere" Pädagogik auch bei Dietrich (1998, S. 254) thematisch strukturiert. Sie befasse sich mit der Theorie der Schule, des Lehrplans und des Unterrichts (Abb. 3.2).

Lang währt diese Übersichtlichkeit der Themen bzw. Gegenstände und eine Konzentration auf Schultheorie, Lehrplan und Unterricht/Didaktik jedoch nicht. Im „Modell der erziehungswissenschaftlichen Teildisziplin Schulpädagogik" von Keck (1999, S. 56) wird die Theorie des Lehrplans der Allgemeinen Didaktik als einem von drei Kernthemen der Schulpädagogik untergeordnet. In Übereinstimmung

3.5 Womit soll sich die Schulpädagogik befassen?

Abb. 3.1 „Graphische Darstellung des systematischen Zusammenhangs von Didaktik, Lehrplan- und Schultheorie als der drei Fragestellungen der Schulpädagogik" (Quelle: Benner 1977, S. 90)

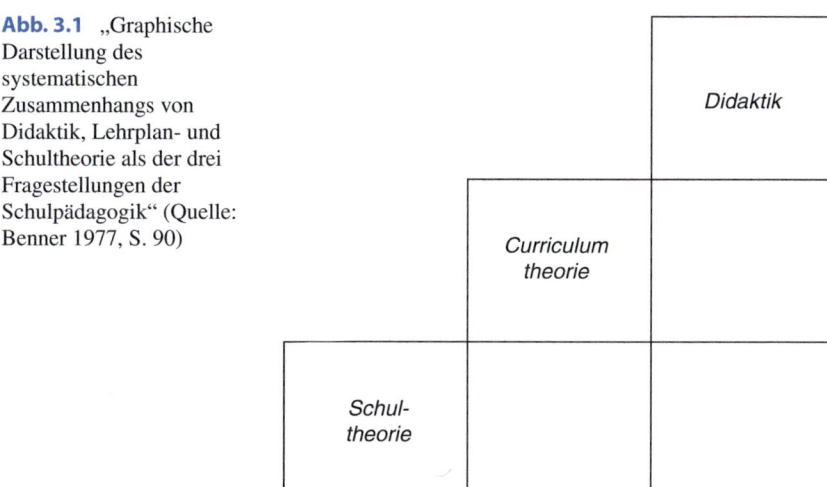

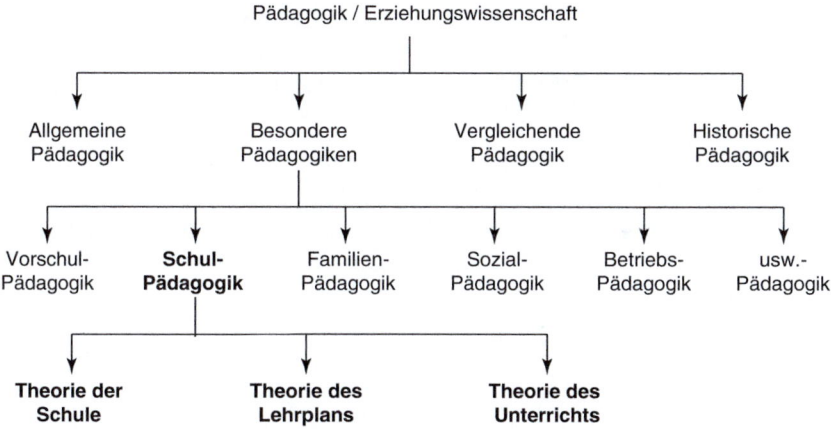

Abb. 3.2 „Gliederung der Pädagogik" (Quelle: Dietrich 1998, S. 254)

mit Benner und Dietrich wird zudem die Theorie der Schule benannt, abweichend zu den genannten Autoren jedoch ergänzt um eine Theorie des pädagogischen Handelns in der Schule (Abb. 3.3). Besonders interessant erscheint ein vierter Themenbereich, der mit den drei genannten Kernthemen durchaus verbunden scheint, in der graphischen Darstellung der Abbildung zugleich nicht ganz oder nicht allein

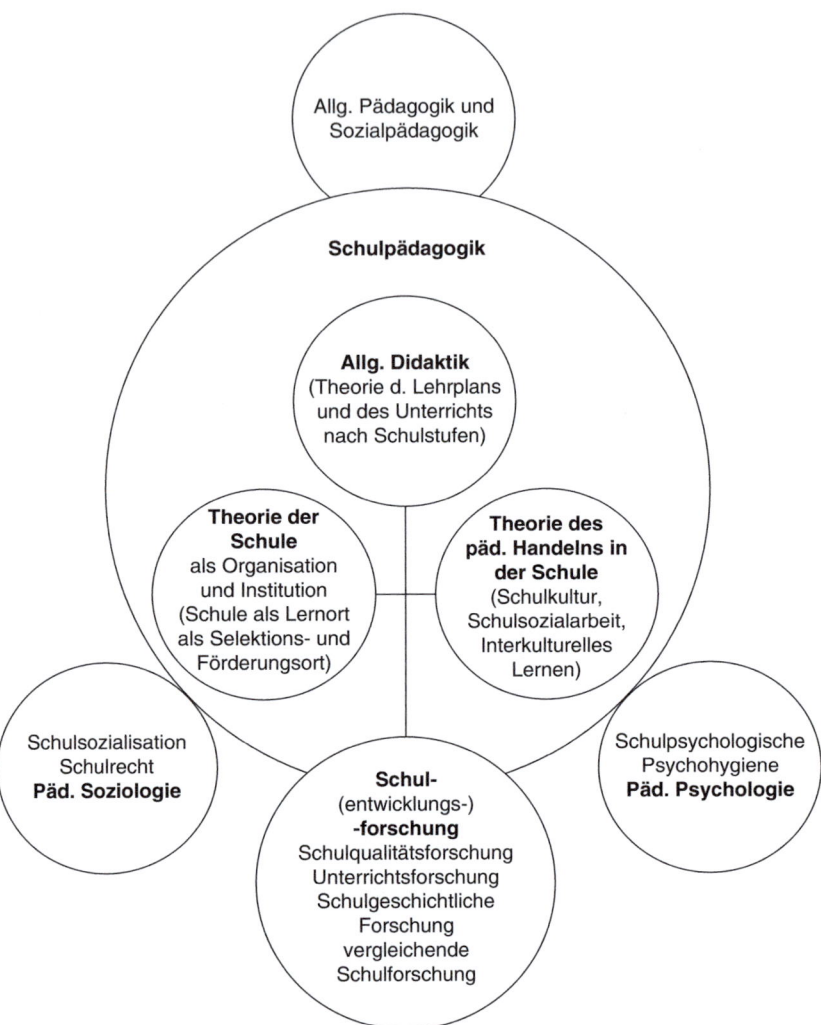

Abb. 3.3 „Modell der erziehungswissenschaftlichen Teildisziplin Schulpädagogik" (Quelle: Keck 1999, S. 56)

3.5 Womit soll sich die Schulpädagogik befassen?

zur Schulpädagogik zu zählen ist: die Schul-(entwicklungs)forschung und darin auch die Unterrichtsforschung. Schul- und Unterrichtsforschung liegen der Darstellung folgend eher außerhalb der Schulpädagogik, was u.a. an das Fallbeispiel 1.1 erinnert, in dem eine explizite Abgrenzung der Schulpädagogik von der Schul- und Unterrichtsforschung beschworen wurde (Abschn. 1.2).

Schul- und Unterrichtsforschung weisen jedoch im Gegensatz zur Pädagogischen Psychologie, die sich ebenso für die Schule wie die sog. Pädagogische Soziologie (eine ungebräuchliche Bezeichnung) interessiert, eine Überschneidung mit der Schulpädagogik auf; so auch, wie graphisch angedeutet, die Allgemeine Pädagogik und die Sozialpädagogik. Wir haben es in dieser Darstellung also immer noch mit drei Kernthemen zu tun, die sich aber bereits (a) inhaltlich ausdifferenzieren und (b) einen vierten, optisch umfangreicher dargestellten Themenbereich an die Seite gestellt bekommen: die Schul- und Unterrichtsforschung (wobei auch hier bereits angelegt ist, dass Allgemeine Didaktik und Unterrichtsforschung zwei verschiedene Paar Schuhe sind (Abschn. 4.2). Bedeutsam ist im „Modell der erziehungswissenschaftlichen Teildisziplin Schulpädagogik" zudem die Berücksichtigung des Umstands, dass im Wissenschaftssystem auch andere (Sub-)Disziplinen ein forschendes Auge auf die Schule werfen. Und gerade dies fordert die Schulpädagogik als Subdisziplin der Erziehungswissenschaft im Sinne spezialisierter wissenschaftlicher Forschung und Kommunikation (Stichweh 2013b, S. 246) hinsichtlich ihrer subdisziplinspezifischen Sichtweise auf Schule, Unterricht und den Lehrerinnen- und Lehrerberuf, also im Sinne einer für wissenschaftliche (Sub-)Disziplinen konstitutiven *kognitiven Spezifität* (Stichweh 2013a, S. 23) heraus (Abschn. 1.1; 2.1.1).

Diese subdisziplinspezifische Sichtweise ist, der Modellierung Kecks folgend, nicht in der Schulforschung (Schulentwicklungsforschung, Schulqualitätsforschung, Unterrichtsforschung, schulgeschichtliche Forschung, vergleichende Schulforschung) zu begründen. Das erscheint auf den ersten Blick plausibel: Unterrichts- oder Schulqualitätsforschung wird schließlich auch von (Pädagogischen) Psychologen und (Bildungs-)Soziologen betrieben, für die Schulgeschichte interessieren sich ebenfalls die (Bildungs-)Historiker innen und Historiker und vergleichende Schulforschung ist, wie der Name es bereits andeutet, auch Gegenstand der Vergleichenden Erziehungswissenschaft als weiterer Subdisziplin der Erziehungswissenschaft (Abschn. 2.1.1; Abb. 3.4). Der zweite Blick offenbart, dass diese thematischen bzw. gegenstandsbezogenen Überschneidungen jedoch auch

Abb. 3.4 „Struktur der Erziehungswissenschaft" (Quelle: Lenzen 2002, S. 50).

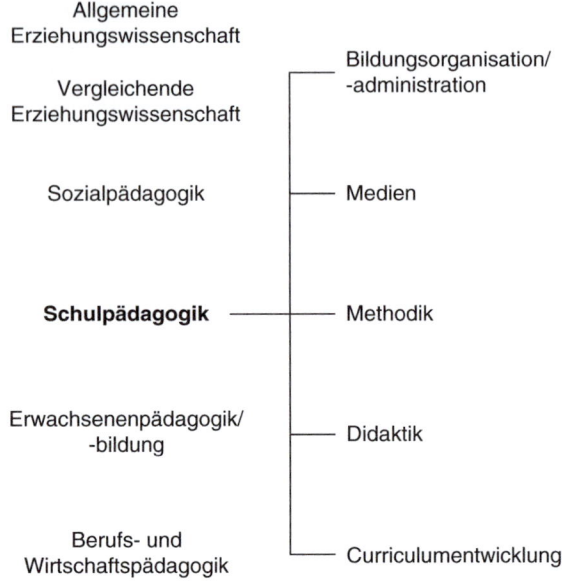

für Kernthemen im „Modell der erziehungswissenschaftlichen Teildisziplin Schulpädagogik" gelten: Für die Schule als Institution und Organisation („Theorie der Schule") können sich schließlich nicht nur Schulpädagoginnen und Schulpädagogen erwärmen, sondern ebenfalls Organisationssoziologen oder Arbeits- und Organisationspsychologen. Interkulturelles Lernen oder Schulsozialarbeit sind auch nicht allein Domänen der Schulpädagogik („Theorie des pädagogischen Handelns in der Schule"). Vielleicht gilt die geforderte Spezifität aber zumindest für die Allgemeine Didaktik als einem genuin schulpädagogischen Teilgebiet (Kap. 4)?

Neuere Übersichten über die Themen der Schulpädagogik als Teildisziplin der Erziehungswissenschaft helfen mit Stichworten wie Bildungsorganisation/-administration, Medien, Methodik, Didaktik und Curriculumentwicklung (Lenzen 2002, S. 50; Abb. 3.4) bezogen auf die Bestimmung der kognitiven Spezifität der Schulpädagogik auch nicht weiter. Sie vergrößern allenfalls das Themenspektrum.

Über die angeführten Gegenstandsbereiche scheint die subdisziplinspezifische Sichtweise, die kognitive Spezifität der Schulpädagogik nicht fassbar, zumal die Bestimmungen in ihrer Vielzahl, Heterogenität und bezogen auf ihren Umfang zuweilen beliebig erscheinen (Abschn. 3.6). Insofern drängt sich auch eher die Frage auf, ob beispielsweise wissenschaftliche Beiträge zur Unterrichtsforschung aufgrund einer besonderen Anlage, theoretischen Einbettung und einer spezifischen Fragestellung als *schulpädagogische* in Abgrenzung etwa zu bildungssoziologischen oder pädagogisch-psychologischen Zugängen bestimmt werden können. Subdisziplinspezifisch wäre demnach nicht das Thema, der Gegenstand, sondern die Perspektive auf den Gegenstand, die Problemstellung und das Erkenntnisinteresse, wie exemplarisch im Abschn. 4.3.2 für eine schulpädagogisch gerahmte und ausgerichtete Unterrichtsforschung ausgeführt wird.

3.6 Allzuständigkeit als Spezifikum der Schulpädagogik?

Zunächst soll jedoch abschließend illustriert und problematisiert werden, wie weit die Bestimmung von Themen und Gegenständen im schulpädagogischen Diskurs gehen – und warum über diesen Weg keine distinkte Identität der Schulpädagogik im Wissenschaftssystem zu gewinnen ist.

Um die Schulpädagogik im erziehungswissenschaftlichen Diskurs über ihre Themen und Gegenstandsbereiche zu erfassen, wird zunächst einmal konstatiert, dass ihr Lehr- und Forschungsbereich umfassender sei als der einer Allgemeinen Didaktik (Jörg 1970, S. 12) bzw. sich nicht in der Allgemeinen Didaktik erschöpfe (Keck 2004, S. 425). Zwar wird die Allgemeine Didaktik in den acht Untergliederungen, die beispielhaft in Tab. 3.1 aufgenommen wurden – mit einer Ausnahme – explizit als Teilgebiet benannt. Sie steht aber in einer Reihe von mindestens vier zentralen Inhaltsfeldern (Bohl et al. 2015, S. 55) bis zu 13 unterschiedenen Teilbereichen (Keck 2004).

Neben der Allgemeinen Didaktik wird in fast allen Auflistungen auf den Unterricht als Stichwort (vor allem Unterrichtstheorie oder Theorie des Unterrichts, aber auch Unterrichtsmethodik, Unterrichtsplanung, Unterrichtsforschung) Bezug genommen und darüber hinaus im Einzelnen eine Hierarchie der schulpädagogischen Teilgebiete, eine Priorisierung angeführt. Schulpädagogik wird etwa bei Koch (2019, S. 163 ff.) konzentriert auf den (Schul-)Unterricht gefasst.[1] Im Zentrum der Schulpädagogik stehe die Aufgabe (angehender Lehrkräfte), zu unterrichten und allgemein wird eine an den lehrerberufstypischen Tätigkeiten orientierte Systematisierung des Gegenstandsbereichs der Schulpädagogik vorgeschlagen (Haarmann 1997, S. 13). Abermals wird also Schulpädagogik ausgehend von der

---

[1] Selbst die gesamte erziehungswissenschaftliche Forschung wird bei Fend schulpädagogisch vereinnahmt und auf Schulunterricht reduziert: „Der Kern erziehungswissenschaftlicher Forschung wird sich auch in Zukunft auf die Unterrichtsebene konzentrieren" (Fend 2019, S. 935).

Tab. 3.1 Themen und Gegenstandsbereiche der Schulpädagogik im Diskurs

Themen und Gegenstandsbereiche der Schulpädagogik

Aschersleben und Hohmann 1979, S. 7	Arnold und Pätzold 2002, S. 30	Keck 2004, S. 425	Esslinger-Hinz und Sliwka 2011, S. 10	Kiper 2011, S. 22	Reh und Drope 2012, S. 154	Bohl et al. 2015, S. 30 ff.	Koch 2019, S. 165
1. Curriculum	1. Allgemeine Didaktik	1. Allgemeine Didaktik	1. Allgemeine Didaktik	1. Allgemeine Didaktik und Theorie des Unterrichts	1. Didaktik und Theorie des Unterrichts	1. Bildungssystem und Schulstruktur (Deskription des Schulsystems, Steuern und Bildungspläne)	1. Allgemeine Didaktik
2. Forschungsmethodik	2. Geschichte der Schule	2. Historische Schul- und Bildungsforschung	2. Curriculumtheorie, Lehrplantheorie	2. Berufsbild des Lehrers	2. Fragen der Lehrertätigkeit und des Schullebens	2. Bedeutung der Einzelschule (Schulentwicklungsforschung und Schulqualität)	2. Curriculum- und Lehrplantheorie
3. Institution	3. Professionalisierung der Lehrerschaft	3. Methodik	3. Professionstheorie	3. Bildungssystem	3. Schul- und Bildungspolitik		3. Professionstheorie
4. Klinische Pädagogik	4. Schulorganisation	4. Schülerbeurteilung	4. Schultheorie	4. Bildungs- und Schulpädagogik	4. Schulorganisation		4. Schulentwicklungstheorie
5. Pädagogische Diagnostik	5. Schulrecht	5. Schüler-/Schulberatung	6. Schulentwicklungstheorie	5. Lebenswelt der Kinder und Jugendlichen und schulische Sozialisation	5. Theorie der Lehrerprofession	3. Unterricht (Allgemeine Didaktik, Unterrichtsforschung)	5. Schultheorie
6. Unterrichtsmethodik und Mediendidaktik	6. Theorie der Lern- und Sozialisationsbedingungen	6. Schuladministration	7. Schulsystemtheorie (Steuerungsfragen des Schulsystems)	6. Schulorganisation und Schulentwicklung	6. Theorie der Schule		6. Schulsystemtheorie
7. Unterrichtsplanung	7. Theorie der Schule	7. Schulhygiene	8. Schul- und Unterrichtskritik	7. Sozialpädagogik in der Schule		4. Professionalisierung, Forschung zum Lehrerberuf (das Inhaltsfeld heißt aber programmatisch: „Professionalisierung")	7. Unterrichtstheorie
	8. Unterricht	8. Schulorganisation	9. Unterrichtstheorie	8. Theorie der Schule und des Schullebens			
		9. Schulrecht					
		10. Theorie der Schule					
		11. Theorie der Schulerziehung					
		12. Theorie des Schullebens					
		13. Vergleichende Schul- und Bildungsforschung					

3.6 Allzuständigkeit als Spezifikum der Schulpädagogik?

beruflichen Praxis der Lehrertätigkeit entworfen. Dem entgegen finden sich aber auch Bezugnahmen auf wissenschaftliche Kategorien, hier der Forschung, wenn nach der Darstellung zur Allgemeinen Didaktik die Unterrichtsforschung als zentrales Inhaltsfeld der Schulpädagogik präsentiert wird (Bohl et al. 2015, S. 51 ff.).

Die Theorie der Schule (auch Schultheorie) scheint ebenfalls weitgehend übereinstimmend Teilgebiet der Schulpädagogik ebenso wie die Professionstheorie (Theorie der Lehrerprofession, Professionalisierung) zu sein, während die Curriculum- und Lehrplantheorie nur noch in drei Auflistungen explizit genannt wird (vgl. Abb. 3.1 und 3.2).

Der Anschein eines Konsens bezogen auf einzelne „Kernthemen" sowie einer Hierarchie der Teilgebiete trügt jedoch, werden explizit als schulpädagogische Kernthemen auch alternativ beispielsweise „Planungsmodelle für Unterricht, methodisches Handeln, Klassenführung, Unterrichtsprinzipien oder Artikulation von Unterricht" (Geck et al. 2020, S. 107) genannt. Zudem wird die Schultheorie auch als *benachbartes* Terrain der Schulpädagogik ausgewiesen (Meyer 1997, S. 232): Schulpädagogiken [sic!] werden von Theorien der Schule abgegrenzt, da sie praxisorientierter und pragmatischer seien, indem sie „handlungsorientierende Anleitungen zur Gestaltung des Schul- und Unterrichtsbetriebs geben" (ebd., S. 211). Im Vorwort der Herausgeber der Buchreihe „Studientexte Bildungswissenschaft" werden Schulpädagogik und Schultheorie als (zwei!) „Teildisziplinen der Bildungswissenschaften" beschrieben. Gesprochen wird auch von „beiden erziehungswissenschaftlichen Teildisziplinen" (Grunder et al. 2015, S. 9). Die Schultheorie stünde so neben der Schulpädagogik – und dies als „Teildisziplin" im Wissenschaftssystem (vgl. auch Frost 2002, S. 21). Im Gegensatz zum Vorwort wird im Band *Schulpädagogik und Schultheorie* selbst Schultheorie als Teilgebiet der Schulpädagogik verstanden (Bohl et al. 2015, S. 17).

Hinter dem Gegenstandsbereich Professionstheorie (Theorie der Lehrerprofession, Professionalisierung) verbirgt sich ebenfalls Unterschiedliches: zum einen wird hier der Schulpädagogik programmatisch der Auftrag zur „Professionalisierung der Lehrerschaft" zugewiesen (Arnold und Pätzold 2002, S. 30), zum anderen Forschung zum Lehrerinnen- und Lehrerberuf als Forschungsfeld der Schulpädagogik genannt (Bohl et al. 2015, S. 55). Schul- und Unterrichtstheorie werden weiters auch *zusammen* als Hauptsäulen der Schulpädagogik verstanden (Haarmann 1997, S. 14) und zugleich wird darauf verwiesen, dass die Konturen des Gegenstandsbereichs der Schulpädagogik unscharf seien (ebd., S. 12). Neben den in Tab. 3.1 aufgeführten Untergliederungen wird im neueren schulpädagogischen Diskurs jedoch immer wieder auf auf eine Dreiteilung wie bei Benner (1977) verwiesen: Gegenstand der Schulpädagogik seien die drei Großbereiche Theorie der Schule, Theorie des Lehrplans und Theorie des Unterrichts (Plöger und Scholl 2011, S. 625).

Schließlich finden sich alternativ zu den angeführten Untergliederungen allgemein gehaltene und weitreichende Gegenstandsbestimmungen: Schulpädagogik umfasse all das, „dessen Referenzpunkt die Schule ist" (Hanke und Seel 2015, S. 868); sie „befasst sich mit allen Aspekten der schulisch institutionalisierten Erziehung und Bildung von Heranwachsenden bzw. jungen Erwachsenen" (Arnold und Pätzold 2002, S. 30). Gegenstand der Schulpädagogik sei die „institutionalisierte Erziehung und Bildung im Spiegel gesellschaftlicher Anforderungen" (Bosse 2010, S. 664).

Eine besonders weitgehende Gegenstandsbestimmung findet sich implizit im *Handbuch Schulpädagogik* (Harring et al. 2019a). Was Schulpädagogik ist, wird, wie eingangs bereits angemerkt wurde, dort nicht eigens und explizit bestimmt (Abschn. 1.1). In der Einführung in das Handbuch mit dem Titel „Bildung im schulischen Kontext – eine Einführung in die Thematik" taucht der Begriff Schulpädagogik lediglich zweimal auf. Schulpädagogik wird zusammengebracht mit empirischer Forschung zu schulischen Bildungsprozessen, mit Bildungsstandards, Kompetenzmessung, Evidenzbasierung, internationalen Schulleistungsstudien wie PISA, Vergleichsarbeiten, Bildungsberichterstattung etc. (Harring et al. 2019b, S. 13). Gegenstand des Handbuchs und – so könnte gefolgert werden – der Schulpädagogik sei die „international wie interdisziplinär geführte Diskussion um die strukturellen Bedingungen von Schule und Unterricht, ihre Gesalt(-ung) auf unterschiedlichen Ebenen und die davon ausgehenden Effekte". Das Handbuch verfolge das Ziel, Schule „mithilfe unterschiedlicher Zugänge sowie aus einer interdisziplinären und internationalen Perspektive systematisch zu erfassen" (Harring et al. 2019b, S. 14).

Über das Vorwort hinaus könnte zudem aus dem Spektrum der Inhalte implizit geschlossen werden, dass all die im Handbuch behandelten Themen in der Summe die Schulpädagogik zumindest inhaltlich bestimmen (s. Tab. 3.2). Angesichts der Vielzahl der Zugänge, Themen und Perspektiven, die für sich genommen in der Regel *nicht* (sub-)disziplinspezifisch sind, sondern vielmehr interdisziplinär in den Blick genommen werden (können), steht im Ergebnis eines solchen Bestimmungsversuches eher die Allzuständigkeit als eine gegenstandsbezogene Spezialisierung. Was den spezifischen Zugang *der Schulpädagogik* zu den aufgeführten Themen als eigenständig kennzeichnet, kann so erneut nicht ausgesagt werden.

Vor dem Hintergrund der vielzähligen Themen und Gegenstandsbereiche, die der Schulpädagogik mit zuweilen unterschiedlicher Priorisierung zugeschrieben werden, wirft die Feststellung, dass die Schulpädagogik eine Subdisziplin der Erziehungswissenschaft „mit einem eigenen Gegenstandsbereich" sei (Kiper 1998, S. 150), die Fragen auf, (1.) welcher „Gegenstandsbereich" das sein soll und vor allem (2.), wie die subdisziplinäre Exklusivität bzw. Spezifität begründet wird. Von

3.6 Allzuständigkeit als Spezifikum der Schulpädagogik? 113

Tab. 3.2 Themen und Gegenstandsbereiche im Handbuch Schulpädagogik (Harring et al. 2019a)

Schulpädagogik im *Handbuch Schulpädagogik*

Historischer Zugang	Theoretischer Zugang	Internationaler Zugang	Akteure	Unterricht	Herausforderungen	Schulentwicklung	Forschungsmethodische Zugänge:	Ausblick und Perspektiven
Schule im 19. Jahrhundert	Schule aus erziehungswissenschaftlicher Perspektive	Schule in Frankreich	Schülerinnen und Schüler	Unterrichtsqualität	Heterogenität – Überblick, Begriff, theoretische Zugänge	Internationale Schulleistungsstudien	Schulpädagogik im Spiegel qualitativer Forschung – Perspektiven und Desiderate	The good teacher – Our best teachers are inspired, influential and passionate
Schule im 20. Jahrhundert	Schule aus soziologischer Perspektive	School in Finnland	Lehrerinnen und Lehrer	Allgemeine Didaktik – didaktische Modelle	Soziale Ungleichheiten	Schulentwicklung	Theorie- und hypothesenprüfende Studiendesigns	Was ist eine gute Schule?
Schule im 21. Jahrhundert	Schule aus psychologischer Perspektive	School in the USA	Schulleitung	Fachunterricht und Fachdidaktik	Migration	Bildungspolitik und Steuerung des Schulwesens	Mixed Methods	Über die Gleichzeitigkeit des Ungleichzeitigen
		Schule in Canada	Eltern	Unterrichtsplanung	Geschlecht	Bildungsstandards und Kompetenzorientierung	Interviewverfahren	Schule als Ort allgemeiner Bildung
		School in the Czech Republic	Peers	Unterrichtsmethoden	Schulische Übergänge – Herausforderungen für Schülerinnen und Schüler und Lehrpersonen	Zentralabitur / zentrale Abschlussprüfungen	Teilnehmende Beobachtung	Potenziale und Grenzen der Qualitätsentwicklung im Schulwesen
		Schule in China	Schulsozialarbeiterinnen/-sozialarbeiter und Schulpsychologinnen/-psychologen	Offener Unterricht	Inklusion	Schulische Steuergruppen – Konzept, theoretische Grundlagen, Befunde und Forschungsbedarf	Videografie im Unterricht	Die Schulpädagogik auf dem Weg zur Wissenschaft – Rückblick und Zukunftsperspektiven
		Schule in Indien		Adaptive Lernumgebungen	Professionalität von Lehrerinnen und Lehrern in berufsbiografischer Perspektive	Schulinspektion. Externe Evaluation von Schulen aus programm-immanent-steuerungstheoretischer und governanceanalytischer Perspektive	(Video-) Tests und Fragebogenverfahren	
		School in South Africa		Jahrgangsübergreifendes Lernen	Schulkultur	Interne Steuerung	Kompetenzdiagnostik	
				Medien im Unterricht	Demokratisierung von Schule und Unterricht	Interprofessionelle Kooperation	Zentrale qualitative Auswertungsverfahren	
				Hausaufgaben	Lehrern in berufsbiografischer Perspektive			
				Leistungsbeurteilung	Belastung, Beanspruchung und Gesundheit im Lehrerberuf	Datengestützte Qualitätssicherung und -entwicklung im Schulsystem	Zentrale quantitative Auswertungsverfahren	
				Reflexion in Lehr-Lernprozessen	Professionelle Beratung			
					Praxisphasen in der Lehrerinnen- und Lehrerbildung			

einer konsensuelen Beantwortung dieser Fragen im schulpädagogischen Diskurs kann jedenfalls nicht gesprochen werden.

Grundsätzlich gilt zudem, dass sich die Schulpädagogik durch die einfache Bezugnahme auf Phänomene und eine Liste von schulpädagogischen Themen nicht systematisch im Chor der (Sub-)Disziplinen, die sich mit Schule und Unterricht befassen, behaupten kann. Gegenstände und Themen reichen nicht für die Begründung einer (Sub-)Disziplin aus (Herzog 1999, S. 125), auch wenn der Gegenstandsbezug selbst als fundierendes Disziplinmerkmal zu gelten hat (Guntau und Laitko 1987, S. 23). Die Bestimmung wissenschaftlicher Disziplinen primär über ihre spezifischen Gegenstände erscheint generell zu eng gefasst. Nicht die Inhalte sind es, die grundsätzlich wissenschaftlich oder nicht-wissenschaftlich sind. Prinzipiell kann alles zum Thema bzw. Gegenstand im Wissenschaftssystem gemacht werden (vgl. Schützenmeister 2008, S. 67).

Disziplinen verfügen zudem über ein umfangreiches Methodenrepertoire und lassen sich auch nicht über eine disziplinspezifische Methode (s. „Forschungsmethodische Zugänge" im Handbuch Schulpädagogik, Tab. 3.2, sowie die erste Annäherung an den Begriff der wissenschaftlichen Disziplin im Abschn. 1.1) identifizieren und unterscheiden; auch beherbergen sie intern unterschiedliche, zuweilen konkurrierende Theorien, sodass über eine gemeinsame Theorie (die *eine* Theorie der Schule, die *eine* Unterrichtstheorie) bzw. ein theoriebezogener Konsens die Identität einer Disziplin nicht zu bestimmen und sie auf dieser Basis nicht von anderen Disziplinen abzugrenzen ist (vgl. Schützenmeister 2008, S. 77).

Insofern sind Versuche, die Schulpädagogik als Teildisziplin der Erziehungswissenschaft – oder eine beliebige andere (Sub-)Disziplin im disziplinär ausdifferenzierten Wissenschaftssystem – über den Gegenstandsbereich (die Schule, das Weltall, die Gesundheit, das Recht, die Gesellschaft, die Natur ...), die Forschungsmethode(n) (Quellenanalyse, Experimente, Exegese) oder einen theoretischen Zugang zu fassen, zum Scheitern verurteilt.

Schulpädagogik erscheint gleichwohl als forschende wissenschaftliche Subdisziplin u.a. in der Schul- und Unterrichtsforschung und in den Beiträgen zur Lehrerinnen- und Lehrerberufs- sowie Lehrerinnen- und Lehrerbildungsforschung. Die entsprechenden Forschungsbereiche können jedoch auch anderen (Sub-)Disziplinen zugeordnet werden. In Anlehnung an Herzog ist zu konstatieren, dass dort, wo die Schulpädagogik als Forschungsdisziplin erscheint, ihre subdisziplinäre Einheit zerfällt (Herzog 2005, S. 8), zumindest brüchig wird. Aus der Perspektive der neueren Wissenschaftsforschung und -soziologie ist dies jedoch kein Makel oder eine Eigentümlichkeit der Schulpädagogik, sondern der Regelfall. Forschung ist zunehmend interdisziplinär, die Umwelt des Wissenschaftssystems bzw. ihre jeweiligen Ausschnitte als Forschungsgegenstände immer seltener Gegenstand *einer* (Sub-)

Disziplin (vgl. Schützenmeister 2008). Gleichwohl kann an der Annahme eines spezifischen Erkenntnisinteresses, das ein und denselben Gegenstandsbereich verschiedener wissenschaftlicher (Sub-)Disziplinen zu einem *(sub-)disziplinspezifischen* Forschungsgegenstand macht, im Sinne Stichwehs kognitiver Spezifität als Unterscheidungs- bzw. identitätsstiftendem Merkmal festgehalten werden. Ein solches spezifisches Erkenntnisinteresse wird am *Beispiel* der Allgemeinen Didaktik und der empirisch-quantitativen Unterrichtsforschung als Teilgebiete der Schulpädagogik skizziert (Kap. 4).

Literatur

Arnold, R. & Pätzold, H. (2002). *Schulpädagogik kompakt. Prüfungswissen auf den Punkt gebracht.* Berlin: Cornelsen Scriptor.

Aschersleben, K. & Hohmann, M. (1979). *Handlexikon der Schulpädagogik.* Stuttgart u.a.: Kohlhammer.

Baumgart, F., Lange, U. & Wigger, L. (Hrsg.). (2005). *Theorien des Unterrichts.* Bad Heilbrunn: Klinkhardt.

Benner, D. (1977). Was ist Schulpädagogik? In J. Derbolav (Hrsg.), *Grundlagen und Probleme der Bildungspolitik* (S. 88-111). München: Piper.

Berg, C., Herrlitz, H.-G. & Horn, K.-P. (2004). *Kleine Geschichte der Deutschen Gesellschaft für Erziehungswissenschaft. Eine Fachgesellschaft zwischen Wissenschaft und Politik.* Wiesbaden: VS Verlag für Sozialwissenschaften.

Bohl, T., Harant, M. & Wacker, A. (2015). *Schulpädagogik und Schultheorie.* Bad Heilbrunn: Klinkhardt/UTB.

Bosse, D. (2010). Von Schulkritik bis Unterrichtsforschung – Schulpädagogik als Teildisziplin der Bildungswissenschaften. *Pädagogische Rundschau, 64,* 661-672.

Brezinka, W. (2015). Die „Verwissenschaftlichung" der Pädagogik und ihre Folgen. Rückblick und Ausblick. *Zeitschrift für Pädagogik, 61,* 282-294.

Detmer, H. (2017). Das Recht der (Universitäts-)Professoren. In M. Hartmer & H. Detmer (Hrsg.), *Hochschulrecht. Ein Handbuch für die Praxis* (3. Aufl., S. 141-240). Heidelberg: C.F. Müller.

Dietrich, T. (1998). *Zeit- und Grundfragen der Pädagogik* (8. Aufl.). Bad Heilbrunn: Klinkhardt.

Esslinger-Hinz, I. & Sliwka, A. (2011). *Schulpädagogik.* Weinheim, Basel: Beltz.

Fend, H. (2019). Die Schulpädagogik auf dem Weg zur Wissenschaft – Rückblick und Zukunftsperspektiven. In M. Harring, C. Rohlfs & M. Gläser-Zikuda (Hrsg.), *Handbuch Schulpädagogik* (S. 923-939). Münster: Waxmann/UTB.

Frei, N. (2013). *Der Führerstaat. Nationalsozialistische Herrschaft 1933 bis 1945* (Neuausgabe). München: C.H. Beck.

Frost, U. (2002). Eine Kernfrage der Schulpädagogik: Was macht einen guten Lehrer aus? In U. Kurth (Hrsg.), *Schulpädagogik – eine erziehungswissenschaftliche Disziplin. Positionen und Perspektiven* (S. 21-25). Bielefeld: Medien-Verlag.

Geck, H., Weckend, D. & Zierer, K. (2020). Schulpädagogische Lehre braucht Unterrichtspraxis *journal für lehrerinnen-und lehrerbildung, 20*(2), 106-117.

Gissel, N. (2001). Welche Qualifikationen braucht die Sportwissenschaft? Ein provokantes Essay zur Einführung *dvs-Informationen, 16*(4), 15-16.

Grunder, H.-U., Hackl, B., Schaumburg, H. & Bohl, T. (2015). Vorwort der Herausgeberschaft. In T. Bohl, M. Harant & A. Wacker (2015), *Schulpädagogik und Schultheorie* (S. 7-10). Bad Heilbrunn: Klinkhardt/UTB.

Guntau, M. & Laitko, H. (1987). Entstehen und Wesen wissenschaftlicher Disziplinen. In dies. (Hrsg.), *Der Ursprung der modernen Wissenschaften. Studien zur Entstehung wissenschaftlicher Disziplinen* (S. 17-89). Berlin: Akademie.

Haarmann, D. (1997). Einleitung: Wozu dieses Buch? In D. Haarmann (Hrsg.), *Handbuch Elementare Schulpädagogik* (S. 9-18). Weinheim, Basel: Beltz.

Hanke, U. & Seel, N.M. (2015). Einzeldisziplinen der Erziehungswissenschaft. In N.M. Seel & U. Hanke (Hrsg.), *Erziehungswissenschaft. Lehrbuch für Bachelor-, Master- und Lehramtsstudierende* (S. 853-904). Wiesbaden: Springer VS.

Harring, M., Rohlfs, C. & Gläser-Zikuda, M. (Hrsg.). (2019a). *Handbuch Schulpädagogik*. Münster: Waxmann/UTB.

Harring, M., Rohlfs, C. & Gläser-Zikuda, M. (2019b). Bildung im schulischen Kontext – eine Einführung in die Thematik. In M. Harring, C. Rohlfs & M. Gläser-Zikuda (Hrsg.), *Handbuch Schulpädagogik* (S. 11-17). Münster: Waxmann/UTB.

Hedtke, R. (2020). Wissenschaft und Weltoffenheit. Wider den Unsinn der praxisbornierten Lehrerausbildung. In C. Scheid & T. Wenzl (Hrsg.), *Wieviel Wissenschaft braucht die Lehrerbildung?* (S. 79-108). Wiesbaden: Springer VS.

Helsper, W. (2001). Praxis und Reflexion. Die Notwendigkeit einer „doppelten Professionalisierung" des Lehrers. *journal für lehrerinnen- und lehrerbildung, 1*(3), 7-15.

Herzog, W. (1999). Die vorschnelle Disziplin: Schulpädagogik zwischen Praxisanleitung und Wissenschaft. In H. Badertscher, H.-U. Grunder & A. Hollenstein (Hrsg.), *Brennpunkt Schulpädagogik. Die Zukunft der Schulpädagogik in der Schweiz. Schule – Lehrerbildung – Forschung* (S. 119-148). Bern: Haupt.

Herzog, W. (2002) Die Pädagogik als Wissenschaft und als Profession: Von der Identität zur Partnerschaft. In R. Hofstetter & B. Schneuwly (Hrsg.), *Science(s) de l'éducation 19e-20e siècles. Entre champs professionels et champs disciplinaires. Erziehungswissenschaft(en) 19.-20. Jahrhundert. Zwischen Profession und Disziplin* (S. 267-281). Bern u.a.: Lang.

Herzog, W. (2005). *Disziplin und Profession im Dilemma – die Perspektive der Wissenschaftsforschung*. Vortrag gehalten im Rahmen der Frühjahrstagung der Kommission Professionsforschung und Lehrerbildung in der DGfE, 26.-27.05.2005 [Manuskript].

Jörg, H. (1970). *Unterrichtspraxis. Grundbegriffe und Grundfragen der Schulpädagogik und Allgemeinen Didaktik*. Oberursel: Finken.

Keck, R.W. (1999). Entwicklung der Disziplin Schulpädagogik in der Bundesrepublik Deutschland: Ausgestaltung ihrer Eigenständigkeit und ihrer Perspektiven. In H. Badertscher, H.-U. Grunder & A. Hollenstein (Hrsg.), *Brennpunkt Schulpädagogik. Die Zukunft der Schulpädagogik in der Schweiz. Schule – Lehrerbildung – Forschung* (S. 39-61). Bern: Haupt.

Keck, R.W. (2004). Schulpädagogik. In R.W. Keck, U. Sandfuchs & B. Feige (Hrsg.), *Wörterbuch Schulpädagogik* (2., völlig überarb. Aufl., S. 425-426). Bad Heilbrunn: Klinkhardt.

Kiper, H. (1998). Konturen der Schulpädagogik heute – Zwischen Berufswissenschaft und grenzüberschreitender Disziplin in der Erziehungswissenschaft. In D. Hoffmann

& K. Neumann (Hrsg.), *Die gegenwärtige Struktur der Erziehungswissenschaft. Zum Selbstverständnis einer undisziplinierten Disziplin* (S. 149-170). Weinheim: Deutscher Studien Verlag.
Kiper, H. (2011). Schulpädagogik studieren. In H. Kiper, H. Meyer & W. Topsch (Hrsg.), *Einführung in die Schulpädagogik* (6. Aufl., S. 15-23). Berlin: Cornelsen Scriptor.
Koch, G. (2019). *Erziehungswissenschaft für Lehramtsstudierende*. Paderborn: Schöningh/UTB.
Lenzen, D. (1998). Geleitwort. In H. Plander (Hrsg.), *Das Schulpraxiserfordernis für Erziehungswissenschaftler (§ 44 Abs. 3 Satz 1 HRG) im Lichte des Grundgesetzes* (S. 11-13). Frankfurt a. M.: Peter Lang.
Lenzen, D. (2002). *Erziehungswissenschaft. Was sie kann, was sie will* (2. Aufl.). Reinbeck bei Hamburg: Rowohlt.
Meyer, H. (1997). *Schulpädagogik. Band 1: Für Anfänger*. Berlin: Cornelsen Scriptor.
Oelkers, J. (1990). Utopie und Wirklichkeit. Ein Essay über Pädagogik und Erziehungswissenschaft. *Zeitschrift für Pädagogik, 36*, 1-13.
Oevermann, U. (1996). Theoretische Skizze einer revidierten Theorie professionalisierten Handelns. In A. Combe, A. & W. Helsper (Hrsg.), *Pädagogische Professionalität* (S. 70-183). Frankfurt a. M.: Suhrkamp.
Pautsch, A. & Dillenburger, A. (2016). *Kompendium zum Hochschul- und Wissenschaftsrecht* (2. Aufl.). Berlin, Bosten: de Gruyter.
Plander, H. (1998). *Das Schulpraxiserfordernis für Erziehungswissenschaftler (§ 44 Abs. 3 Satz 1 HRG) im Lichte des Grundgesetzes*. Frankfurt a. M.: Peter Lang.
Plöger, W. & Scholl, D. (2011). Forschungsansätze in der Schulpädagogik. In S. Hellekamps, W. Plöger & W. Wittenbruch (Hrsg.), *Schule* (Handbuch der Erziehungswissenschaft, Bd. 3, Studienausgabe, S. 625-642). Paderborn u.a.: F. Schöningh.
Pohl, H.-E. (1972). *Die Pädagogik Wilhelm Reins*. Bad Heilbrunn: Klinkhardt.
Prange, K. (2003). Johann Friedrich Herbart (1776-1841). In H.-E. Tenorth (Hrsg.), *Klassiker der Pädagogik. Band 1: Von Erasmus bis Helene Lange* (S. 172-180). München: C.H. Beck.
Reh, S. & Drope, T. (2012). Schulpädagogik. In K.P. Horn, H. Kemnitz, W. Marotzki & U. Sandfuchs (Hrsg.), *Klinkhardt Lexikon Erziehungswissenschaft* (Bd. 3, S. 154-156). Bad Heilbrunn: Klinkhardt/UTB.
Rothland, M. (2005). Fachgesellschaft und Disziplin. Die kurze Geschichte der Deutschen Gesellschaft für Erziehungswissenschaft und ihre Historiographie. *Zeitschrift für pädagogische Historiographie, 11*(2), 87-91.
Rothland, M. (2020). Legenden der Lehrerbildung. Zur Diskussion einheitsstiftender Vermittlung von „Theorie" und „Praxis" im Studium. *Zeitschrift für Pädagogik, 66*, 270-287.
Rothland, M. & Boecker, S.K. (2015). Viel hilft viel? Forschungsbefunde und -perspektiven zum Praxissemester in der Lehrerbildung. *Lehrerbildung auf dem Prüfstand, 8*(2), 112-134.
Rothland, M. & Bennewitz, H. (2018). Praktiker zu Theoretikern!? Das Schulpraxiserfordernis oder warum Ewald Terhart kein Schulpädagoge sein dürfte. In M. Rothland & M. Lüders (Hrsg.), *Lehrer-Bildungs-Forschung. Festschrift für Ewald Terhart* (S. 25-41). Münster: Waxmann.
Schützenmeister, F. (2008). *Zwischen Problemorientierung und Disziplin. Ein koevolutionäres Modell der Wissenschaftsentwicklung*. Bielefeld: transcript.

Stichweh, R. (2013a). Differenzierung der Wissenschaft. In R. Stichweh (Hrsg.), *Wissenschaft, Universität, Professionen. Soziologische Analysen* (Neuaufl., S. 15-45). Bielefeld: transcript.

Stichweh, R. (2013b). Professionen und Disziplinen. Formen der Differenzierung zweier Systeme beruflichen Handelns in modernen Gesellschaften. In R. Stichweh (Hrsg.), *Wissenschaft, Universität, Professionen. Soziologische Analysen* (Neuaufl., S. 245-293). Bielefeld: transcript.

Terhart, E. (2003). Schulpädagogik. Wandlungsprozesse einer Teildisziplin. In M. Fromm & P. Menck (Hrsg.), *Schulpädagogische Denkformen* (S. 191-211). Weinheim, Basel: Beltz.

Zierer, K. & Lamers, D. (2016). Schulpraktische Erfahrung der deutschen Hochschullehrenden im Bereich der Schulpädagogik. *Pädagogische Rundschau, 70*, 313-324.

Allgemeine Didaktik *und* empirische Unterrichtsforschung: eine schulpädagogische Forschungsperspektive

4

> **Zusammenfassung**
>
> Im Anschluss an die im Ergebnis bis hierher unbefriedigende Suche nach einem eigenständigen Erkenntnisinteresse der Schulpädagogik wird in diesem Kapitel der Versuch unternommen, ihre kognitive Spezifität am Beispiel der Allgemeinen Didaktik im Zusammenwirken mit der empirisch-quantitativen Unterrichtsforschung zu beschreiben und *exemplarisch* eine schulpädagogische Forschungsperspektive zu eröffnen.

Allgemeine Didaktik und Unterrichtsforschung als Teilgebiete der Schulpädagogik zu fassen ist zunächst alles andere als trivial oder selbstverständlich (Abschn. 3.6). Im wissenschaftlichen Diskurs finden sich vielmehr höchst unterschiedliche Positionen zur Verortung von *Allgemeiner Didaktik* und *Unterrichtsforschung* (Abschn. 4.1) und zu ihrem Verhältnis (Abschn. 4.2). Matthias Trautmann fragt etwa danach, was Allgemeine Didaktik im Vergleich zur „Schulpädagogik, Schulforschung, Unterrichtsforschung, Professionsforschung, Bildungsforschung" und zu den Fachdidaktiken genau leisten soll (Trautmann 2016a, S. 46). Eckhard Klieme bestimmt empirische Unterrichtsforschung als erfahrungswissenschaftliches Komplement Allgemeiner Didaktik, ohne dass Allgemeine Didaktik sich „ ‚empirisch wenden' und in Unterrichtsforschung auflösen" lasse (Klieme 2006, S. 766).

Zwei Bereiche sollen in diesem Kapitel (wie bereits im Fallbeispiel 3.2, Abschn. 3.1) unter dem gemeinsam Dach der Schulpädagogik vereint werden, die über die genannten beiden Annäherungen hinaus vielfach als eigenständige, divergierende wissenschaftliche Zugänge oder auch als Gegenpole oder Konkurrenten mit unterschiedlicher disziplinärer und theoretischer Basis sowie forschungsbezogener und -methodischer Ausrichtung beschrieben werden. Dies gilt vor allem dann, wenn Unterrichtsforschung synonym als *Lehr-Lern-Forschung* verstanden und auf empirisch-*quantitative* Unterrichtsforschung reduziert wird (Abschn. 4.1.2).

▶ **Qualitative Unterrichtsforschung** Eine Konzentration auf die quantitative Unterrichtsforschung erfolgt im Folgenden auch deshalb, weil die qualitative Unterrichtsforschung bereits im Sinne einer breiteren, schulpädagogischen Perspektive über das Lehren und Lernen im Unterricht hinaus geht, etwa, wenn allein die Schülerinnen- und Schülerinteraktion in den forschenden Blick genommen wird, wenn die peer-Kultur in der Klasse, die Sozialisationseffekte der Teilhabe an Schule und Unterricht oder deren soziale Konstitutionsbedingungen generell zum Forschungsgegenstand gemacht werden (vgl. Proske und Rabenstein 2018).

Qualitative Unterrichtsforschung geht aber nicht etwa in der Allgemeinen Didaktik auf, da – um ein Beispiel zu geben – in ethnographischen Beiträgen zur Unterrichtsforschung die situationsbedingte Eigenlogik des Unterrichtsgeschehens im Vordergrund steht, die nicht mit allgemein-didaktischen Kategorien zu fassen ist (Helsper und Klieme 2013, S. 287; vgl. Breidenstein 2010). Im Fokus steht vielmehr also u. a. die sozial-interaktive Konstitution dessen, was tatsächlich (und d. h. auch jenseits „offizieller" schulischer Bildungs- und Erziehungsziele) im Unterricht geschieht. Hier treten die Schülerinnen und Schüler als eigensinnige Kokonstrukteure des Unterrichts – und als Forschungsgegenstand hervor (vgl. Bennewitz und Meier 2022; Breidenstein 2018). Des Weiteren werden einer kulturtheoretischen Orientierung folgend bspw. Lernkulturen in unterschiedlichen Schulformen, an verschiedenen Einzelschulen und differenziert nach Fächern betrachtet. Oder es geraten pädagogische Arbeitsbündnisse und Unterrichtsordnungen in den Blick. Qualitative Unterrichtsforschung fokussiert u. a. die Konstitution und Ordnung des Unterrichts, während die quantitative Unterrichtsforschung versucht, die Wirksamkeit des Unterrichts zu messen und anhand verschiedener Erfolgskriterien zu bestimmen (Helsper und Klieme 2013, S. 284).

Warum und wie Allgemeine Didaktik und Unterrichtsforschung als Teilbereiche der Schulpädagogik sinnvollerweise zu bestimmen sind und wie sich daraus beispielhaft eine spezifische schulpädagogische Forschungsperspektive entwickeln lässt, wird im Folgenden zu diskutieren sein **(für eine Kurzfassung dieser Überlegungen s. Rothland 2018; s. auch Rothland 2013)**. In dieser Auseinandersetzung mit Allgemeiner Didaktik, Unterrichtsforschung und ihrer Relationierung zur Schulpädagogik als Teildisziplin der Erziehungswissenschaft wird deutlich, dass die *Beschreibungen* zur Verortung und Verhältnisbestimmung erneut von höchst unterschiedlichen Voraussetzungen ausgehen (vgl. Rucker 2020a; Abschn. 1.1), die es zunächst im Zuge einer systematischen Zusammenschau zu benennen und kritisch zu reflektieren gilt (Abschn. 4.1 und 4.2), bevor eine schulpädagogische Forschungsperspektive im Zusammenspiel von Allgemeiner Didaktik und quantitativer Unterrichtsforschung skizziert werden kann.

4.1 Verortungen

4.1.1 Allgemeine Didaktik und Schulpädagogik

Ähnlich wie im Falle der Schulpädagogik generell (Abschn. 2.1) verhält es sich auch mit der *Allgemeinen Didaktik*: die Beschreibungen und Definitionsversuche dessen, was Allgemeine Didaktik überhaupt sein soll, wie sie disziplinär im wissenschaftlichen Kontext zu verorten ist, sind so vollmundig wie diffus (vgl. Rothland 2008). „Eine einheitliche Definition des Begriffs der Didaktik (vom griechischen didakté = Lehrkunst) ist bis heute nicht verfügbar" (Lüders 2012, S. 269).

Die Allgemeine Didaktik wird als „überaus praktische Wissenschaft" (Heursen 2005, o. S.) vom Unterricht bezeichnet. Sie befasse sich mit den fachübergreifenden, strukturellen Komponenten von Unterricht und den Zusammenhängen dieser Komponenten, um ihre Bedeutung für die Analyse und Gestaltung von Unterricht zu klären, wobei es die grundlegende Prämisse der Allgemeinen Didaktik ist, dass Unterricht überhaupt fachunabhängig allgemeine Elemente aufweist (Terhart 2005; Blömeke et al. 2007).

Für die Allgemeine Didaktik ist der Bezug auf die Inhalte, auf das, *was* gelernt werden soll (Terhart 2002, S. 78), sowie insgesamt die umfassende Ausgangsfrage kennzeichnend: „Was soll warum von wem wie zu welchem Zweck gelernt werden?" (Terhart 2005, S. 8). Zur Tradition allgemeindidaktischer Konzeptionen gehört zudem die Erstellung von operativen Elementen, von Modellierungen der Unterrichtsplanung und -gestaltung (Terhart 2002, 2005; Arnold et al. 2011; Rothland 2021). Zu den prominentesten und den Diskurs dominierenden allgemeindidaktischen Ansätzen und Modellen zählen nach wie vor, wie Lüders im Ergebnis seiner Beiträge zur empirischen Wissenschaftsforschung zur Schulpädagogik herausarbeiten konnte (Lüders 2018, S. 1093; Abschn. 2.1.1), die Lehr-Lerntheoretische Didaktik (Paul Heimann, Gunter Otto und Wolfgang Schulz mit dem Berliner und dem Hamburger Modell; vgl. Arnold und Lindner-Müller 2016) und die Bildungstheoretische Didaktik (Wolfgang Klafki; vgl. Koch-Priewe et al. 2016).

Exkurs: Ansätze und Modelle der Allgemeinen Didaktik
Weder eine ausschnitthafte noch eine erschöpfende Einlassung auf die „Theorien" und Modelle der Allgemeinen Didaktik kann und soll an dieser Stelle geleistet werden (Kron et al. (2014, S. 65) listen allein 46 „Theorien und Modelle" sog. gegenstandstheoretischer Bestimmungen Allgemeiner Didaktik auf – und es werden immer mehr (vgl. Bohl et al. 2013)). Stattdessen sei auf ausgewählte, einführende Überblicksdarstellungen von Blankertz (2000), Peterßen (2001), Porsch (2016) und Terhart (2019) sowie die kommentierte Sammlung zentraler Primärtexte aus der lehr-lern- und bildungstheoretischen Tradition, die Arnold und Zierer (2015) besorgt haben, verwiesen. Die bildungstheoretischen und die lehr-lerntheoretischen Ansätze sollen hier lediglich mit den Worten von Ewald Terhart (2005, S. 3 f.; vgl. Terhart, 2019, S. 152–159) skizziert werden:

(1). „Bildungstheoretische Ansätze verstehen Unterricht als Prozess der bildenden Begegnung zwischen ausgewählten geeigneten Bildungsgütern und der nachwachsenden Generation. Für den Lehrer steht die Auswahl, Anordnung und Explikation der Inhalte des Unterrichts – in Abstimmung zu den mitgebrachten Voraussetzungen der Schüler – im Mittelpunkt, wobei dem Nachvollzug von vorgängigen Lehrplanentscheidungen eine große Bedeutung zukommt. Methodenfragen, also: Fragen der konkreten Sequenzierung, der medialen Unterstützung etc. des Lernens im Unterricht sind demgegenüber nachgeordnet. Es geht um die Anbahnung von Bildung durch Begegnung junger Menschen mit Kultur. Damit ist bildendes Unterrichten eine moralisch-praktische Kunst. Die Erschließung bzw. der Nachvollzug des Bildungsgehaltes von Themen, die der Lehrplan vorsieht, wird zur zentralen Aufgabe bei der Unterrichtsvorbereitung des Lehrers; die von W. Klafki formulierten Grundfragen der „didaktischen Analyse" sollten angehenden Lehrern die dafür notwendige Perspektiven vermitteln. In der aktuellen Fassung streben bildungstheoretische Modelle als übergeordnete Ziele von Unterricht und Bildung die Ermöglichung von Selbstbestimmungs-, Mitbestimmungs- und Solidaritätsfähigkeit an; als leitende Prinzipien für die Themenauswahl und Strukturierung werden weniger die Fächer- bzw. Fachstruktur bzw. die Bildungsgehalte potenzieller Themen, sondern grundlegende epochaltypische Schlüsselprobleme des gesellschaftlichen Zusammenlebens betrachtet.

> (2). [...] Lehr-lerntheoretische Ansätze nehmen die Perspektive des planenden und analysierenden Lehrers ein und versuchen, ihm wissenschaftlich gesicherte Informationen zur Gestaltung des Unterrichts an die Hand zu geben. [...] Die Grundaussage ist folgende: Eingepasst in die vorgefundene Ausgangslage der Lernenden bzw. der Lerngruppe und in Befolgung übergeordneter Lehrplanvorgaben hat ein Lehrer Entscheidungen hinsichtlich der Ziele, Inhalte, Methoden und Medien zu treffen. Der so konstruierte und durchgeführte Unterricht erzeugt Wirkungen, die wiederum kontrolliert werden müssen und als Voraussetzungen in die weitere Planung eingehen. Unterricht ist dann nicht länger „bildende Begegnung", sondern „zweckrationale und erfolgskontrollierte Organisation von Lehr-Lern-Prozessen". Im Rahmen der Weiterentwicklung der lehrtheoretischen Didaktik ist die institutionelle und gesellschaftliche Einbettung von Unterricht sowie die Interaktion im Unterricht allerdings zunehmend stärker berücksichtigt worden. Die lehrtheoretische Didaktik hat aufgrund ihres zweckrational-pragmatischen Unterrichtsverständnisses sicherlich die größte Nähe zu Fragestellungen der empirischen Lehr-Lern-Forschung."

Wie sich die Allgemeine Didaktik zur Schulpädagogik verhält, oder besser, je nach Position verhalten sollte, ist zwar vielfach bis in die Gegenwart gefragt worden (vgl. Hellekamps 2001, S. 11), aber kaum eindeutig im schulpädagogischen Diskurs geklärt: Das Verhältnis gilt als „nicht überzeugend aufgearbeitet" (Eickhorst 2001, S. 727), Schulpädagogik sei als „besondere Theorie des Unterrichts" in ihrem Verhältnis zur Allgemeinen Didaktik nicht klar bestimmt (Solzbacher 2002, S. 70). Dies erscheint insofern bemerkenswert, als dass die Allgemeine Didaktik in der Regel doch recht einmütig als Gegenstandsbereich der Schulpädagogik zumindest gelistet wird (s. Tab. 3.1, Abschn. 3.6).

Welche Beschreibungen zur Verortung von Allgemeiner Didaktik und Schulpädagogik finden sich nun im Diskurs?

Differenz: Apel unterscheidet noch Anfang der 1990er-Jahre die Allgemeine Didaktik von der Schulpädagogik und spricht explizit von zwei – wenngleich eng verbundenen – Disziplinen, wobei die Allgemeine Didaktik als Disziplin eine „Theorie des Lehrens und Lernens, eine Theorie vom Unterricht, seinen Bedingungen und Möglichkeiten sei", die der Schulpädagogik „lange" selbstverständlich zugeordnet wurde (Apel 1990, S. 9, S. 35) – und, so wird suggeriert, nun (1990) anscheinend nicht mehr.

Didaktiker würden sich, so Apel und Grunder (1995), stärker mit der begrifflichen Analyse des Unterrichts sowie auch mit der Entwicklung von Planungsvorgaben befassen; Schulpädagogen seien dagegen eher am Prozess des Unterrichts interessiert und fragen nach den Handlungsbedingungen, -möglichkeiten und -notwendigkeiten in der pädagogischen Situation (ebd., S. 11). Auch in neueren Veröffentlichungen findet sich im *Handbuch Erziehungswissenschaft* von Seel und Hanke (2015) die Bestimmung von Allgemeiner Didaktik und Schulpädagogik als zwei eigenständigen Disziplinen. Hier obliegt es in einer „Aufgabe zum Weiterdenken" der Leserin bzw. dem Leser, die Gegenstände beider Disziplinen zueinander in Beziehung zu setzen (Hanke und Seel 2015, S. 870). Die Autorin und der Autor selbst enthalten sich einer Verhältnisbestimmung.

Ausweitung der Allgemeinen Didaktik zur Schulpädagogik: Allgemeine Didaktik wird auch als Vorläuferbezeichnung von Schulpädagogik beschrieben und von einem Wandel Allgemeiner Didaktik bzw. Unterrichtslehre hin zur Schulpädagogik gesprochen (Einsiedler 1995, S. 209). Schulpädagogik überwinde in Abgrenzung zur Allgemeinen Didaktik die Konzentration auf Unterricht und stelle Fragestellungen der Didaktik in einen größeren Zusammenhang der Schul*theorie* (Einsiedler 1995, S. 210). Sie sei als „eigene Bereichsdisziplin" aus den „Vorläuferdisziplinen [...] Allgemeine Didaktik, Unterrichtslehre, Erziehungslehre und Schulkunde" entstanden (Ofenbach 2011, S. 645). Im Studienbuch *Schulpädagogik und Schultheorie* wird ebenfalls darauf verwiesen, dass sich die Allgemeine Didaktik aus der Allgemeinen Pädagogik herausgelöst habe und um Fragen nach den gesellschaftlichen Bedingungen von Schule und Unterricht ergänzt zur Schulpädagogik geworden sei. „Die so entstehende Schulpädagogik bezeichnete nun mehr als das enger eingegrenzte Gebiet der Allgemeinen Didaktik" (Bohl et al. 2015, S. 15).

Allgemeine Didaktik als Teilbereich der Schulpädagogik (und der Lehrerinnen- und Lehrerbildung): Im gegenwärtigen schulpädagogischen Selbstvergewisserungsdiskurs wird Allgemeine Didaktik – auch als Ergebnis des bei Bohl et al. (2015) skizzierten Prozesses – in der Regel als Teilbereich der Schulpädagogik beschrieben (Bosse 2010, S. 665; vgl. Terhart 2002, unten), allerdings nicht als ein gleichrangiges Teilgebiet unter verschiedenen weiteren, sondern als „wesentlicher Bestandteil der Schulpädagogik" (Bosse 2010, S. 666), als „Kernbereich einer jeden Schulpädagogik" (Ofenbach 2011, S. 643), als Kern (Bohl et al. 2015, S. 30) oder als zentraler Arbeitsbereich der Schulpädagogik – und als Bestandteil der Lehrerinnen- und Lehrerbildung (Trautmann 2016b, S. 9). Eine solche Verortung in der Schulpädagogik als Teildisziplin der Erziehungswissenschaft, wie sie mit den Übersichten zu Themen und Gegenstandsbereichen der Schulpädagogik (s. Tab. 3.2, Abschn. 3.6) und der Verortung in diesem Band (vgl. Rothland 2008, 2013) korrespondiert, bleibt aber auch gegenwärtig nicht unwidersprochen: So unterscheidet Rotraud Coriand (2017) grundlagenorientierte Teildisziplinen der Erziehungswissenschaft, zu denen sie die Allgemeine Pädagogik, die Allgemeine Didaktik, die Historische Pädagogik oder die Vergleichende Pädagogik zählt, von berufsfeld- und anwendungsbezogenen Bereichen (Sozialpädagogik, Schulpädagogik, Erwachsenenbildung etc.). Ihr Argument gegen eine Verortung Allgemeiner Didaktik als Teilbereich der Schulpädagogik ist, dass die zentralen Fragen der Allgemeinen Didaktik grundlegender Natur seien und auch für außerschulische Bereiche Geltung hätten.

Synonyme Begriffsverwendung: Schließlich ist die synonyme Begriffsverwendung von Allgemeiner Didaktik und Schulpädagogik zu erwähnen. 1970 werden Allgemeine Didaktik, Schulpädagogik oder Praktische Pädagogik als Synonyme eines „schul-, unterrichts- und erziehungsbezogene[n] Forschungs- und Lehrbereich[s]" bezeichnet (Jörg 1970, S. 9). Leschinsky spricht von der „Schulpädagogik bzw. Allgemeine[n] Didaktik" als Subdisziplin der Erziehungswissenschaft (Leschinsky 2008, S. 74). Auch bei Kowarsch ist die Doppelbezeichnung „Schulpädagogik bzw. Allgemeine Didaktik" nachzulesen (Kowarsch 2011, S. 656) und Tillmann spricht schließlich gar von einer traditionellen Doppelbezeichnung Schulpädagogik/Didaktik (Tillmann 2005, S. 409; vgl. Gläser-Zikuda 2008, S. 193).

Eine synonyme Begriffsverwendung ist jedoch ebenso wie die Differenzbeschreibung (s. o.) mit der Verortung der Allgemeinen Didaktik als einem Teilbereich der Schulpädagogik unter mehreren (Schulpädagogik erschöpft sich schließlich nicht in allgemeindidaktischen Fragestellungen) zurückzuweisen.

▶ **Allgemeine Didaktik** „ist eines der zentralen Elemente der Schulpädagogik. Schulpädagogik wiederum ist die quantitativ größte Teildisziplin der Erziehungswissenschaft. Die Allgemeine Didaktik befasst sich mit Fragen des Lehrens und Lernens auf allen Stufen des Bildungssystems und in allen inhaltlichen Lernbereichen. Erst dieses weite Verständnis begründet die Bezeichnung Allgemeine Didaktik. Wichtig ist vielleicht auch noch, dass es der Allgemeinen Didaktik grundsätzlich nicht nur um Fragen des Lehrens, des Arrangierens von Lernbedingungen, des Curriculums und des Lehrerhandelns geht – alles Voraussetzungen für das Lernen der Schüler – sondern um Lehren und Lernen [...]. Neben dem Bezug auf das Lernen der Schüler ist der Bezug auf die Inhalte, auf dasjenige also was Schüler lernen sollen – und warum, ein ebenso wichtiges Element Allgemeiner Didaktik. Weil in der Allgemeinen Didaktik erstens ein sehr weiter Lernbegriff verwendet wird, der kognitive, emotionale, ästhetische, soziale und moralbezogene Lerndimensionen mit umfasst, weil zweitens immer auch die Inhaltlichkeit des schulischen Lernens – ihre Auswahl und Begründung – eine wichtige Rolle spielt und weil schließlich drittens zumindest in einen Teil allgemein-didaktischer Theorien normative Argumentationen über den moralischen und gesellschaftlichen Zweck von Schule und Unterricht eingewoben sind, ging und geht es in der Tradition der Allgemeinen Didaktik eben nicht nur um Lernen, sondern immer auch um Bildung" (Terhart 2002, S. 77 f.).

Der Bestimmung und Verortung Terhart (2002) folgend sollte es in der Gegenwart auch vor dem Hintergrund der zumindest in dieser Sache weitgehend übereinstimmenden Übersichtsdarstellungen zu den Themen und Gegenstandsbereichen der Schulpädagogik (Tab. 3.1, Abschn. 3.6) einigermaßen unstrittig zu sein, die Allgemeine Didaktik zur Schulpädagogik zu zählen. Mit Blick auf die Unterrichtsforschung ist dem nicht so, wie abermals in Tab. 3.1 (Abschn. 3.6) nachvollzogen werden kann: nur in einer der exemplarisch angeführten acht Übersichten wird die Unterrichtsforschung als schulpädagogischer Gegenstandsbereich explizit genannt.

4.1.2 Unterrichtsforschung und Schulpädagogik

Unterrichtsforschung, reduziert auf quantitative Unterrichtsforschung (s. o.), und Lehr-Lern-Forschung werden, wie eingangs bereits angedeutet, häufig synonym verwendet (Gläser-Zikuda 2008, S. 192), zumindest dann, wenn die Lehr-Lern-Forschung schulbezogen ist (Gräsel und Gniewosz 2015, S. 22). Auch in der Einführung in die Allgemeine Didaktik von Raphaela Porsch (2016) heißt es, dass „statt *Unterrichtsforschung* [...] synonym häufig der Begriff der *Lehr-Lern-Forschung* verwendet" wird (Willems 2016, S. 296, Herv. i. Orig.).

Unterrichtsforschung, zunächst „geprägt von der Suche nach effektivem Unterrichtshandeln von Lehrern" (Gruehn 2000, S. 20), kann mit Klieme als „empirische Forschung von Lehr-Lern-Prozessen im schulischen Unterricht" gefasst werden (Klieme 2006, S. 765; vgl. Kiel 2018; Gröschner und Hauck 2019). Ziel der empirischen Unterrichtsforschung (im Folgenden wird allein die quantitative Unterrichtsforschung thematisiert; s. o.) sei es, „Qualitätsdimensionen effektiven Unterrichts zu identifizieren und die Wirkungsweisen solcher Merkmale auf das Lernen von Schülerinnen und Schülern zu beschreiben" (Willems 2016, S. 290), wobei lineare Wirkmodelle im Sinne des Prozess-Produkt-Paradigmas zugunsten des Angebots-Nutzungs-Modells aufgegeben wurden. Theoretische Grundlagen beziehe die (schulbezogene) Lehr-Lernforschung vornehmlich aus der Psychologie (Gräsel und Gniewosz 2015, S. 22), wobei jedoch Unterricht nicht allein Gegenstand psychologischer Forschung sei, wie Marcus Hasselhorn versichert (Has-

4.1 Verortungen

selhorn 2016, S. 189) – und es erscheint durchaus bemerkenswert, dass es einer solchen Versicherung zu bedürfen scheint.

Wo und wie ist die Unterrichtsforschung nun zu verorten?

Interdisziplinäre Verortung: Durchaus geläufig ist es, die empirische Schul- und Unterrichtsforschung als bedeutsamen Teil der Empirischen Bildungsforschung zu bezeichnen (Semper et al. 2017, S. 31), ebenso wie die Lehr-Lern-Forschung generell als Teil der Empirischen Bildungsforschung verstanden wird (Gräsel und Gniewosz 2015, S. 22). Diese in den entsprechenden Veröffentlichungen gleichsam selbstverständlich erscheinende Verortung steht nun jedoch *nicht* im Widerspruch dazu, die Unterrichtsforschung auch als Gegenstand der Schulpädagogik anzusiedeln, handelt es sich bei der Empirischen Bildungsforschung doch nicht um eine (neue) Disziplin im Wissenschaftssystem, sondern um ein genuin *interdisziplinäres* Forschungsfeld, dem neben den Fachdidaktiken, der Pädagogischen Psychologie oder der Bildungssoziologie auch die Schulpädagogik zuzurechnen ist. In Übereinstimmung mit einer solchen Verortung wird der Unterrichtsforschung auch ein interdisziplinärer Charakter zugewiesen (Lüders und Rauin 2008; Semper et al. 2017).

Die Konsequenz, die Cornelia Gräsel aus diesem Kennzeichen der Interdisziplinarität zieht, ist jedoch zu hinterfragen: weil Unterrichtsforschung interdisziplinär sei, könne sie auch keine Teildisziplin der Erziehungswissenschaft (Gräsel 2006, S. 98) oder – innerhalb der Erziehungswissenschaft – der Schulpädagogik sein. Damit aber ein Forschungsbereich im Wissenschaftssystem überhaupt interdisziplinär sein kann, *muss* er zunächst von mehreren Einzeldisziplinen einem je disziplinspezifischen Zugang folgend bearbeitet und dort auch verortet werden können.

Disziplinäre Verortungen: Wenn es um eine disziplinäre Zuordnung – auch als Grundvoraussetzung von Interdisziplinarität – geht, dann werden „Lehr-Lernforschung wie die Unterrichtsforschung [...] aus mehreren Gründen eher der Pädagogischen Psychologie zugeordnet" (Gläser-Zikuda 2008, S. 192). Dies läge u. a. daran, dass die genutzten theoretischen Ansätze aus der Lern- und Motivationspsychologie stammen würden, die quantitative forschungsmethodische Ausrichtung dominiere und auch die Publikationsstandards der Psychologie – Publikation von Forschungsergebnissen in (internationalen) peer-reviewten Zeitschriften – vorherrschen würden. Schulpädagogik sei dem entgegen weniger für eine empirische Forschungsperspektive offen und demzufolge betrachte sie „Unterrichtsforschung auch nicht als ihre Teildisziplin" (ebd., S. 193). Diese Position findet bei Apel im Aufsatz „Was ist Schulpädagogik?" (Apel 1993) und nicht zuletzt auch im Fallbeispiel 1.1 (Abschn. 1.2) Bestätigung: Den empirischen Blick auf die schulische Bildung/ das schulische Lernen böte insbesondere die Pädagogische Psychologie (Apel 1993, S. 407) – und offenbar nicht die Schulpädagogik selbst, die vielmehr von der Schul- und Unterrichtsforschung abgegrenzt wird (Beltz Lexikon Pädagogik 2007). Gesprochen wird auch von einem „unerquicklichen Gegeneinander" (Grunder 2010, S. 34) von Unterrichtsforschung und Schulpädagogik. Es ist an dieser Stelle zu betonen, dass qualitative Unterrichtsforschung in der skizzierten Diskussion zur disziplinären Verortung weitgehend ignoriert wird (vgl. Helsper und Klieme 2013).

Allerdings verweist Gläser-Zikuda zugleich darauf, dass „Lehr-Lernforschung und damit auch die Unterrichtsforschung durchaus als eine Teildisziplin der Erziehungswissenschaft zu verstehen" sei (Gläser-Zikuda 2008, S. 192) und auch bei Willems werden beide als Teildisziplinen der Erziehungswissenschaft ausgewiesen (Willems 2016, S. 298). Schließlich wird entgegen der skizzierten Auslagerung Unterrichtsforschung – wie die Allgemeine Didaktik – als zentrales Inhaltsfeld der Schulpädagogik präsentiert (Bohl et al. 2015, S. 51 ff.; Tab. 3.1, Abschn. 3.6).

Schulpädagogik als Vermittlungswissenschaft: Die Unterrichtsforschung wird ferner in einem höchst traditionsreichen Verständnis mit der Schulpädagogik verbunden, in dem diese, wie im Abschn. 2.1.2 beschrieben, als Vermittlerin und Umschlagplatz für die Befunde empirischer Forschung verstanden wird. Diese Bestimmung ist deshalb so traditionsreich, da sie ungebrochen an die Schulpädagogik als Seminarpädagogik, als Schul-Männer-Wissen des 19. Jahrhunderts anschließt (Abschn. 1.3). Entsprechend wird Schulpädagogik, wie im Abschn. 2.1.2 ausgeführt, als Vermittlerin, als Sammelpunkt und Übersetzerin von Forschungsbefunden für die Schulpraxis verstanden (Wellenreuther 2011, S. 9). Schulpädagogik wird als eine Subdisziplin gekennzeichnet, die selbst nicht Forschung betreibt, sondern die Forschungsergebnisse anderer Teilsysteme des Wissenschaftssystems „zum Zweck der Ausbildung und Prüfung angehender Lehrer" vermittelt (Terhart 2003, S. 192, 200) oder für die Schulpraxis aufbereitet.

Wird an dieser Stelle zum Abschluss der Verortungen von Allgemeiner Didaktik und Unterrichtsforschung unter dem gemeinsamen Dach der Schulpädagogik eine kurze Zwischenbilanz gezogen, so muss erneut konstatiert werden, dass Eindeutigkeit und Einvernehmen in den Beschreibungen von Schulpädagogik nicht vorherrschen. Während sich bezogen auf die Verortung der Allgemeinen Didaktik als Teilgebiet der Schulpädagogik zumindest eine gewisse Übereinstimmung abzeichnet, erscheint die Zuordnung der (quantitativen) Unterrichtsforschung im Vergleich weniger einfach. Dies kann darauf zurückgeführt werden, dass die Allgemeine Didaktik als *das* genuin schulpädagogische Teilgebiet beschrieben werden kann (Abschn. 3.5): Allgemeine Didaktik und die mit ihr entwickelte und tradierte Perspektive auf Schule und Unterricht gibt es im Wissenschaftssystem exklusiv nur in der Schulpädagogik als Teildisziplin der Erziehungswissenschaft – und nirgends sonst. Werden (Sub-)Disziplinen im Wissenschaftssystem, die nicht durch andere Einheiten desselben Systems zu ersetzen sind, also als *Ausdruck der Differenz* (Stichweh 2013) charakterisiert (Abschn. 2.3), dann ist in der Allgemeinen Didaktik als Teilgebiet der Schulpädagogik eine solche eigenständige, spezifische Forschungsperspektive zu identifizieren.

Für die quantitative Unterrichtsforschung, die tatsächlich als interdisziplinäres Unterfangen von den vielen (Sub-)Disziplinen im Chor Empirischer Bildungsforschung betrieben wird, gilt das nicht. Daraus folgt jedoch nicht, dass Unterrichtsforschung nicht auch als Teilbereich der Schulpädagogik zu gelten hat. Es bedeutet lediglich, dass Unterrichtsforschung nicht *exklusiv* von der Schulpädagogik betrieben wird und daher weniger dazu angetan ist, ihre kognitive Spezifität zu bestimmen. Allerdings kann die Kombination mit der Perspektive der Allgemeinen Didaktik sowie die Berücksichtigung weiterer Teilgebiete der Schulpädagogik wie der Theorie der Schule auch eine genuin schulpädagogische, zumindest eine schulpädagogisch gerahmte Unterrichtsforschung begründen (Abschn. 4.3.2).

4.2 Verhältnisbestimmungen

4.2.1 Allgemeine Didaktik vs. empirische Unterrichtsforschung

Die erste Verhältnisbestimmung von Allgemeiner Didaktik und Unterrichtsforschung ist vermutlich die gängigste: sie fokussiert auf die Gegensätze und Konkurrenz (Trautmann 2016b, S. 12), auf wechselseitige Nichtwahrnehmung oder bewusste Fehldeutungen, wobei als Folgen der Konkurrenzsituation Verdrängung (Kiel und Zierer 2012, S. 30), Marginalisierung, Ignorierung und Infragestellung der Allgemeinen Didaktik identifiziert werden (Blömeke 2009, S. 13). Denn infolge der sog. zweiten empirischen Wende der Erziehungswissenschaft (Bos et al. 2010; Abschn. 1.3) habe die Allgemeine Didaktik ihre Position „als Leitdisziplin für das Lehren und Lernen sowie den Unterricht verloren" (Kiel und Zierer 2012, S. 32) – wenn sie denn eine solche im Wissenschaftssystem je inne hatte. Die Unterrichtsforschung bzw. die Lehr-Lernforschung sei an ihre Stelle getreten und verdränge die Allgemeine Didaktik von ihrer Position als „Referenzrahmen für die Diskussion von schulpädagogischen Fragen" (Reusser 2008, S. 220; vgl. zur Klage über den Bedeutungsverlust der Allgemeinen Didaktik im Zuge des Siegeszugs Empirischer Bildungsforschung Rothland 2013).

Was trennt Allgemeine Didaktik und Unterrichtsforschung den Beschreibungen im Diskurs folgend? An dieser Stelle sollen nun nicht die Differenzmerkmale, Gegensätze, oder auch die Gemeinsamkeiten von Allgemeiner Didaktik und Unterrichtsforschung bzw. schulbezogener Lehr-Lern-Forschung als „fremde Schwestern" wiederholt werden (vgl. hierzu Terhart 2002; Bohl 2004, Arnold 2009). Stattdessen erfolgt eine Konzentration auf (a) die Bedeutung der Unterrichtsinhalte und ihrer Bestimmung und Begründung sowie (b) auf den Bezug zur Schul- und Unterrichtspraxis, bevor vor diesem Hintergrund (c) auf den Ansatz, die Allgemeine Didaktik als (nachgeordnete) Ergänzung der Unterrichtsforschung zu konzipieren, eingegangen wird – ein Ansatz, der eine Abgrenzung nur weiter zementiert.

In der Allgemeinen Didaktik gehe es im Gegensatz zur Unterrichtsforschung „stärker um die Identifikation, Auswahl und Begründung zentraler Bildungsziele als um eine auf systematischen, empirisch gewonnenen Daten beruhende Beschreibung, Erklärung und Verbesserung schulischer Prozesse und deren Wirkungen" (Willems 2016, S. 290). Empirische Unterrichtsforschung sei weniger an theoretisch-normativen Bildungs- und Erziehungsmodellen ausgerichtet, sondern an pädagogisch-psychologischen Theorien und Modellen (ebd., S. 298). Lehrgegenstand und die Lehrenden stünden in der Allgemeinen Didaktik im Vordergrund, nicht die Lernprozesse und die Lernergebnisse (Gräsel 2006, S. 103). Normative Fragen würden hingegen von der Lehr-Lern-Forschung nur sehr randständig behandelt, dafür jedoch vorrangig in der Allgemeinen Didaktik, die eine Verständigung über Bildungsziele leiste (Blömeke et al. 2007, S. 362).

Während Schulpädagogik und in ihr die Allgemeine Didaktik „als Handlungswissenschaft oder Praktische Disziplin" (Eickhorst 2001, S. 737) in bester, aber fragwürdiger schulpädagogischer Tradition gilt (Abschn. 2.2; Rothland 2008), sei als weiteres Unterscheidungsmerkmal eine Orientierung an der Praxis bei Studien der Unterrichtsforschung nicht gegeben und insofern sei die Idee des Transfers auch nicht in den entsprechenden Untersuchungen mit angelegt (Gläser-Zikuda 2008, S. 192). Obwohl sich die Allgemeine Didaktik in ihrer Geschichte für die konkrete Unterrichtspraxis, für die Praktikabilität, das Ausmaß der Nutzung und die Wirksamkeit ihrer Normen und Modelle traditionell kaum forschend gekümmert hat, wird der unmittelbare Bezug zur Unterrichtspraxis (und zur Profession) u.a. als Unterscheidungsmerkmal zur empirischen Unterrichtsforschung hervorgehoben. Allgemeine Didaktik kleidet sich hier vorzugsweise immer noch in das Gewand einer Wissenschaft von der Praxis für die Praxis (vgl. Rothland 2008). Dies wird erkennbar, wenn Allgemeine Didaktik als Praxeologie, als Handlungswissenschaft (Meyer und Meyer 2009, S. 103) oder als praktische Disziplin (Heursen 1994) und – wie die Schulpädagogik insgesamt (Abschn. 2.1.3) – als „Berufswissenschaft professionell agierender Lehrpersonen" sowie als begründete Praxisanleitung für kompetentes Lehrerhandeln (Reusser 2008, S. 219) beschrieben wird.

> **Exkurs: Die praktische Bedeutungslosigkeit einer „praktischen Wissenschaft"**
> Die Pointe der in den Beschreibungen Allgemeiner Didaktik als Praxeologie, als Berufswissenschaft beanspruchten Einflussnahme ist, dass Allgemeine Didaktik als praktische Wissenschaft verstanden werden will, die „die Praxis selten erreicht" (Heursen 1994, S. 512). Und so wird auch in neueren Veröffentlichungen darauf hingewiesen, dass die Allgemeine Didaktik, „ungeachtet all ihrer pathetisierende[n] Semantik", für den Unterricht selbst kaum nützlich ist (Tröhler 2004, S. 158). Heursen spricht von ihrer praktischen Bedeutungslosigkeit (Heursen 1994, S. 500): Didaktiken würden nur unter dem Zwang der Lehrerinnen- und Lehrerbildung und hier vor allem im Referendariat zur Kenntnis genommen (ebd.), während Ausmaß und Form der Nutzung dieser Modelle darüber hinaus eher auf ihre Praxisirrelevanz denn auf hohe Praktikabilität verweisen.
> Bereits Lütgert kritisierte 1981, dass die Tauglichkeit der didaktischen Modelle zur Unterrichtsanalyse und -planung von ihren Vertretern nicht überprüft wurde. Eine Anwendungsforschung, etwa auch zum Zwecke der Optimierung, hätte nur sporadisch stattgefunden (Lütgert 1981, S. 580). Es dominiere im Kontext der Allgemeinen Didaktik die Planungsdogmatik über die Berücksichtigung bzw. forschende Beschäftigung mit der Planungswirklichkeit (ebd., S. 584). Mit Blick auf die forschende Zuwendung zur Praxis ist es bezeichnend, dass frühe empirische Untersuchungen zur tatsächlichen Unterrichtsplanung von Lehrerinnen und Lehrern im Schulalltag nicht von den Protagonisten der Allgemeinen Didaktik durchgeführt wurden. Stattdessen konnten frühen Arbeiten von Bromme (1981), Oehlschläger (1978) oder Haas (1998) zeigen, dass sich Lehrkräfte in der Schul- und Unterrichtspraxis kaum von allgemeindidaktischen Modellen leiten lassen (vgl. Tebrügge 2001; Seifried 2009; Bünning und Pohl 2017.
> Es erscheint damit zweifelhaft, von der Allgemeinen Didaktik als einer Berufswissenschaft (Arnold 2006, S. 19) für Lehrerinnen und Lehrer zu sprechen (vgl. Haas 1998, 2005), handelt es sich hier offenbar um eine Wissenschaft vom Unterricht oder einer Wissenschaft für Lehrerinnen und Lehrer, die sich kaum dafür interessiert, ob sie einen tatsächlichen beobachtbaren, nachhaltigen und positiven Einfluss für die Berufsinhaberinnen und -inhaber, ihr Handeln sowie die Handlungsfolgen hat. Insofern verknüpft sich mit der Bezeichnung Berufswissenschaft mehr ein programmatisches Selbstverständnis denn eine nachgewiesene Wirkung und Nutzung in der Praxis über Ausbildungszwänge hinaus.

Der fortwährend proklamierten Praxisorientierung der Allgemeinen Didaktik Glauben schenkend bestehe eine „wesentliche fruchtbare Ergänzung zum psychologischen Ansatz der Unterrichtsforschung [...] darin, dass die Allgemeine Didaktik sich direkt an die unterrichtende Person wendet und sie zur kritischen Reflexion des eigenen Unterrichts ermuntert" (Hasselhorn 2016, S. 191). Nicht eigene Forschung zum Unterricht – das fällt der Meinung Hasselhorns zufolge in den Bereich der Pädagogischen Psychologie bzw. schulbezogenen Lehr-Lern-Forschung –, sondern die Praxisorientierung der Allgemeinen Didaktik wird hier als hilfreiche Ergänzung zur Unterrichtsforschung im engeren, gemeint ist: im eigentlichen Sinne, verstanden.

Allgemeine Didaktik könne die Unterrichtsforschung insofern unterstützen, als dass sie Anknüpfungspunkte für forschungsbasierte Innovationen in der Unterrichtspraxis und für die Verankerung in den Curricula aufzeigt. Besondere Bedeutung komme aber der Allgemeinen Didaktik im Zusammenspiel mit der Unterrichtsforschung bei der Implementation von forschungsbasierten Innovationen zu. Hier könne die Allgemeine Didaktik geeignete Formen der Lehrerinnen- und Lehrerfortbildung oder Materialien für den Unterricht und die Neugestaltung von Schulbüchern aufbereiten und entwickeln (Gräsel 2006, S. 105). Ein echtes Forschungspotential sieht Hasselhorn gleichwohl in der Transferforschung, „wenn man an den Transfer von wissenschaftlich fundierten Unterrichtskonzepten und -strategien in den schulischen Alltag denkt" (Hasselhorn 2016, S. 191). Unterrichtsforschung bliebe aus dieser Perspektive der Pädagogischen Psychologie aber auch im Rahmen einer solchen ‚hilfreichen Ergänzung' durch die Allgemeine Didaktik die Domäne der psychologischen Lehr-Lern-Forschung.

4.2.2 Allgemeine Didaktik als empirische Unterrichtsforschung

An Stelle eines Neben- oder Gegeneinanders, das Allgemeine Didaktik allenfalls als praxiszugewandte Hilfswissenschaft zur eigentlichen Unterrichtsforschung entwirft, ist der Ansatz einer empirischen Forschungsorientierung der Allgemeinen Didaktik selbst als Reaktion auf die Diagnose ihrer Forschungsschwäche, ihres Empiriedefizits zu deuten. Dieses Defizit resultiere daraus, dass Annahmen allgemeindidaktischer Ansätze in der Realität praktischer Lehr-Lern-Zusammenhänge kaum empirisch überprüft wurden und Allgemeine Didaktik sowie ihre Modelle auf normativen Sollens-Aussagen oder auf dem Praxiswissen in der Lehrerinnen- und Lehrerbildung und nicht auf empirischen Forschungsbefunden basieren würden (vgl. Gläser-Zikuda 2008). Thorsten Bohl konstatierte noch 2004, dass es „so etwas wie eine empirische Didaktik nicht gibt" (Bohl 2004, S. 416).

Das Empiriedefizit (Abschn. 4.2.1) tritt in Abgrenzung zur empirisch forschungsstarken Unterrichtsforschung als kontrastierendes Merkmal umso deutlicher hervor. Plädiert wird daher für eine empirische Fundierung Allgemeiner Didaktik (Wegner 2016, S. 11; Trautmann 2016a, S. 38), für eine empirische Didaktik als Forschungsprogramm (Gruschka 2009, S. 104; Blömeke 2009, S. 16), die nicht nur sammelt, vermittelt oder in der Unterrichtspraxis implementieren hilft, was andere als Forschungsbefunde vorlegen.

Wird aber Allgemeine Didaktik *als* empirische Unterrichtsforschung entworfen, droht durch eine solche Angleichung der Identitätsverlust, da das Programm einer allgemeindidaktischen Forschung letztlich keine eigenständige Forschung, keine kognitive Spezifität mehr darstellt, sondern sich selbst auflöst und in der empirischen Unterrichtsforschung etwa durch Kopie der Begriffe, Methoden, Herangehensweisen oder Bewertungsmaßstäbe und Kriterien auflöst. Diese Gefahr konkretisiert sich etwa in der schlichten Übernahme des zentralen Qualitätskriteriums quantitativer Unterrichtsforschung (= Lernzuwachs der Schülerinnen und Schüler), wenn die Überprüfung der Lernwirksamkeit didaktischer Ansätze als empirische Herausforderung der Allgemeinen Didaktik ausgewiesen wird (Bohl und Kleinknecht 2009; Blömeke und Müller 2008).

Im Rahmen allgemeindidaktischer Forschung kann m.E. nicht sinnvollerweise von einer Inputorientierung traditioneller Allgemeiner Didaktik (etwa im Rahmen der Begründung von Unterrichtsinhalten und -zielen) auf eine Outputorientierung der schulbezogenen Lehr-Lern-Forschung umgeschaltet werden (Lernwirksamkeit des nach allgemeindidaktischen Modellen konzipierten Unterrichts; wie hängt die Vorbereitung des Unterrichts anhand allgemeindidaktischer Planungsmodelle mit dem Lernzuwachs der Schülerinnen und Schüler zusammen?), ohne dass damit letztlich Spezifität und Identität der Allgemeinen Didaktik bis zur Unkenntlichkeit verändert bzw. ganz aufgegeben werden. Stattdessen wäre im Rahmen einer konstruktiven, schulpädagogischen Forschungsperspektive mit Blick auf die Unterrichtsrealität und die Praxis der Lehrerinnen- und Lehrerarbeit beispielsweise nach der Verwendung allgemeindidaktischen Wissens bei der Planung und Gestaltung zu fragen sowie nach dem Zusammenhang von Planung und Gestaltung und schließlich auch nach dem Zusammenhang zwischen der (Prozess-)Qualität des Unterrichts und dem verfügbaren allgemeindidaktischen Wissen (Rothland 2013, 2021).

4.2.3 Empirische Unterrichtsforschung als Allgemeine Didaktik

Neben der Problematisierung eines Entwurfes Allgemeiner Didaktik *als* empirische Unterrichtsforschung ist auch die umgekehrte Variante der Verhältnisbestimmung zu nennen, die sich zumindest vereinzelt andeutet und hier auch deshalb nicht unerwähnt bleiben soll, weil sie besonders zweifelhaft erscheint: Die Darstellung empirischer Unterrichtsforschung *als* Allgemeine Didaktik. Sie wird zunächst sehr allgemein erkennbar, wenn Klaus Zierer mit Blick auf die Fragestellung „Was ist guter Unterricht?" von der „didaktischsten aller Fragen" (Zierer 2012, S. 18) spricht und der Bestseller von Andreas Helmke (2017) *Unterrichtsqualität und Lehrerprofessionalität* als „genuin allgemeindidaktischer Titel" (Arnold et al. 2006, S. 19) vereinnahmt wird.[1]

Dies erscheint insofern fragwürdig, weil sich die Allgemeine Didaktik in ihrer Tradition, zumal empirisch forschend, weniger für den Unterricht und seine Ausprägungen, Formen und Prozessqualitäten sowie für seine Effekte und Wirkungen interessierte (Abschn. 4.2.1) als vor allem für eine präskriptive Modellierung einer stets nachgeordneten Unterrichtspraxis. Es ist auch deshalb bemerkenswert, weil Andreas Helmke (2017) sich selbst explizit von der Allgemeinen Didaktik abgrenzt, die er – in Unkenntnis allgemeindidaktischer Perspektiven – fälschlicherweise mit einer Methodenfixierung gleichsetzt. Ein weiteres allgemeines Beispiel ist die Bezeichnung von John Hatties vielbeachteter Studie *Visible Learning* als allgemeindidaktischer Theorie (Beywl und Zierer 2013, S. XI: und zwar, weil Hatties Perspektive fachübergreifend sei; Allgemeine Didaktik ist aber nicht schlicht ein Synonym für „fachübergreifend"). Nebenbei bemerkt: eine Theorie ist die „Megaanalyse" von Hattie auch nicht.

Viel konkreter wird die Vereinnahmung von empirischer Unterrichtsforschung als Allgemeiner Didaktik, wenn das Angebots-Nutzungs-Modell des Unterrichts (vgl. Kohler und Wacker 2013), das Helmke (2017) im Anschluss an Fend (1998) entworfen hat, als Modell der Allgemeinen Didaktik neben dem Berliner und Hamburger Modell der Lehr-Lerntheoretischen Didaktik oder aber Wolfgang Klafkis Perspektivschema der Unterrichtsplanung vorgestellt wird. „Ein heute sehr prominentes und viel diskutiertes Modell der allgemeinen Didaktik, welches Er-

---

[1] Hilbert Meyers „Was ist guter Unterricht?" (Meyer 2019) wird sogar als Lehrbuch der Allgemeinen Didaktik beschrieben, in dem Begriffe und Forschungsbefunde der empirischen Unterrichtsforschung rezipiert werden, während in den meisten, etablierten und auflagenstarken Lehrbüchern der Allgemeinen Didaktik Konzepte und Befunde der empirischen Unterrichtsforschung kaum oder gar nicht erfasst würden (Arnold et al. 2006, S. 21).

kenntnisse der Lernforschung berücksichtigt, ist das Angebots-Nutzungs-Modell" (Hanke und Seel 2015, S. 866). Und auch bei Hilbert Meyer (2016, S. 220) wird das Angebots-Nutzungs-Modell als empirisch fundiertes Modell der Didaktik im Anschluss an traditionelle Modelle gehandelt.

In Abgrenzung zu einer solchen allgemeindidaktischen Vereinnahmung wird das Angebots-Nutzungs-Modell als „psychologisches Rahmenmodell zum Verständnis von Unterricht" (Kunter und Trautwein 2013, S. 15), als prominentestes *Wirkmodell* in der empirischen Schul- und Unterrichtsforschung in Deutschland beschrieben (Wacker und Kohler 2013, S. 256). Auch wenn die Angebots-Nutzungs-Perspektive auf Unterricht *nicht* disziplinspezifisch ist, wie Kunter und Trautwein (2013) suggerieren, so ist doch unstrittig, dass die Modellannahmen mit der quantitativen Unterrichtsforschung und nicht mit der Perspektive der Allgemeinen Didaktik korrespondieren.

Anschlussfähig erscheint das Modell an die Allgemeine Didaktik gleichwohl insofern, als dass von einem erweiterten Wirkungsbegriff des Unterrichts (Helmke 2017) ausgegangen wird: neben dem Lernzuwachs der Schülerinnen und Schüler im jeweiligen Unterrichtsfach als zentralem Zielkriterium und Qualitätsmerkmal (als unterrichtlichem „Ertrag", „Output" oder „Produkt") werden fachübergreifende Kompetenzen sowie erzieherische Wirkungen als Zielkriterien in den neueren Modellvarianten ausgewiesen, die zumindest potentiell im Anschluss an die bildungstheoretische Tradition der Allgemeinen Didaktik mit Inhalten gefüllt werden könnten. Dies erscheint auch notwendig, da Helmke (2017) erzieherische Wirkungen einfach mit schulischer Sozialisation gleichsetzt.

Als ein letztes Beispiel für einen Versuch, empirische Unterrichtsforschung als Allgemeine Didaktik zu beschreiben, kann der fünfte Band des *Jahrbuchs für Allgemeine Didaktik* dienen, der sich dem Thema Klassenmanagement/Klassenführung widmet.

▶ **Klassenführung** Neben der konstruktiven Unterstützung und kognitiven Aktivierung der Schülerinnen und Schüler gilt in der quantitativen Unterrichtsforschung Klassenführung als eine der drei generischen, also fachunabhängig gültigen Basisdimensionen der Unterrichtsqualität (Hess und Lipowsky 2016; Praetorius et al. 2018; Trautwein et al. 2018; Seidel 2020). Die Funktion der Klassenführung soll es sein, die Schülerinnen und Schüler „einer Klasse zu motivieren, sich möglichst lange und intensiv auf die erforderlichen Lernaktivitäten zu konzentrieren, und – als Voraussetzung dafür – den Unterricht möglichst störungsarm zu gestalten oder auftretende Störungen schnell und undramatisch beenden zu können. Die wichtigste Voraussetzung für wirkungsvolles und erfolgreiches Lernen ist das Ausmaß der aktiven Lernzeit, das heißt, jener Zeit, in der sich die einzelnen Schüler mit den zu lernenden Inhalten aktiv, engagiert und konstruktiv auseinander setzen. Je mehr Unterrichtszeit für die oft dramatischen Reduzierungen störender Aktivitäten verbraucht – oder man könnte auch sagen: verschwendet wird – desto weniger aktive Lernzeit steht zur Verfügung. Je häufiger einzelne Schüler im Unterricht anwesend und zugleich geistig abwesend sind, um so weniger können sie lernen. Der Klassenführung kommt deshalb eine Schlüsselfunktion im Unterricht zu" (Weinert 2001, S. 84).

Als Merkmale einer effektiven Klassenführung werden im Anschluss an die als Klassiker (Seidel 2020) benannten Forschungsarbeiten von Jacob S. Kounin (1970/2006) die „angemessene Disziplinierung der Schüler bei Störungen und die Fähigkeit der Lehrperson zur Allgegenwärtigkeit und Überlappung sowie zur Mobilisierung der gesamten Schülergruppe" genannt. „Außerdem sollte der Unterricht abwechslungsreich und herausfordernd gestaltet werden und sowohl möglichst reibungslos als auch schwungvoll ablaufen" (Hess und Lipowsky 2016, S. 155; Seidel 2020, S. 121 ff.).

Die Herausgeber des *Jahrbuchs für Allgemeine Didaktik* problematisieren in ihrer Einleitung, dass sich die Allgemeine Didaktik kaum mit dem Thema Klassenmanagement befasst habe (Haag et al. 2015, S. 10). „Die geringe Thematisierung von Klassenführung in der Allgemeinen Didaktik ist zunächst überraschend, hat sich diese doch lange Zeit – und relativ unangefochten – als wichtiger Bestandteil der Lehrer(aus)bildung verstanden" (ebd., S. 9). Interessant erscheint hier, dass nicht mit der gegenstands- bzw. themenbezogenen Übereinstimmung argumentiert wird, sondern mit dem Ausbildungskontext, in dem Allgemeine Didaktik verortet wird. Entscheidend aber ist, dass die einzelnen Beiträge des fünften *Jahrbuchs für Allgemeine Didaktik* keine expliziten, vor allem eigenständigen Ansätze zu einer spezifisch allgemeindidaktischen Perspektive auf Klassenführung aufweisen.

Das *Jahrbuch für Allgemeine Didaktik*, das sich als Forum „zur disziplinären Selbstbestimmung und Weiterentwicklung der Allgemeinen Didaktik" versteht (Klappentext), markiert so in der Nicht-Thematisierung von Allgemeiner Didaktik bzw. allgemeindidaktischer Perspektiven auf das Thema Klassenführung/Klassenmanagement (mit Ausnahme der Einleitung durch die Herausgeber) dessen mangelnde allgemeindidaktische Anschlussfähigkeit. Womöglich sollte hier ein geradezu klassischer Bereich empirisch-quantitativer Unterrichtsforschung auch für die Allgemeine Didaktik beansprucht werden, ohne dabei jedoch eine spezifische, über die bisherige Forschung hinausgehende, neue Perspektive zu entwickeln. Eine solche kann gleichwohl allgemein-didaktisch gerahmt bezogen auf das Qualitätsmerkmal Klassenführung identifiziert werden (Abschn. 4.3.3).

4.3 Eine schulpädagogische Forschungsperspektive

4.3.1 Allgemeine Didaktik als Reflexionsinstanz

Wie können nun Allgemeine Didaktik und Unterrichtsforschung jenseits einer konkurrierenden Entgegenstellung oder wechselseitiger Vereinnahmung zusammen entworfen werden? Und wie ist dies sinnvollerweise mit welcher damit einhergehenden subdisziplin*spezifischen* Forschungsperspektive im Kontext der Schulpädagogik zu denken?

Eine konzeptuelle Grundlage für die Verbindung von Allgemeiner Didaktik und Unterrichtsforschung bietet eine Adaption des Entwurfs der Allgemeinen Didaktik als Reflexionsinstanz von Thomas Rucker (2017; vgl. Rucker, 2019, 2020a, b): Rucker sieht die Allgemeine Didaktik nicht nur mit einem Theorie- und Empirieproblem konfrontiert, sondern auch mit einem Reflexionsproblem (Rucker 2017, S. 618). Dies resultiere daraus, dass die Allgemeine Didaktik wie selbstverständlich „auf eine *Beschreibungsinstanz* von Unterricht reduziert" werde (Rucker 2020a, S. 85), wobei unter Beschreibung alle Versuche zu verstehen sind, Unterricht unter einer spezifischen, also auch analytischen, forschenden Perspektive darzustellen (Rucker 2020b, S. 107). Dazu zählen u.a. Aussagen über die Ziele, Inhalte und Aufgaben von Unterricht (Rucker 2017).

Die Konzentration auf diese Funktion der Beschreibungsinstanz unter der traditionell leitenden Frage, was warum „von wem wie zu welchem Zweck gelernt werden" soll (Terhart 2005, S. 3), führe zu einer Reduktion Allgemeiner Didaktik (Rucker 2017, S. 620), da die *Voraussetzungen* der Beschreibung von Unterricht selbst nicht hinterfragt oder problematisiert werden. Eine Allgemeine Didaktik als Reflexionsinstanz habe nun nicht den Unterricht als Forschungsgegenstand im Visier, sondern die *Voraussetzungen*, die der „*Beschreibung* von Unterricht zugrunde liegen" (ebd., S. 621; Herv. i. Orig.). Reflexion wäre hier die Klärung dieser *Voraussetzungen* als Ergänzung der direkten Forschung zum Unterricht. Und als Reflexionsinstanz wird Allgemeine Didaktik „nicht von praktischen Ambitionen geleitet" (ebd., S. 623), also von einer selbst auferlegten Fixierung auf die unterrichtliche Praxis in der geisteswissenschaftlichen Tradition einer Wissenschaft von der Praxis für die Praxis (Rothland 2008; Abschn. 2.2, Abschn. 4.1.1). Nicht der Unterricht, sondern die Analyse und die wissenschaftlichen Perspektiven auf Unterricht werden zum Gegenstand der Forschung (Rucker 2017, S. 624).

Was ist konkret mit den *Voraussetzungen* der Beschreibung von Unterricht, die reflektiert werden sollen, gemeint?

Bildungstheoretische Didaktiken (Abschn. 4.1.1) basieren beispielsweise auf bildungstheoretischen Voraussetzungen, die beanspruchen, Aufgabenbestimmungen und die Inhaltsauswahl von Unterricht als normative Problemstellungen der Allgemeinen Didaktik möglichst gut zu begründen (Rucker 2020b, S. 109). Die Festlegung der im Unterricht zu behandelnden Inhalte wie die Binomischen Formeln, Goethes Faust oder die Newtonschen Axiome ist nicht vom Himmel gefallen und sie folgt auch keinem der menschlichen Entwicklung eingeschriebenen Naturgesetz, sondern sie ist bzw. sollte Ergebnis einer von Menschen gemachten wohlbegründeten Auswahl sein. Und da nicht alles, was gewusst und gekonnt werden könnte, in der langen, aber doch zeitlich begrenzten Schulzeit im Unterricht behandelt werden kann, braucht es eine solche begründete Auswahl von Unterrichtsinhalten (Rucker 2019, S. 205).

Diese und weitere Voraussetzungen der Beschreibungen von Unterricht sorgen zum einen für die Grundlage, um Unterricht überhaupt darstellen zu können. Sie grenzen die spezifische Beschreibung von Unterricht etwa aus der Perspektive bildungstheoretischer Didaktik aber auch gegenüber anderen wie die der pädagogisch-psychologischen Lehr-Lern-Forschung ab (Rucker 2017, S. 625). So kann, um den Begriff der *Voraussetzungen* weiter zu erläutern, bei der Beschreibung von Unterricht von der Voraussetzung ausgegangen werden, dass es das Ziel schulischen Lernens im Bildungssystem sei, im Sinne einer schulischen Qualifikationsfunktion Humankapital für den Produktionsbereich bzw. das ökonomische System der Gesellschaft zu erzeugen. Dann kann aber nicht zugleich von der Annahme als Voraussetzung der Beschreibung von Unterricht ausgegangen werden, schulischer Unterricht habe der Ort zweckfreier Bildung zu sein (ebd., S. 625). Oder es kann als Voraussetzung der Beschreibung von Unterricht davon ausgegangen werden, dass Lernen ein individueller Konstruktionsprozess ist. Lehren kann dann aber nicht zugleich als direkte Steuerung des Lernprozesses der Schülerinnen und Schüler, als ein die Schülerinnen und Schüler ‚lernen machen' (Abschn. 2.2.3) angenommen werden (ebd., S. 625), usw.

Diese und weitere Voraussetzungen der Beschreibung, und das hieße hier auch, der Analyse und Erforschung von Unterricht, werden nicht nur in der Allgemeinen Didaktik, sondern auch in der Unterrichtsforschung selbst *nicht* thematisiert oder hinterfragt, sondern stillschweigend – als zutreffend – beansprucht, so etwa, dass der Unterricht als Lern*gelegenheit* ein Angebot sei und die Schülerinnen und Schüler sinnvollerweise als Nutzer zu konzipieren sind. Diese beispielhaft genannten Voraussetzung der Beschreibung von Unterricht wären von einer Allgemeinen Didaktik als Reflexionsinstanz in dem Sinne zu prüfen, dass Widersprüche, unklare Begrifflichkeiten oder aber Alternativen, die nicht wahrgenommen wurden, diskutiert werden (Rucker 2017, S. 625 f.).

4.3 Eine schulpädagogische Forschungsperspektive

Mit dem Entwurf der Allgemeinen Didaktik als Reflexionsinstanz übernimmt sie diese Funktionen:

1. *Relativierung:* Rucker konkretisiert Allgemeine Didaktik als selbstreferenzielle Reflexionsinstanz, deren Auftrag es sei, bspw. zu hinterfragen, ob die Voraussetzung der kritisch-konstruktiven Didaktik, nämlich die Annahme, dass Bildung den Zweck hätte, die Gesellschaft humaner und demokratischer zu gestalten, schlüssig begründet ist, welche alternativen Zwecksetzungen plausibel wären und ob auch ohne gesellschaftliche Zwecksetzung Bildung zu beschreiben wäre (Rucker 2017, S. 627).
2. *Kontrolle:* Allgemeine Didaktik als Reflexionsinstanz hätte auch die Aufgabe zu kontrollieren, „dass Beschreibungen von Unterricht in den jeweils in Anspruch genommenen Voraussetzungen nicht hinter ein theoretisches Niveau zurückfallen, das bereits erreicht worden ist" (Rucker 2017, S. 628). Übertragen auf die empirisch-quantitative Unterrichtsforschung wäre etwa zu kontrollieren, ob an Stelle des Angebots-Nutzungs-Modells nicht etwa dem ursprünglichen Prozess-Produkt-Paradigma der Unterrichtsforschung gefolgt wird.

Allgemeine Didaktik als Reflexionsinstanz soll letztlich das problematisieren, was als unproblematisch und selbstverständlich gilt (Rucker 2017, S. 629), also etwa die Reduktion von Allgemeiner Didaktik als *Beschreibungsinstanz* von Unterricht (Rucker 2020a, S. 85) oder ihre Selbstinszenierung als „praktische Wissenschaft", als „Theorie und Praxis des Lernens und Lehrens" (Jank und Meyer 2020, S. 14), als „Inszenierung von Praxis" (ebd., S. 111; vgl. Rothland 2008). Während Rucker jedoch diese Funktion vor allem auf die Allgemeine Didaktik selbst bezieht, läge hier auch im Rahmen der *Schulpädagogik* das Potential der Allgemeinen Didaktik *für* die Unterrichtsforschung: Allgemeine Didaktik könnte als schulpädagogische Reflexionsinstanz für die Analyse und Erforschung des Unterrichts im Sinne empirischer Unterrichtsforschung fungieren.

Ein Beispiel: Klassenführung als Teil der sog. Tiefenstruktur und fachübergreifende Basisdimension der Unterrichtsqualität (Hess und Lipowsky 2016; Praetorius et al. 2018; Trautwein et al. 2018; Abschn. 4.2.3) weist Berührungspunkte zu den Gegenstandsbereichen und normativen Problemstellungen der Allgemeinen Didaktik auf. Denn es geht im Kontext der Klassenführung letztlich auch um die Etablierung, Begründung (gegenüber den Schülerinnen und Schülern) und Durchsetzung von Verhaltensregeln, von Normen für die Interaktion in der Lehr-Lernsituation, für das Miteinander und Zusammenleben im Klassenzimmer, in der Schulgemeinschaft und schließlich auch – in Teilen – in der Gesellschaft. Gerade die Legitimation von Normen (vor dem Hintergrund welcher Ziele?), die Bestimmung von Kriterien für die Bewertung von Verhalten, das als angemessen oder unangemessen bzw. störend, als noch tolerierbar oder inakzeptabel zu gelten hat, die Frage, wie Führung, Kontrolle, Disziplinierung und Sanktionen bei Regelverstößen zu legitimieren sind, all das wären Fragen, die letztlich von einer Allgemeinen Didaktik als unterrichtsbezogener Reflexionsinstanz gestellt und bearbeitet werden können, und die damit hinter die Selbstverständlichkeiten einer Behandlung von Klassenführung in der empirisch-quantitativen Unterrichtsforschung in einer schulpädagogischen Rahmung zurücktreten. Hier läge das Potential Allgemeiner Didaktik als Reflexionsinstanz über eine auf die Allgemeine Didaktik selbst bezogene Analyse hinaus.

4.3.2 Allgemeine Didaktik und empirische Unterrichtsforschung als Teilgebiete der Schulpädagogik

Über das funktionale in Beziehung setzen von Allgemeiner Didaktik als Reflexionsinstanz empirischer Unterrichtsforschung hinaus wird im Weiteren das Zusammenspiel von Allgemeiner Didaktik und Unterrichtsforschung unter dem gemeinsamen Dach der Schulpädagogik begründet. Dies erfolgt im Anschluss an die Differenzierung von David Berliner (vgl. Kunter und Trautwein 2013, S. 19 ff.), der guten Unterricht (*good teaching*), der Merkmale aufweist, die normativen Wertvorstellungen folgend als sinnvoll und wünschenswert erachtet werden, von effektivem Unterricht (*effective teaching*), in dem Lernziele erreicht werden, unterscheidet (Berliner 1987, 2005). In ähnlicher Weise differenzieren Fenstermacher und Richardson (2005) zwischen *good teaching* und *successfull teaching*.

Werde als Qualitätskriterium allein betrachtet, ob etwas erfolgreich im Unterricht gelehrt wurde (*successfull teaching*), so reiche dies zur Bestimmung der Unterrichtsqualität nicht aus (vgl. Fenstermacher und Richardson 2005, S. 189). Den Schülerinnen und Schülern könnte bspw. erfolgreich vermittelt werden, synthetische Drogen herzustellen und sorglos zu konsumieren, Bomben zu bauen und zu legen oder Falschgeld zu drucken und im Umlauf zu bringen, ohne ertappt und belangt zu werden. Es könnten ihnen auch weniger unmoralische Unterrichtsgegenstände gelehrt werden, wie etwa der Satz des Pythagoras oder die Hintergründe für den Ausbruch des Ersten Weltkriegs – dies jedoch, um im Sinne des *successfull teaching* wirkungsvoll und erfolgreich zu sein, unter der Androhung oder regelmäßigen Verabreichung von Peitschenhieben, um die Aufmerksamkeit der Schülerschaft zu erzwingen, oder indem die Schülerinnen und Schüler mittels Psychopharmaka ruhig gestellt und gefügig gemacht werden. Auch in diesem Falle würde nicht von gutem Unterricht bzw. einer hohen Unterrichtsqualität gesprochen.

4.3 Eine schulpädagogische Forschungsperspektive

Um die Qualität von Unterricht beurteilen zu können braucht es also mehr als die bloße Feststellung bzw. empirische Überprüfung, dass bzw. ob (irgend) etwas im Ergebnis gelernt wurde. Der Inhalt muss wie die damit verbundene Intention orientiert an fachlichen Standards wohl begründet sein, ebenso wie etwa die angewandten Methoden altersgerecht dem Erklären und Verstehen des Lehrinhalts dienen sollen. Im Gegensatz zu *successfull teaching* sprechen Fenstermacher und Richardson in Übereinstimmung mit Berliner (Berliner 1987, 2005) von *good teaching*, wenn dieser inhaltlich und methodisch wohl begründet, angemessen und moralisch vertretbar ist (Fenstermacher und Richardson 2005, S. 189, 191).

Das Verständnis von Berliner sowie Fenstermacher und Richardson bezogen auf „guten Unterricht" (*good teaching*) im soeben skizzierten Sinne wäre zu erweitern (Berliner selbst bezieht sich beispielsweise auf den freundlichen Umgang der Lehrkräfte mit den Schülerinnen und Schüler). Denn die Unterscheidung korrespondiert über dieses Verständnis hinaus damit, dass „dem effizient zu instruierenden Individuum der Lehr-Lern-Forschung [...] in der Didaktik ein Subjekt gegenüber [steht], das zur mündigen Partizipation an Gesellschaft erzogen werden soll" (Wieser 2013, S. 99). Ein qualitätsvoller Unterricht (*quality teaching*) wäre mit Berliner, Fenstermacher und Richardson ein Unterricht, der beiden Normen bzw. Zielen entspräche: Qualitativ hochwertiger Unterricht bzw. Unterrichtsqualität (*quality teaching*) basiere sowohl auf gutem (*good teaching*) wie auf erfolgreichem Unterricht (*successfull teaching*). Die Lernenden sollen schließlich auch tatsächlich lernen, was unterrichtet wird (Fenstermacher und Richardson 2005, S. 191). Die Qualität von Unterricht lässt sich jedoch nicht allein über Prozesse und Wirkungen des Unterrichts bestimmen, sondern erst in der Verbindung mit nicht empirisch bestimmbaren, sondern normativ zu begründen Unterrichtsinhalten, Ziel- und Wertvorstellungen (vgl. Helsper und Klieme 2013). Hier schlägt die Stunde der Allgemeinen Didaktik als genuinem Teilgebiet der Schulpädagogik, die von normativen Problemstellungen etwa in Gestalt einer Diskussion der Unterrichtsinhalte nicht absieht (Blankertz 2000), während die Unterrichtsforschung Ziele und Inhalte als gegeben akzeptiert und zum Zwecke der empirischen Überprüfbarkeit operationalisiert, aber nicht hinterfragt.

An die Unterscheidung von *effective* bzw. *successfull teaching* und *good teaching* anschließend kann die Allgemeine Didaktik als Reflexionsinstanz einer empirisch-quantitativen Unterrichtsforschung fungieren, die eher auf die Effektivität sieht als darauf, ob bspw. im Rahmen eines wirksamen Unterrichts die Interessen und Orientierungen der Heranwachsenden, ihre (auszubildende) Autonomie und Selbstbestimmung, ihre Wünsche und ganzheitlicheren Entwicklungsperspektiven berücksichtigt werden. Das ist nicht als Vorwurf misszuverstehen, denn es ist weder Ziel noch Aufgabe schulbezogener Lehr-Lernforschung, einen „fachübergreifenden Bildungsanspruch aus[zu]formulieren" (Arnold 2007, S. 30) und empirisch zu erfassen. Im Kontext der Schulpädagogik können aber die Perspektiven auf „guten" und „effektiven" Unterricht zusammengebracht werden.

Im Zusammenspiel von Allgemeiner Didaktik und Unterrichtsforschung im Sinne der schulpädagogischen Kombination der Perspektiven auf *good* und *effective teaching* könnten die Grenzen der empirisch-quantitativen Unterrichtsforschung überwunden werden, die letztlich mit den Grenzen des Angebots-Nutzungs-Modells zusammenhängen. Denn hier herrscht immer noch eine eher produktionistische Denkweise vor, die am Ende doch alles im Unterricht auf Wirkungen und Effekte ausrichtet (Terhart 2011, S. 27), auch auf „erzieherische Wirkungen" (Helmke 2017). Erziehung und Bildung von Menschen ist aber in einem aufgeklärten, also auch selbstbestimmten Sinne zu verstehen (Reichenbach 2017) und die Bezugnahme auf die Selbstbestimmungs- und Entfaltungsinteressen der Schülerinnen und Schüler als zentraler Fokus eines erweiterten Verständnisses vom „guten" Unterrichts anzusehen. Zwar wird durch das fachliche Lernen, also die im Unterricht zu erwerbende Fachkompetenz, die Voraussetzung für das selbstbestimmte Handeln in der Gesellschaft eröffnet (Tenorth 2016, S. 146). Bezogen auf den „guten" Unterricht geht es jedoch auch um die Selbstbestimmungs- und Entfaltungsinteressen *im* Unterricht, um pädagogisches Handeln *im* Unterricht als Aufforderung zur Selbsttätigkeit im institutionellen Rahmen der Schule. Erst in der skizzierten Kombination mit der Allgemeinen Didaktik erhält empirische Unterrichtsforschung ihre schulpädagogische oder allgemeiner: erziehungswissenschaftliche Prägung.

Wird nicht auf normative Wertvorstellungen, sondern allein auf die Effektivität und ihre Bedingungsfaktoren geschaut, dann gilt im Grunde für eine auf die Wirkung (Ertrag, Output) konzentrierte empirisch-quantitative Unterrichtsforschung, was bereits der lehr-lerntheoretischen Didaktik vorgeworfen wurde, nämlich der potentielle Missbrauch ihrer Modelle etwa in einem manipulativen oder diktatorischen System (vgl. mit Bezug auf die Schultheorie Terhart 2017, S. 49). Einer allein auf den Ertrag des Unterrichts ausgerichteten empirischen Unterrichtsforschung kann es mit ihrer Vorgehensweise gar nicht auffallen, ob sie die Effektivität des Unterrichts in einer Diktatur oder einer Demokratie erfasst. Denn die Lernziele wie auch die fachübergreifenden erzieherischen Absichten, die sich dann in erzieherischen Wirkungen manifestieren sollen, werden selbst nicht der Analyse unterzogen, werden nicht zum Gegenstand der Reflexion gemacht. Das Lern- und Erziehungsziel kann der Untertan oder die mündige Bürgerin sein. Beides ließe sich problemlos mit der Wirkungsweise des Unterrichts im Angebots-Nutzungs-Modell operationalisieren.

Da sowohl die normativen Wertvorstellungen wie die Lernziele historisch und gesellschaftlich bedingt sind, bietet die Schulpädagogik über die Verbindung von Allgemeiner Didaktik und empirischer Unterrichtsforschung hinaus den Rahmen der *Theorie der Schule*, die mit Fragen der historisch und gesellschaftlich bedingten Gestaltung und Funktion des Schulsystems („Wozu ist die Schule da?") eine Institutionenblindheit, die schulbezogener Lehr-Lern-Forschung attestiert wird (Terhart 2002, S. 84; Gräsel 2006, S. 102), kompensiert. Für die empirisch-quantitative Unterrichtsforschung sind die Prozesse *in* der Schule bzw. *im* Unterricht und ihre individuellen Effekte, nicht ihre gesellschaftliche Funktionen – und auch nicht ihre individuellen Funktionen über den Lerneffekt hinaus – bedeutsam (vgl. Terhart 2017, S. 43; vgl. Fend 2008, S. 49–55). Die Wirkung von Schule im Leben der Schülerinnen und Schüler geht aber sachlich und vor allem auch zeitlich weit über die Fachlichkeit hinaus (Terhart 2011, S. 27). Dietrich Benner verwies bereits 1977 in seiner Bestimmung von Schulpädagogik darauf, dass „Unterrichtsinhalte und Unterrichtsmethoden [...] niemals rein didaktische oder lehrplantheoretische Gegenstände, sondern immer zugleich schultheoretische" sind (Benner 1977, S. 90; Abschn. 3.5, Abb. 3.1).

Ebendas wäre auch auf die schulbezogene Lehr-Lernforschung bzw. die empirische Unterrichtsforschung zu übertragen: Fragen nach dem Lehren und Lernen im Unterricht sind nie allein ein Gegenstand psychologischer Lehr-Lernforschung und über die empirische Erfassung von Prozess- und Produktmerkmalen des Unterrichts zu bestimmen, sondern immer auch allgemein-didaktische (vor allem mit Blick auf die Begründung der Gegenstände des Unterrichts) und schließlich *schultheoretische*. Kennzeichen einer schulpädagogisch gerahmten Unterrichtsforschung wäre damit die Integration einer gesellschaftlichen und individuellen Perspektive, da in der Pädagogischen Psychologie oder der Soziologie eher *entweder* die Individual- *oder* die Gesellschaftsperspektive eingenommen wird (Bohl et al. 2015, S. 71).[2]

Abb. 4.1 veranschaulicht den hier skizzierten Entwurf einer Kokonstruktion von Allgemeiner Didaktik und quantitativer Unterrichtsforschung unter dem gemeinsamen Dach der Schulpädagogik, im Zusammenspiel mit der Theorie der Schule als weiterem Teilgebiet der Schulpädagogik (Abschn. 3.5, 3.6) und ergänzt um ausgewählte inner- und interdisziplinäre Bezüge. Auch wenn die Allgemeine

---

[2] Dies soll aber nicht bedeuten, dass Unterrichtsforschung den Unterricht allein, sondern *auch* „von den Funktionen der Schule für das Gesellschaftssystem her" analysiert (Breidenstein 2010, S. 871), mit der sich die Theorie der Schule in strukturfunktionalistischer Tradition befasst (Fend 2008; zu weiteren Theorien der Schule vgl. Baumgart und Lange 1999; Gerstner und Wetz 2008).

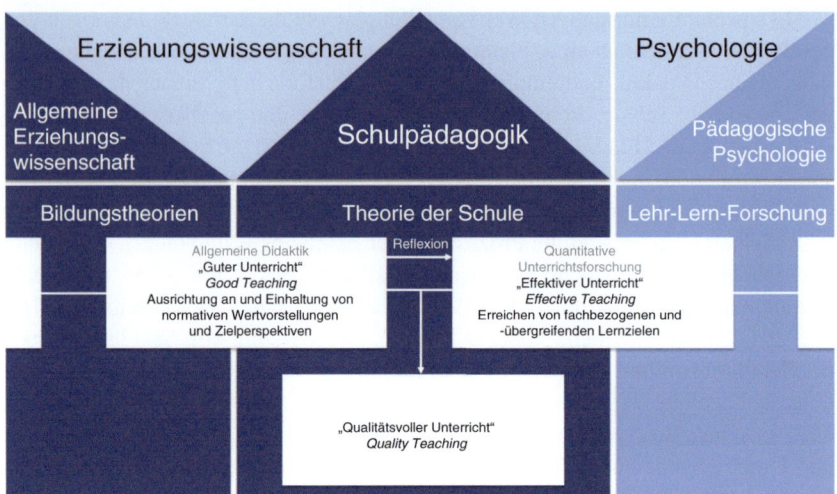

Abb. 4.1 Kokonstruktion von Allgemeiner Didaktik und quantitativer Unterrichtsforschung als Teilgebiete der Schulpädagogik (Quelle: erweiterte Darstellung im Anschluss an Rothland 2018, S. 377)

Didaktik als genuines Teilgebiet, als Differenzmerkmal der Schulpädagogik in der wissenschaftlichen Auseinandersetzung mit schulischem Unterricht im disziplinär strukturierten Wissenschaftssystem beansprucht wurde (Abschn. 4.1.2), so ist sie, wie oben ausgeführt (Abschn. 4.3.1), etwa im Falle der bildungstheoretischen Didaktik an bildungstheoretische *Voraussetzungen* gebunden, die in der Erziehungswissenschaft in der Subdisziplin der Allgemeinen Erziehungswissenschaft oder disziplinextern in der Philosophie behandelt werden. Dass die Unterrichtsforschung keine Domäne der Schulpädagogik allein, sondern ein interdisziplinär beackertes Forschungsfeld ist, das unter dem Label Empirische Bildungsforschung u.a. auch von der Pädagogischen Psychologie als Teildisziplin der Psychologie in Gestalt der empirischen Lehr-Lern-Forschung bearbeitet wird, wird ebenfalls in der Abb. 4.1 angedeutet. Spezifisch „schulpädagogisch", so die Quintessenz der vorgestellten Überlegungen, wird Unterrichtsforschung durch eine schultheoretische Rahmung und in Kombination mit den für schulischen Unterricht konstitutiven, unhintergehbaren normativen Problemstellungen der Allgemeinen Didaktik. *In dieser Kokonstruktion zeigt sich beispielhaft kognitive Spezifität der Schulpädagogik.*

4.3.3 Schulpädagogische Forschung konkret

Zum Abschluss der in diesem Band präsentierten Überlegungen zur kognitiven Spezifität der Schulpädagogik als Subdisziplin der Erziehungswissenschaft wird beispielhaft eine Forschungsperspektive im Anschluss an die vorgestellte Konzeptualisierung einer schulpädagogischen, und das bedeutet, mit der allgemeindidaktischen Perspektive verbundenen Unterrichtsforschung skizziert. Auch mit Blick auf diese Forschungsperspektive geht es um die Frage, in welcher Weise eine schulpädagogische Unterrichtsforschung mehr oder anders ist als fachdidaktische Unterrichtsforschung und die schulbezogene Lehr-Lern-Forschung der Pädagogischen Psychologie.

Die schulpädagogischen bzw. allgemeindidaktischen Fragen nach dem Über- und Außerfachlichen, nach den Selbstbestimmungs- und Entfaltungsinteressen, nach Autonomie und Partizipation *im* Unterricht überschreiten die Arbeits- und Kompetenzbereiche der Fachdidaktiken ebenso wie die der schulbezogenen Lehr-Lern-Forschung. Das Erreichen von fachübergreifenden Lernzielen wird im Rahmen der fachdidaktischen Forschung und der empirischen Unterrichtsforschung generell nicht oder nur randständig beachtet (Arnold 2009, S. 28; vgl. Arnold und Koch-Priewe 2008). Sie bleiben als fachübergreifende Inhalte und Zielstellungen, die gekoppelt sind an historisch bedingte, gesellschaftliche Wert- und Normvorstellungen sowie Funktionen von Schule und Unterricht (Enkulturation, Integration), in einer fachbezogenen, domänenspezifischen empirischen Unterrichtsforschung zwangsläufig unterbelichtet oder gänzlich unberücksichtigt. Sie werden aber auch von der Allgemeinen Didaktik gegenwärtig nicht behandelt, zumindest nicht über den Rekurs etwa auf die bildungstheoretische Didaktik im engeren Sinne hinaus. Dabei können gerade die generischen, fachunabhängigen Ziele und Kennzeichen von Unterricht sowie von unterrichtlichem Handeln als *das* schulpädagogische Terrain Allgemeiner Didaktik ausgemacht werden (Terhart 2011, S. 26). Normativ abgeleitete Sollens-Aussagen für den „guten Unterricht" (Allgemeinbildung, Mündigkeit, Selbstbestimmung als Unterrichtsziele) implizieren auch schulpädagogische Unterrichtsforschung zum Zwecke der Überprüfung intendierter Wirkungen (effektiver Unterricht) im Sinne eines im Ergebnis qualitätsvollen Unterrichts.

Welche fachübergreifenden Lerninhalte und -ziele sind es, die in einer solchen schulpädagogischen Forschungsperspektive im Kontext der verschiedenen Unterrichtsfächer in den Blick genommen werden sollen? Und wie bzw. lassen sie sich überhaupt empirisch erfassen bzw. mit quantitativen Forschungsmethoden messen?

Allgemeinbildende Unterrichtsziele im Sinne Klafkis zielen auf die Selbstbestimmungsfähigkeit, Mitbestimmungsfähigkeit und Solidaritätsfähigkeit der Schülerinnen und Schüler ab (Klafki 1995; Arnold et al. 2006). Der Anschluss der hier in Rede stehenden Forschungsperspektive kann jedoch nicht allein an Wolfgang Klafki und die bildungstheoretische Tradition Allgemeiner Didaktik gesucht werden. Darüber hinaus bietet sich zudem eine Bezugnahme auf die individuellen Funktion in Helmut Fends *Neuer Theorie der Schule* (Fend 2008, S. 53 f.) oder auf die aus den Reihen der empirischen Unterrichtsforschung von Franz Emanuel Weinert formulierten fundamentalen Bildungsziele an, von denen der Erwerb von Schlüsselqualifikationen (abstrakt Fremdsprachen, Medienkompetenz, Autonomie und Selbstmanagement), Lernkompetenzen, soziale Kompetenzen und Wertorientierungen (kulturelle Regeln, soziale Sitten, universelle Normen wie Gerechtigkeit) besonders relevant sind (Weinert 2000, S. 5–11). Insofern würde hier ein Bereich in den Blick genommen, der über das fachliche Lernen hinaus als bedeutsam wahrgenommen, aber in der empirisch-quantitativen Unterrichtsforschung aufgrund ihrer Fokussierung auf kognitive, fachinhaltliche Ziele kaum berücksichtigt wird (vgl. Hofer 2014).

Worum es in dieser Forschungsperspektive – die Fragen der Wirkung des Unterrichts („effektiver Unterricht") mit historisch wie gesellschaftlich bedingten Wert- und Normvorstellungen in der Gestalt überfachlicher Unterrichtsziele („guter Unterricht") verbindet – zu gehen hat, kann auch zusammenfassend in den Erläuterungen zur Konzeption und Entwicklung der Bildungsstandards nachgelesen werden. Dort heißt es: „Der Auftrag der schulischen Bildung geht weit über die funktionalen Ansprüche von Bildungsstandards hinaus. Er zielt auf Persönlichkeitsentwicklung und Weltorientierung, die sich aus der Begegnung mit zentralen Gegenständen unserer Kultur ergeben. Schülerinnen und Schüler sollen zu mündigen Bürgerinnen und Bürgern erzogen werden, die verantwortungsvoll, selbstkritisch und konstruktiv ihr berufliches und privates Leben gestalten und am politischen und gesellschaftlichen Leben teilnehmen können" (KMK 2004/2005, S. 6 f.).

Die Forschungsfrage der Schulpädagogik wäre im Rahmen eines unterrichtsfachübergreifenden Forschungsprogramms, ob und ggf. unter welchen Bedingungen, unter welchen Gestaltungsprämissen des Unterrichtsprozesses, ein lernwirksamer, effektiver Unterricht in unterschiedlichen Fächern auch diesen überfachlichen Zielen nachkommen kann. In einer solchen Forschungsperspektive wäre konkreter empirisch zu überprüfen, ob und wie es im fachlich geprägten Unterrichtsalltag gelingt, immer auch die fachübergreifenden Lernziele zu verfolgen und zu erreichen, welche fachlichen Inhalte und Lehr-Lernarrangements in höherem Maße dazu geeignet sind und welche nicht. Des Weiteren wäre nach den Zusammenhängen

4.3 Eine schulpädagogische Forschungsperspektive

einzelner Merkmale bzw. der Basisdimensionen der Unterrichtsqualität mit den überfachlichen Zielen zu fragen. Zu denken wäre hier – um nur ein Beispiel zu nennen – an Merkmale wie Schülerorientierung (Orientierung an Vorwissen und Interessen der Schüler, Mitbestimmung, Mitgestaltung), das in der empirischen Unterrichtsforschung als Qualitätsmerkmal gilt (Helmke 2017), aber auch dazu angetan ist, die Selbst- und Mitbestimmungsfähigkeit der Schülerinnen und Schüler im Rahmen unterrichtlicher und schulinterner Handlungs- und Entscheidungsprozesse auf der Basis demokratischer Entscheidungsformen zu fördern.

Wie und in welchem Maße kann das Erreichen der fachübergreifenden Lernziele empirisch eingeschätzt werden? Lassen sich Mündigkeit, Emanzipation, Autonomie oder Klafkis Selbstbestimmungsfähigkeit, Mitbestimmungsfähigkeit und Solidaritätsfähigkeit als übergeordnete Zielkategorien messen? Als distale Merkmale sind diese Zielkategorien gewiss für einen unmittelbaren empirischen Zugriff kaum zugänglich. Gleichwohl lassen sich konkrete Erhebungsoptionen für proximale Ausprägungen bzw. Facetten fachübergreifender Erziehungs- und Lernziele und -inhalte benennen (vgl. auch die Operationalisierung von 33 Konstrukten bei Grob und Maag-Merki 2001):

1. *Soziale Kompetenz:* Ein vergleichsweise zugänglicher Bereich wäre die soziale Kompetenz von Schülerinnen und Schülern und ihre Entwicklung darstellen (etwa Kooperations-, Kommunikations- und Konfliktfähigkeit; s. auch zum kollaborativen Problemlösen PISA 2015 (Zehner et al. 2019, wobei PISA von einem funktionalen Grundbildungskonzept ausgeht).
2. *Demokratiefähigkeit:* Ein zweiter Bereich könnte der einer Modellierung und empirischen Erfassung von demokratischen „Kompetenzen" (Diedrich 2008) oder „Demokratiefähigkeit" im Kontext der Politischen Bildung sein (vgl. Himmelmann und Lange 2005; May 2007; Lange und Himmelmann 2010), ohne einerseits der Engführung auf die Zielstellungen des Politikunterrichts zu folgen, andererseits aber auch nicht eine Konkurrenz zur Fachdidaktik des Politikunterrichts zu begründen, sondern hier ebenfalls behandelte grundlegende Zielstellungen als Teil fachübergreifender Lerninhalte und -ziele schulischen Unterrichts zu begreifen (vgl. Becker 2008; Diedrich 2008), wenn es etwa um die Vermittlung einer demokratischen Handlungskompetenz (Himmelmann 2011) bzw. demokratischer Kompetenz (Becker 2008) geht.
3. *Schülerpartizipation:* Zur Überprüfung fachübergreifender Lernziele könnten im Zusammenhang mit den Merkmalen eines lernwirksamen Unterrichts (abermals: Schülerorientierung) auch erprobte Skalen verwendet werden, die Schülerpartizipation erheben (Kunter 2005, S. 126) oder aber bspw. Konfliktstile, Perspektivübernahmen, Verantwortungsübernahme oder -abwehr, Formen der

schulischen Partizipation wie Mitgestaltungsmöglichkeiten, wahrgenommene Diskurs- und Mitbestimmungsmöglichkeiten, Partizipationsverdrossenheit oder die Einstellung zur Mitgestaltung an der Schule erheben (vgl. Abs et al. 2007).

4. *Selbstbestimmung:* Relevant für die empirische Überprüfung fachübergreifender Lernziele und -inhalte in den unterschiedlichen Varianten des Fachunterrichts könnten des Weiteren Skalen zur Erfassung der Selbstbestimmung von Schülerinnen und Schülern sein (Abs et al. 2007), der Perspektivübernahme, Hilfsbereitschaft und der Rivalität (Jerusalem et al. 2009) oder aber der Autonomie im Sinne von Selbstverantwortlichkeit, Unabhängigkeit (von gesellschaftlichen Normen) und Selbstregulation (vgl. Tönnies et al. 1996), um nur einige weitere Beispiele zu nennen.

Damit soll angedeutet werden, dass sich die fachübergreifenden Lerninhalte und -ziele nicht per se einem empirisch-quantitativen Zugriff entziehen, sondern – bei allen Einschränkungen, die sich mit ihrer Quantifizierung potentiell verbinden – durchaus unterschiedliche Skalen zur Verfügung stehen, die im Rahmen des hier skizzierten Forschungsanliegens zumindest mit Blick auf ihre Verwendbarkeit und ihren Nutzen erprobt werden können. Die leitenden Forschungsfragen wären in einer solchen schulpädagogischen Perspektive:

1. Erstens, inwieweit Unterricht Selbstbestimmungs- und Entfaltungsinteressen der Schülerinnen und Schüler achtet und die Autonomie und Partizipation fördert („guter Unterricht") und die Zielvorstellungen auch überprüft („effektiver Unterricht") erreicht (= „qualitätsvoller Unterricht").
2. Zweitens wäre von besonderem Interesse, das Zusammenspiel der Qualitätsmerkmale eines fachbezogen wirkungsvollen, effektiven Unterricht, wie Klassenführung, kognitive Aktivierung oder konstruktive Unterstützung, mit den fachübergreifenden Wertvorstellungen und Zielen des Unterrichts und mit den Unterschieden der Fachlichkeit empirisch zu beforschen.
   Wie verhalten sich Kounins (2006) Techniken der Klassenführung wie Disziplinierung und Allgegenwärtig (Abschn. 4.2.3) eigentlich zu den Selbstbestimmungs- und Entfaltungsinteressen der Schülerinnen und Schüler bzw. zum pädagogischen Handeln im Unterricht als „Aufforderung zur Selbsttätigkeit"?
3. Drittens wäre empirisch zu überprüfen, ob und wie es in Abhängigkeit von der jeweiligen Domäne im fachlich geprägten Unterrichtsalltag gelingt, die fachübergreifenden Lernziele zu verfolgen und zu erreichen und welche fachlichen Inhalte und Lehr-Lern-Arrangements in höherem Maße dazu geeignet sind und welche nicht. Werden Selbstbestimmungs-, Mitbestimmungs- und Solidaritätsfähigkeit vielleicht im Geschichtsunterricht eher gefördert als im Physikunterricht?

In diesem Sinne wäre auch eine systematisch *fächervergleichende* Unterrichtsforschung konstitutiv für eine schulpädagogische Forschungsperspektive.

Literatur

Abs, H.J., Diedrich, M., Sickmann, H. & Klieme, E. (2007). *Evaluation im BLK-Modellprogramm „Demokratie lernen und leben" – Skalen zur Befragung von Schüler/innen, Lehrer/innen und Schulleitungen – Dokumentation der Erhebungsinstrumente 2006* (Materialien zur Bildungsforschung Bd. 20). Frankfurt a. M.: Gesellschaft zur Förderung Pädagogischer Forschung.
Apel, H.J. (1990). *Schulpädagogik. Eine Grundlegung.* Köln, Wien: Böhlau.
Apel, H.J. (1993). Was ist Schulpädagogik? Vorüberlegungen zum Selbstverständnis einer pädagogischen Bereichsdisziplin. *Pädagogische Rundschau, 47,* 389-411.
Apel, H.J. & Grunder, H.-U. (1995). Die Schulpädagogik – Selbstverständnis, Entstehung, Schwerpunkte schulpädagogischen Denkens. In H.J. Apel & H.-U. Grunder (Hrsg.), *Texte zur Schulpädagogik. Selbstverständnis, Entstehung und Schwerpunkte schulpädagogischen Denkens* (S. 7-34). Weinheim, München: Juventa.
Arnold, K.-H. (2006). Unterricht als zentrales Konzept der didaktischen Theoriebildung und der Lehr-Lern-Forschung. In K.-H. Arnold, U. Sandfuchs & J. Wiechmann (Hrsg.), *Handbuch Unterricht* (S. 17-26). Bad Heilbrunn: Klinkhardt.
Arnold, K.-H. (2007). Generalisierungsstrukturen der kategorialen Bildung aus der Perspektive der Lehr-Lernforschung. In B. Koch-Priewe, F. Stübig & K.-H. Arnold (Hrsg.), *Das Potenzial der Allgemeinen Didaktik. Stellungnahmen aus der Perspektive der Bildungstheorie von Wolfgang Klafki* (S. 28-42). Weinheim, Basel: Beltz.
Arnold, K.-H. (2009). Lehr-Lernforschung ohne Allgemeine Didaktik? Über die Notwendigkeit einer integrierten Wissenschaft vom Unterricht. In K.-H. Arnold, S. Blömeke, R. Messner & J. Schlömerkemper (Hrsg.), *Allgemeine Didaktik und Lehr-Lernforschung. Kontroversen und Entwicklungsperspektiven einer Wissenschaft vom Unterricht* (S. 27-45). Bad Heilbrunn: Klinkhardt.
Arnold, K.-H., Koch-Priewe, B. & Lin-Klitzing, S. (2006). Allgemeine Didaktik, Fachdidaktik und Unterrichtsqualität. In K.-H. Arnold (Hrsg.), *Unterrichtsqualität und Fachdidaktik* (S. 19-50). Bad Heilbrunn: Klinkhardt.
Arnold, K.-H. & Koch-Priewe, B. (2008). Allgemein und fachlich bildender Unterricht: Die integrative Perspektive der kritisch-konstruktiven Didaktik. In M.A. Meyer, M. Prenzel & S. Hellekamps (Hrsg.), *Perspektiven der Didaktik* (9. Sonderheft der Zeitschrift für Erziehungswissenschaft, S. 87-99). Wiesbaden: VS Verlag für Sozialwissenschaften.
Arnold, K.-H., Bohl, T. & Zierer, K. (2011). Einführung in den Thementeil. In K.-H. Arnold, T. Bohl, S. Wopmann, B. Hudson, E. Kiel, H. Kiper, B. Koch-Priewe, K. Reusser, N. Seel & K. Zierer (Hrsg.), *Jahrbuch für Allgemeine Didaktik* (S. 9-10). Baltmannsweiler: Schneider Verlag Hohengehren.
Arnold, K.-H. & Zierer, K. (Hrsg.). (2015). *Die deutsche Didaktik-Tradition. Grundlagentexte zu den großen Modellen der Unterrichtsplanung.* Bad Heilbrunn: Klinkhardt.
Arnold, K.-H. & Lindner-Müller, C. (2016). Die Lern- und Lehrtheoretische Didaktik. Zur Entwicklung und Nutzung des Berliner (Heimann & Schulz) und Hamburger Modelles

(Schulz) der Unterrichtsplanung. In R. Porsch (Hrsg.), *Einführung in die Allgemeine Didaktik* (S. 133-155). Münster u.a.: Waxmann.

Baumgart, F. & Lange, U. (Hrsg.). (1999). *Theorien der Schule. Erläuterungen – Texte – Arbeitsaufgaben.* Bad Heilbrunnn: Klinkhardt.

Becker, G. (2008). Soziale, moralische und demokratische Kompetenzen fördern. Ein Überblick über schulische Förderkonzepte. Weinheim, Basel: Beltz.

Beltz Lexikon Pädagogik (2007). Schulpädagogik. In H.-E. Tenorth & R. Tippelt (Hrsg.), *BELTZ Lexikon Pädagogik* (S. 637-638). Weinheim, Basel: Beltz.

Benner, D. (1977). Was ist Schulpädagogik? In J. Derbolav (Hrsg.), *Grundlagen und Probleme der Bildungspolitik* (S. 88-111). München: Piper.

Bennewitz, H. & Meier, M. (2022). *Schülerinnen und Schüler. Eine Einführung.* Wiesbaden: Springer VS.

Berliner, D.C. (1987). Simple views of effective teaching and a simple theory of classroom instruction. In D.C. Berliner & B. Rosenshine (Eds.), *Talks to teachers* (pp. 93-110). New York: Random House.

Berliner, D.C. (2005). The near impossibility of testing for teacher quality. *Journal of Teacher Education, 56,* 205-213.

Beywl, W. & Zierer, K. (2013). Lernen sichtbar machen. Zur deutschsprachigen Ausgabe von „Visible Leraning". In J. Hattie (Hrsg.), *Lernen sichtbar machen. Überarbeitete deutschsprachige Ausgabe von „Visible Learning"* (S. VI-XXVI). Baltmannsweiler: Schneider Verlag Hohengehren.

Blankertz, H. (2000). *Theorien und Modelle der Didaktik* (14. Aufl.). Weinheim, München: Juventa.

Blömeke, S. (2009). Allgemeine Didaktik ohne empirische Lernforschung? – Perspektiven einer reflexiven Bildungsforschung. In K.-H. Arnold, S. Blömeke, R. Messner & J. Schlömerkemper (Hrsg.), *Allgemeine Didaktik und Lehr-Lernforschung. Kontroversen und Entwicklungsperspektiven einer Wissenschaft vom Unterricht* (S. 13-25). Bad Heilbrunn: Klinkhardt.

Blömeke, S., Herzig, B. & Tulodziecki, G. (2007). Zum Stellenwert empirischer Forschung für die Allgemeine Didaktik. *Unterrichtswissenschaft, 35,* 355-381.

Blömeke, D. & Müller, C. (2008). Zum Zusammenhang von Allgemeiner Didaktik und Lehr-Lernforschung im Unterrichtsgeschehen. In M.A. Meyer, M. Prenzel & S. Hellekamps (Hrsg.), *Perspektiven der Didaktik* (9. Sonderheft der Zeitschrift für Erziehungswissenschaft, S. 239-258). Wiesbaden: VS Verlag für Sozialwissenschaften.

Bohl, T. (2004). Empirische Unterrichtsforschung und Allgemeine Didaktik. Ein prekäres Spannungsverhältnis und Konsequenzen im Kontext der PISA-Studie. *Die Deutsche Schule, 96,* 414-425.

Bohl, T. & Kleinknecht, M. (2009). Weiterentwicklung der Allgemeinen Didaktik – Theoretische und empirische Impulse aus einer Aufgabenkulturanalyse. In K.-H. Arnold, S. Blömeke, R. Messner & J. Schlömerkemper (Hrsg.), *Allgemeine Didaktik und Lehr-Lernforschung. Kontroversen und Entwicklungsperspektiven einer Wissenschaft vom Unterricht* (S. 145-157). Bad Heilbrunn: Klinkhardt.

Bohl, T., Hanke, U., Koch-Priewe, B. & Zierer, K. (Hrsg.). (2013). *Neuere Ansätze in der Allgemeinen Didaktik* (Jahrbuch für Allgemeine Didaktik, Bd. 3). Baltmannsweiler: Schneider Verlag Hohengehren.

Bohl, T., Harant, M. & Wacker, A. (2015). *Schulpädagogik und Schultheorie*. Bad Heilbrunn: Klinkhardt/UTB.
Bos, W., Klieme, E. & Köller, O. (2010). Vorwort. In W. Bos, E. Klieme & O. Köller (Hrsg.), *Schulische Lerngelegenheiten und Kompetenzentwicklung. Festschrift für Jürgen Baumert* (S. 7-9). Münster u.a.: Waxmann.
Bosse, D. (2010). Von Schulkritik bis Unterrichtsforschung – Schulpädagogik als Teildisziplin der Bildungswissenschaften. *Pädagogische Rundschau, 64,* 661-672.
Breidenstein, G. (2010). Überlegungen zu einer Theorie des Unterrichts. *Zeitschrift für Pädagogik, 56,* 869-887.
Breidenstein, G. (2018). Schülerpraktiken. In M. Proske & K. Rabenstein (Hrsg.), *Kompendium Qualitative Unterrichtsforschung* (S. 189-206). Bad Heilbrunn: Klinkhardt.
Bromme, R. (1981). Die alltägliche Unterrichtsvorbereitung von Mathematiklehrern. *Unterrichtswissenschaft, 8,* 142-156.
Bünning, F. & Pohl, M. (2017). Wie gehen Lehrkräfte bei ihrer Unterrichtsplanung vor? Eine exemplarische Querschnittsuntersuchung in Sachsen-Anhalt. *Die berufsbildende Schule, 69*(1), 9-13.
Coriand, R. (2017). *Allgemeine Didaktik. Ein erziehungstheoretischer Umriss* (2. Aufl.). Stuttgart: Kohlhammer.
Diedrich, M. (2008). *Demokratische Schulkultur. Messung und Effekte.* Münster: Waxmann.
Eickhorst, A. (2001). Schulpädagogik – Strukturlinien und Problemlagen. In L. Roth (Hrsg.), *Pädagogik. Handbuch für Studium und Praxis* (2., überarb. u. erw. Aufl., S. 724-742). München: Oldenbourg.
Einsiedler, W. (1995). Schulpädagogik als empirisch begründete, historisch und systematisch orientierte pädagogische Bereichsdisziplin. In H.J. Apel & H.-U. Grunder (Hrsg.), *Texte zur Schulpädagogik. Selbstverständnis, Entstehung und Schwerpunkte schulpädagogischen Denkens* (S. 209-220). Weinheim, München: Juventa.
Fend, H. (1998). *Qualität im Bildungswesen.* Weinheim, München: Juventa.
Fend, H. (2008). *Neue Theorie der Schule* (2. Aufl.). Wiesbaden: Springer VS.
Fenstermacher, G.D. & Richardson, V. (2005). On making determinations of quality in teaching. *Teachers College Record, 107,* 186-213.
Gerstner, H.-P. & Wetz, M. (2008). *Einführung in die Theorie der Schule.* Darmstadt: Wissenschaftliche Buchgesellschaft.
Gläser-Zikuda, M. (2008). Unterrichtsforschung zwischen Schulpädagogik und Lehr-Lernforschung. Plädoyer für einen Brückenschlag. In I. Esslinger-Hinz & H.-S. Fischer (Hrsg.), *Spannungsfelder der Erziehung und Bildung. Ein Studienbuch zu grundlegenden Themenfeldern der Pädagogik* (S. 191-204). Baltmannsweiler: Schneider Verlag Hohengehren.
Gräsel, C. (2006) Das Verhältnis von Erziehungswissenschaft und Bildungsforschung aus der Perspektive der Unterrichtsforschung. In H. Merkens (Hrsg.), *Erziehungswissenschaft und Bildungsforschung* (S. 97-108). Wiesbaden: VS Verlag für Sozialwissenschaften.
Gräsel, C. & Gniewosz, B. (2015). Überblick Lehr-Lernforschung. In H. Reinders, H. Ditton, C. Gräsel & B. Gniewosz (Hrsg.), *Empirische Bildungsforschung* (2. Aufl., Bd. 2, S. 19-24). Wiesbaden: Springer VS.
Grob, U. & Maag-Merki, K. (2001). *Überfachliche Kompetenzen. Theoretische Grundlegung und empirische Erprobung eines Indikatorensystems.* Bern: Lang.

Gröschner, A. & Hauck, D. (2019). Unterrichtsforschung. In E. Kiel, B. Herzig, U. Maier & U. Sandfuchs (Hrsg.), *Handbuch Unterrichten an allgemeinbildenden Schulen* (S. 38-44). Bad Heilbrunn: Klinkhardt/ UTB.

Gruehn, S. (2000). *Unterricht und schulisches Lernen. Schüler als Quellen der Unterrichtsbeschreibung.* Waxmann.: Münster u.a.

Grunder, H.-U. (2010). Unterrichtsforschung und ihre schulpädagogische Rahmung. Ein Versuch, das Verhältnis von Schulforschung und Schulpädagogik neu zu bestimmen. *Pädagogische Rundschau, 64,* 31-44.

Gruschka, A. (2009). Die Zukunft Allgemeiner Didaktik vor der Gegenwärtigkeit empirischer Unterrichtsforschung. In K.-H. Arnold, S. Blömeke, R. Messner & J. Schlömerkemper (Hrsg.), *Allgemeine Didaktik und Lehr-Lernforschung. Kontroversen und Entwicklungsperspektiven einer Wissenschaft vom Unterricht* (S. 93-120). Bad Heilbrunn: Klinkhardt.

Haag, L. Kiel, E. & Trautmann, M. (2015). Einführung in den Thementeil „Klassenmanagement/Klassenführung – Perspektiven, Befunde, Kontroversen. In L. Haag, E. Kiel & M. Trautmann (Hrsg.), *Klassenmanagement/Klassenführung – Perspektiven, Befunde, Kontroversen* (Jahrbuch für Allgemeine Didaktik, Bd. 5, S. 9-14). Baltmannsweiler: Schneider Verlag Hohengehren.

Haas, A. (1998). *Unterrichtsplanung im Alltag. Eine empirische Untersuchung zum Planungshandeln von Hauptschul-, Realschul- und Gymnasiallehrern.* Regensburg: Roderer.

Haas, A. (2005). Unterrichtsplanung im Alltag von Lehrerinnen und Lehrern. In A.A. Huber (Hrsg.), *Vom Wissen zum Handeln. Ansätze zur Überwindung der Theorie-Praxis-Kluft in Schule und Erwachsenenbildung* (S. 5-19). Tübingen: Verlag Ingeborg.

Hanke, U. & Seel, N.M. (2015). Einzeldisziplinen der Erziehungswissenschaft. In N.M. Seel & U. Hanke, *Erziehungswissenschaft. Lehrbuch für Bachelor-, Master- und Lehramtsstudierende* (S. 853-904). Wiesbaden: Springer VS.

Hasselhorn, M. (2016). Zur Interdisziplinarität zukünftiger Unterrichtsforschung. In N. McElvany, W. Bos, H.G. Holtappels, M.M. Gebauer & F. Schwabe (Hrsg.), *Bedingungen und Effekte guten Unterrichts* (S. 189-193). Münster: Waxmann.

Hellekamps, S. (2001). Schulpädagogik als erziehungswissenschaftliche Disziplin. In M. Brenke (Hrsg.), *Schule erleben. Festschrift für Wilhelm Wittenbruch* (S. 11-22). Frankfurt a. M.: Lang.

Helmke, A. (2017). *Unterrichtsqualität und Lehrerprofessionalität. Diagnose, Evaluation und Verbesserung des Unterrichts* (7., aktual. Aufl.). Seelze: Kallmeyer/Klett.

Helsper, W. & Klieme, E. (2013). Quantitative und qualitative Unterrichtsforschung – eine Sondierung. *Zeitschrift für Pädagogik, 59,* 283-290.

Hess, M. & Lipowsky, F. (2016). Unterrichtsqualität und das Lernen der Schüler. In M. Rothland (Hrsg.), *Beruf Lehrer/ Lehrerin. Ein Studienbuch* (S. 149-169). Münster u.a.: Waxmann/UTB.

Heursen, G. (1994). Gebrochenes Herz. Didaktik zwischen Marginalität und Impulsivität. *Neue Sammlung, 34,* 499-516.

Heursen, G. (2005). Didaktischer Frühling oder ein Abschied in den Winter? – Eine Sammelbesprechung über vier neue Einführungen in die Didaktik und ebenso viele Fragen. *Erziehungswissenschaftliche Revue, 5.*

Himmelmann, G. (2011). Schule in der Demokratie – Demokratie in der Schule. In H.-U. Grunder, K. Kansteiner-Schänzlin & H. Moser (Hrsg.), *Schule im gesellschaftlichen Spannungsfeld* (S. 119-136). Baltmannsweiler: Schneider Verlag Hohengehren.

Himmelmann, G. & Lange, D. (Hrsg.). (2005). *Demokratiekompetenz. Beiträge aus Politikwissenschaft, Pädagogik und politischer Bildung.* Wiesbaden: VS Verlag für Sozialwissenschaften.

Hofer, M. (2014). Persönlichkeitsentwicklung als schulisches Erziehungsziel jenseits kognitiver Kompetenzen. *Zeitschrift für Entwicklungspsychologie und Pädagogische Psychologie, 46,* 55-66.

Jank, W. & Meyer, H. (2020). *Didaktische Modelle* (14. Aufl.). Berlin: Cornelsen.

Jerusalem, M., Drössler, S., Kleine, D., Klein-Heßling, J., Mittag, W. & Röder, B. (2009). *Förderung von Selbstwirksamkeit und Selbstbestimmung im Unterricht. Skalen zur Erfassung von Lehrer- und Schülermerkmalen.* Berlin: Humboldt-Universität zu Berlin.

Jörg, H. (1970). *Unterrichtspraxis. Grundbegriffe und Grundfragen der Schulpädagogik und Allgemeinen Didaktik.* Oberursel: Finken.

Kiel, E. (2018). Unterrichtsforschung im Kontext der empirischen Bildungsforschung. In R. Tippelt & B. Schmidt-Hertha (Hrsg.), *Handbuch Bildungsforschung* (S. 989-1010). Wiesbaden: Springer VS.

Kiel, E. & Zierer, K. (2012). Die Allgemeine Didaktik ist tot! Es lebe die allgemeine Didaktik! In K. Zierer (Hrsg.), *Studien zur Allgemeinen Didaktik* (S. 29-51). Baltmannsweiler: Schneider Verlag Hohengehren.

Klafki, W. (1995). „Schlüsselprobleme" als thematische Dimension einer zukunftsbezogenen „Allgemeinbildung". Zwölf Thesen. In W. Münzinger & W. Klafki (Hrsg.), *Schlüsselprobleme im Unterricht* (3. Beiheft der Deutschen Schule, S. 9-14). Weinheim: Juventa.

Klieme, E. (2006). Empirische Unterrichtsforschung: aktuelle Entwicklungen, theoretische Grundlagen und fachspezifische Befunde. *Zeitschrift für Pädagogik, 52,* 765-773.

KMK (2004/2005). *Bildungsstandards der Kultusministerkonferenz. Erläuterungen zur Konzeption und Entwicklung.* München, Neuwied: Luchterhand.

Koch-Priewe, B., Köker, A. & Störtländer, J.C. (2016). Die bildungstheoretische Didaktik und die kritisch-konstruktive Didaktik. In R. Porsch (Hrsg.), *Einführung in die Allgemeine Didaktik* (S. 101-132). Münster u.a.: Waxmann.

Kohler, B. & Wacker, A. (2013). Das Angebots-Nutzungs-Modell. Überlegungen zu Chancen und Grenzen des derzeit prominentesten Wirkmodells der Schul- und Unterrichtsforschung. *Die Deutsche Schule, 105,* 241-257.

Kounin, J.S. (1970, 1976, 2006). *Techniken der Klassenführung* (Standardwerke aus Psychologie und Pädagogik, Bd. 3). Münster u.a.: Waxmann.

Kowarsch, A. (2011). Schulpädagogik – eine Verständigungsbrücke zwischen Schulforschung und Schulpraxis. In S. Hellekamps, W. Plöger & W. Wittenbruch (Hrsg.), *Schule* (Handbuch der Erziehungswissenschaft, Bd. 3, Studienausgabe, S. 655-664). Paderborn u.a.: F. Schöningh.

Kron, F.W., Jürgens, E. & Standop, J. (2014). *Grundwissen Didaktik* (6., überarb. Aufl.). München: Reinhardt.

Kunter, M. (2005). *Multiple Ziele im Mathematikunterricht.* Münster: Waxmann.

Kunter, M. & Trautwein, U. (2013). *Psychologie des Unterrichts.* Paderborn: Schöningh/UTB.

Lange, D. & Himmelmann, G. (2010). *Demokratiedidaktik. Impulse für die Politische Bildung.* Wiesbaden: VS Verlag für Sozialwissenschaften.
Leschinsky, A. (2008). Die Ausdifferenzierung und Weiterentwicklung der Schulforschung seit den 1970er Jahren. In W. Helsper & J. Böhme (Hrsg.), *Handbuch der Schulforschung* (2., durchg. u. erw. Aufl., S. 69-88). Wiesbaden: VS Verlag für Sozialwissenschaften.
Lüders, M. (2012). Didaktik. In K.P. Horn, H. Kemnitz, W. Marotzki & U. Sandfuchs (Hrsg.), *Klinkhardt Lexikon Erziehungswissenschaft* (Bd. 1, S. 269-271). Bad Heilbrunn: Klinkhardt/UTB.
Lüders, M. (2018). Gibt es Erkenntnisfortschritte in der Allgemeinen Didaktik? Ein empirischer Beitrag zur disziplinären Entwicklung der Schulpädagogik. *Zeitschrift für Erziehungswissenschaft, 21,* 1083-1103.
Lüders, M. & Rauin, U. (2008). Unterrichts- und Lehr-Lern-Forschung. In W. Helsper & J. Böhme (Hrsg.), *Handbuch der Schulforschung* (2., durchg. u. erw. Aufl., S. 717-745). Wiesbaden: VS Verlag für Sozialwissenschaften.
Lütgert, W. (1981). Was leisten die Modelle der allgemeinen Didaktik? Sechs polemische Thesen und ein Vorschlag. *Neue Sammlung, 21,* 578-594.
May, M. (2007). *Demokratiefähigkeit und Bürgerkompetenzen. Kompetenztheoretische und normative Grundlagen der politischen Bildung.* Wiesbaden: VS Verlag für Sozialwissenschaften.
Meyer, H. (2016). Plädoyer für eine Renaissance der Didaktik. In J. Möller, M. Köller & T. Riecke-Baulecke (Hrsg.), *Basiswissen Lehrerbildung: Schule und Unterricht – Lehren und Lernen* (S. 206-227). Seelze: Klett/Kallmeyer.
Meyer, H. (2019). *Was ist guter Unterricht?* (14. Aufl.). Berlin: Cornelsen Scriptor.
Meyer, M.A. & Meyer, H. (2009). Totgesagte leben länger! Oder: Hat es in der Allgemeinen Didaktik einen Erkenntnisfortschritt gegeben? In B. Wischer & K.-J. Tillmann (Hrsg.), *Erziehungswissenschaft auf dem Prüfstand* (S. 97-128). Weinheim u.a.: Juventa.
Oehlschläger, H.J. (1978). *Zur Relevanz pädagogischer Literatur. Strukturen und Trends zur Literaturrezeption praktizierender Lehrer.* Stuttgart: Klett-Cotta.
Ofenbach, B. (2011). Schulpädagogik – eine Theorie schulischer Phänomene für die Praxis. In S. Hellekamps, W. Plöger & W. Wittenbruch (Hrsg.), *Schule* (Handbuch der Erziehungswissenschaft, Bd. 3, Studienausgabe, S. 643-654). Paderborn u.a.: F. Schöningh.
Peterßen, W.H. (2001). *Lehrbuch Allgemeine Didaktik* (6., völlig veränd., akt. u. stark erw. Aufl.). München u.a.: Oldenbourg.
Porsch, R. (Hrsg.). (2016). *Einführung in die Allgemeine Didaktik.* Münster u.a.: Waxmann.
Praetorius, A.-K., Klieme, E., Herbert, B. & Pinger, P. (2018). Generic dimensions of teaching quality: the German framework of Three Basic Dimensions *ZDM –Mathematics Education, 50*(3), 407-426.
Proske, M. & Rabenstein, K. (Hrsg.). (2018). *Kompendium Qualitative Unterrichtsforschung Unterricht beobachten – beschreiben – rekonstruieren.* Bad Heilbrunn: Klinkhardt.
Reichenbach, R. (2017). Warum *pädagogische* Theorie der Schule? In R. Reichenbach & P. Bühler (Hrsg.), *Fragmente zu einer pädagogischen Theorie der Schule. Erziehungswissenschaftliche Perspektiven auf eine Leerstelle* (S. 10-31). Weinheim, Basel: Juventa.
Reusser, K. (2008). Empirisch fundierte Didaktik – didaktisch fundierte Unterrichtsforschung. In M.A. Meyer, M. Prenzel & S. Hellekamps (Hrsg.), *Perspektiven der Didaktik* (9. Sonderheft der Zeitschrift für Erziehungswissenschaft, S. 219-237). Wiesbaden: VS Verlag für Sozialwissenschaften.

Rothland, M. (2008). Allgemeine Didaktik – Disziplinäre Bestimmungen zwischen Willkür und Pragmatismus, Theorie und Praxis. In M.A. Meyer, M. Prenzel M & S. Hellekamps (Hrsg.), *Perspektiven der Didaktik. 9. Sonderheft der Zeitschrift für Erziehungswissenschaft* (S. 173-185). Wiesbaden: VS Verlag für Sozialwissenschaften.

Rothland, M. (2013). Wiederbelebung einer Totgesagten. Anmerkungen zur Reanimation der Allgemeinen Didaktik. *Zeitschrift für Erziehungswissenschaft, 16*(3), 629-645.

Rothland, M. (2018). Allgemeine Didaktik und empirische Unterrichtsforschung als Teilgebiete der Schulpädagogik. *Die Deutsche Schule, 110,* 369-382.

Rothland, M. (2021). Anmerkungen zur Modellierung und Operationalisierung allgemeindidaktischer Unterrichtsplanungskompetenz. *Unterrichtswissenschaft.* https://doi.org/10.1007/s42010-021-00111-0.

Rucker, T. (2017). Allgemeine Didaktik als Reflexionsinstanz. Versuch einer wissenschaftstheoretischen Grundlegung. *Zeitschrift für Pädagogik, 63,* 618-635.

Rucker, T. (2019). Das Problem der Bildungsinhalte oder: Bildungstheorien unter allgemeindidaktischer Kritik. In W. Meset, R. Casale, A. Tervooren & J. Zirfas (Hrsg.), *Normativität in der Erziehungswissenschaft* (S. 203-221). Wiesbaden: Springer VS.

Rucker, T. (2020a). Reflexion, theoretischer Fortschritt und Allgemeine Didaktik. In S. Austermann, G. Cleppien & K. Vogel (Hrsg.), *Strukturen der Erziehungswissenschaft – erziehungswissenschaftliche Strukturen* (S. 83-86). Bad Heilbrunn: Klinkhardt.

Rucker, T. (2020b). Bildungstheoretische Didaktik *revisted*? Über die Möglichkeiten und Grenzen einer bildungstheoretischen Neujustierung der Allgemeinen Didaktik. *Bildung und Erziehung, 72,* 104-121.

Seel, N.M. & Hanke, U. (2015) *Erziehungswissenschaft. Lehrbuch für Bachelor-, Master- und Lehramtsstudierende.* Wiesbaden: Springer VS.

Seidel, T. (2020). Klassenführung. In E. Wild & J. Möller (Hrsg.), *Pädagogische Psychologie* (3. Aufl., S. 119-131). Heidelberg: Springer.

Seifried, J. (2009). Unterrichtsplanung von (angehenden) Lehrkräften an kaufmännischen Schulen. *Zeitschrift für Berufs- und Wirtschaftspädagogik, 105*(2), 179-197.

Semper, I., Mende, L. & Berkemeyer, N. (2017). Schul- und Unterrichtsforschung. In T. Burger & N. Miceli (Hrsg.), *Empirische Forschung zum Kontext Schule* (S. 31-48). Wiesbaden: Springer VS.

Solzbacher, C. (2002). Systematische Schulpädagogik und ihre möglichen Konsequenzen für die Lehrerbildung. In H. Macha (Hrsg.), *Welches Wissen brauchen Lehrer?* (S. 66-79). Bad Heilbrunn: Klinkhardt.

Stichweh, R. (2013). Differenzierung der Wissenschaft. In R. Stichweh (Hrsg.), *Wissenschaft, Universität, Professionen. Soziologische Analysen* (Neuaufl., S. 15-45). Bielefeld: transcript.

Tebrügge, A. (2001). *Unterrichtsplanung zwischen didaktischen Ansprüchen und alltäglicher Berufsanforderung.* Frankfurt a.M.: Peter Lang.

Tenorth, H.-E. (2016). Theorie der Schule. In J. Möller, M. Köller & T. Riecke-Baulecke (Hrsg.), *Basiswissen Lehrerbildung: Schule und Unterricht, Lehren und Lernen* (S. 135-152). Seelze: Klett/Kallmeyer.

Terhart, E. (2002). Fremde Schwestern. Zum Verhältnis von Allgemeiner Didaktik und empirischer Lehr-Lernforschung. *Zeitschrift für Pädagogische Psychologie, 16,* 77-86.

Terhart, E. (2003). Schulpädagogik. Wandlungsprozesse einer Teildisziplin. In M. Fromm & P. Menck (Hrsg.), *Schulpädagogische Denkformen* (S. 191-211). Weinheim, Basel: Beltz.

Terhart, E. (2005). Über Traditionen und Innovationen oder: Wie geht es weiter mit der Allgemeinen Didaktik? *Zeitschrift für Pädagogik, 51*, 1-13.
Terhart, E. (2011). Allgemeine Didaktik – Fachdidaktik – Lehr-Lern-Forschung. In M. Demantowsky (Hrsg.), *Selbstdeutung und Fremdkonzept. Die Didaktiken der kulturwissenschaftlichen Fächer im Gespräch* (S. 19-38). Bochum: Projekt-Verlag.
Terhart, E. (2017). Theorie der Schule – eine unendliche Geschichte. In R. Reichenbach & P. Bühler (Hrsg.), *Fragmente zu einer pädagogischen Theorie der Schule. Erziehungswissenschaftliche Perspektiven auf eine Leerstelle* (S. 34-53). Weinheim, Basel: Juventa.
Terhart, E. (2019). *Didaktik. Eine Einführung* (erw. und aktual. Aufl.). Stuttgart: Reclam.
Tillmann, K.-J. (2005). Schulpädagogik und Bildungsforschung. Aktuelle Trends und langfristige Entwicklungen. *Die Deutsche Schule, 97*, 408-420.
Tönnies, S., Plöhn, S. & Krippendorf, U. (1996). *Skalen zur psychischen Gesundheit (SPG). Testmanual*. Heidelberg: Roland Asanger Verlag.
Trautmann, M. (2016a). Allgemeine Didaktik – Krisenrhetorik, Wandel und Normalisierung einer erziehungswissenschaftlichen Teildisziplin. In A. Wegner (Hrsg.), *Allgemeine Didaktik: Praxis, Positionen, Perspektiven* (S. 37-48). Opladen u.a.: Barbara Budrich.
Trautmann, M. (2016b). Die Allgemeine Didaktik – eine umstrittene Disziplin. In R. Porsch (Hrsg.), *Einführung in die Allgemeine Didaktik* (S. 7-23). Münster u.a.: Waxmann.
Trautwein, U., Sliwka, A. & Dehmel, A. (2018). *Grundlagen für einen wirksamen Unterricht*. Stuttgart: Landesinstitut für Schulentwicklung.
Tröhler, D. (2004). Allgemeine Didaktik revisited. *Beiträge zur Lehrerbildung, 22*, 157-169.
Wacker, A. & Kohler, B. (2013). Überlegungen zum didaktischen Potenzial des Angebots-Nutzungs-Modell. In T. Bohl, U. Hanke, B. Koch-Priewe & K. Zierer (Hrsg.), *Neuere Ansätze in der Allgemeinen Didaktik* (Jahrbuch für Allgemeine Didaktik, Bd. 3, S. 256-264). Baltmannsweiler: Schneider Verlag Hohengehren.
Wegner, A. (2016). Einleitung. In A. Wegner (Hrsg.), *Allgemeine Didaktik: Praxis, Positionen, Perspektiven* (S. 9-23). Opladen u.a.: Barbara Budrich.
Weinert, F.E. (2000). Lehren und Lernen für die Zukunft – Ansprüche an das Lernen in der Schule. *Pädagogische Nachrichten Rheinland-Pfalz, 2*, 1–16.
Weinert, F.E. (2001). Qualifikation und Unterricht zwischen gesellschaftlichen Notwendigkeiten, pädagogischen Visionen und psychologischen Möglichkeiten. In W. Melzer & U. Sandfuchs (Hrsg.), *Was Schule leistet. Funktionen und Aufgaben von Schulen* (S. 65-85). Weinheim: Juventa.
Wellenreuther, M. (2011). *Forschungsbasierte Schulpädagogik. Anleitung zur Nutzung empirischer Forschung für die Schulpraxis*. Baltmannsweiler: Schneider Verlag Hohengehren.
Wieser, C. (2013). Konzeptualisierungen von Handeln in Paradigmen der Unterrichtsforschung. *Zeitschrift für Pädagogik, 59*, 95-111.
Willems, A.S. (2016). Unterrichtsqualität und professionelles Lehrerhandeln. Prozesse und Wirkungen guten Unterrichts aus dem Blickwinkel der empirischen Schul- und Unterrichtsforschung. In R. Porsch (Hrsg.), *Einführung in die Allgemeine Didaktik* (S. 289-337). Münster u.a.: Waxmann.
Zehner, F., Weis, M., Vogel, F., Leutner, D. & Reiss, K. (2019). Kollaboratives Problemlösen in PISA 2015: Deutschland im Fokus. *Zeitschrift für Erziehungswissenschaft, 22*, 617-646.
Zierer, K. (2012). Quo vadis, Allgemeine Didaktik? In K. Zierer (Hrsg.), *Studien zur Allgemeinen Didaktik* (S. 16-28). Baltmannsweiler: Schneider Verlag Hohengehren.

MIX
Papier aus verantwortungsvollen Quellen
Paper from responsible sources
FSC® C105338

If you have any concerns about our products,
you can contact us on
ProductSafety@springernature.com

In case Publisher is established outside the EU,
the EU authorized representative is:
**Springer Nature Customer Service Center GmbH
Europaplatz 3, 69115 Heidelberg, Germany**

Printed by Libri Plureos GmbH
in Hamburg, Germany